清华大学系列教材 经济学

POLITICAL ECONOMY
SECOND EDITION

政治经济学

（第2版）

蔡继明◎著

清华大学出版社
北京

本书封面贴有清华大学出版社防伪标签，无标签者不得销售。
版权所有，侵权必究。举报：010-62782989，beiqinquan@tup.tsinghua.edu.cn。

图书在版编目(CIP)数据

政治经济学 / 蔡继明著. —2版. —北京：清华大学出版社，2023.4（2024.10重印）
清华大学经济学系列教材
ISBN 978-7-302-61248-3

Ⅰ. ①政… Ⅱ. ①蔡… Ⅲ. ①政治经济学—高等学校—教材 Ⅳ. ①F0

中国版本图书馆 CIP 数据核字(2022)第 185298 号

责任编辑：梁云慈
封面设计：李召霞
责任校对：王荣静
责任印制：刘海龙

出版发行：清华大学出版社
网　　址：https://www.tup.com.cn，https://www.wqxuetang.com
地　　址：北京清华大学学研大厦 A 座　　邮　编：100084
社 总 机：010-83470000　　邮　购：010-62786544
投稿与读者服务：010-62776969，c-service@tup.tsinghua.edu.cn
质量反馈：010-62772015，zhiliang@tup.tsinghua.edu.cn

印 装 者：北京同文印刷有限责任公司
经　　销：全国新华书店
开　　本：185mm×260mm　　印　张：15.75　　字　数：343 千字
版　　次：2023 年 4 月第 1 版　　印　次：2024 年 10 月第 2 次印刷
定　　价：55.00 元

产品编号：087264-01

第 2 版

前　言

本书是作者所著《政治经济学》(高等教育出版社 2015 年版)的第 2 版。该书第 1 版出版六年来,我一直以该书为基础,在清华大学为经济学专业本科生开设政治经济学原理课程,该课程是清华大学经济管理学院和社会科学学院经济学专业本科生必修课,选课学生最多时课容量超过 400 人。

编著本书的初衷正如第 1 版前言所说,就是要提供一部与流行的同类教科书风格不同,不求进入主流教材的书单,但力求被学生和教师喜欢的参考书和补充教材。六年过去了,别的学校对该书的评价我不了解,但至少在我主讲的清华大学全校本科生政治经济学原理课堂上,这部教材得到了学生的认可。正是有了这种"自信",我在保持原书第 1 版逻辑体系和结构基本不变的前提下,一方面针对教学中发现的薄弱环节和学生反映的问题做了补充和修正,另一方面吸收了我领导的广义价值论研究团队(主要由在读和毕业的博士生和博士后组成)最近几年的研究成果,对原书做了如下修改:

一是力求对基本概念的界定更加准确、精练,对基本原理的阐述条理更加清晰,逻辑更加严谨;

二是增加了各章附录中有待于进一步讨论和研究的问题,如对复杂劳动与简单劳动的折算,对劳动生产力与价值量正相关原理适用性的扩展,对相对剩余价值理论的再思考,纯粹流通费用最优量的确定,等等;

三是更新了当代资本主义生产方式自我扬弃的数据,突出了西方发达国家混合经济体制的特点;

四是增加了第 9 章"社会主义生产方式的建立和发展",并结合纪念改革开放 40 周年,将原来的第 9 章"对社会主义再认识"一章,改写为第 10 章"中国的经济体制改革与制度创新",增加了对中国现阶段基本经济制度属性的分析。

五是增加了第 11 章"混合经济体系与混合经济思想",旨在引导学生正确认识东西方混合经济的制度属性,摆脱传统的形而上学思维定式的影响,善于在对立中看到统一,在矛盾中寻找相互转化和相互融合的中介或中间环节,了解两大经济思想体系从同宗同源到分道扬镳的根源以及能否殊途同归的关键。

本版继续突出了马克思经济学方法论的教学特色,倡导不崇拜任何偶像的辩证法的批判精神,对传统的政治经济学理论和各种流行的似是而非的观点,坚持用逻辑一致性的标准和理论联系实际的原则加以审视,以期培养学生独立自主地运用经济学方法探讨经济理论和解决经济问题的能力。

当年与本书第 1 版同时由高等教育出版社出版的《高级政治经济学》也将同时由清华大学出版社出版第 2 版,后者是我在清华大学等学校为理论经济学研究生(包括硕士生和博士生)主讲的高级政治经济学课程使用的教材,也可以作为政治经济学原理课教师的教学参考和高年级经济学本科生的阅读参考。我计划在不久的将来,把我和几位同事共同主讲的"马克思主义经济学与西方经济学比较"课程的讲义编纂成《中级政治经济学》教学参考书,由此形成相对完整的清华大学政治经济学教材体系。

根据近六年来的教学经验,建议使用本教材为经济学专业本科生开设为期 16 教学周(扣除法定节假日,实际教学周可能为 14~15 周),周学时 3 的教师,各章课时安排如下:

第 1 章　政治经济学科的历史演变:3 学时
第 2 章　马克思政治经济学的创立:3 学时
第 3 章　商品、货币和价值规律:6 学时
第 4 章　资本的生产过程:3 学时
第 5 章　资本的流通过程:3 学时
第 6 章　资本主义的分配过程:6 学时
第 7 章　资本积累的规律和历史趋势:3 学时
第 8 章　资本主义生产方式的自我扬弃:3 学时
第 9 章　社会主义生产方式的建立和发展:3 学时
第 10 章　中国的经济体制改革与制度创新:3 学时
第 11 章　混合经济体系与混合经济思想:3 学时
第 12 章　全书总结:方法论回顾:3 学时
学生课堂展示:3 学时

本书配有教师授课的 PPT、课堂习题集,以及作为国家精品课的全程教学视频,供教师参考。

蔡继明

2021 年 4 月于清华园明斋

第 1 版

前　言

在我国理论经济学教科书中,版本最多的莫过于马克思政治经济学。笔者志在写出与流行的同类教科书风格不同,不求进入主流教材的书单,但力求被学生和教师喜欢的参考书和补充教材。

首先,本书在结构体系上不同于流行的政治经济学教科书。传统的政治经济学教科书一般分为上下两册:上册为资本主义部分,主要以马克思的《资本论》为蓝本;下册为社会主义部分,主要以苏联《政治经济学教科书》和斯大林的《苏联社会主义经济问题》为蓝本。或分为上中下三册,中册为帝国主义部分,主要以列宁的《帝国主义论》为蓝本。

改革开放以后的政治经济学教科书,一方面受西方主流经济学的影响,另一方面也是为了适应改革开放与经济发展的需要,在结构体系上有了很大改变。

魏埙教授主编的《政治经济学》(资本主义部分)(陕西人民出版社 2002 年第 6 版,俗称"北方本"),首先区分了资本主义经济的一般特征和本质特殊,然后把资本当作一种运动,分别从个别资本、部门资本、社会资本和国际资本的角度,分析资本的运动过程,从而突破了以往"自由竞争资本主义"与"垄断资本主义"的两分法。

张维达教授主编的《政治经济学》(高等教育出版社 1999 年第 1 版)。该书首先阐述商品经济一般原理,然后从经济制度、经济运行、经济发展三个方面对资本主义和社会主义进行统一的考察。其特点是突破了以《资本论》为蓝本的框架和"资本主义部分"与"社会主义部分"的两分法。

逄锦聚、洪银兴、林岗、刘伟教授共同任主编的《政治经济学》(高等教育出版社 2009 年第 4 版)则试图首先阐述政治经济学一般理论,然后分别考察资本主义与社会主义两大经济体系。

本书适合用作经济类专业本科生教材。

本书共 10 章。第 1 章介绍政治经济学概念演变的历史;第 2 章阐释马克思政治经济学创立的过程;第 3 章阐述商品、货币和价值规律(相对于《资本论》第 1 卷第 1 篇的内容,主要是关于劳动价值论的内容);第 4~6 章分别考察资本的生产过程、资本的流通过程和资本主义生产的总过程(主要内容取材于《资本论》第 1—3 卷的相关篇章,主要涉及剩余价值理论以及资本主义运行理论);第 7 章讨论资本主义发展规律,主要内容取材于《资本论》第 1 卷第 7 篇和《资本论》第 2 卷第 3 篇以及《资本论》第 3 卷第 3 篇。本书并没有设长篇详细讨论当代资本主义和社会主义经济问题,而是在第 8 章和第 9 章,运用马克思的分析方法，从"再认识"的角度，对照马克思 100 多年前有关资本主义生产方式的分析和对未来社会的预见，重新审视当代资本主义的发展和社会主义的实践（主要以中国为例）。本书最后一章即第 10 章，则从方法论的角度对全书的内容进行了总结。这种结构安排显然与目前流行的大多数同类教科书有很大差别。

其次，本书在叙述方法上，也不同于目前流行的同类教科书。本书各章都力求首先客观准确全面地阐述马克思政治经济学基本原理（突出要点、重点和难点），在此基础上，对一些长期争论的问题则放在各章附录中进行讨论，在介绍不同学术观点的同时，旗帜鲜明地表明作者的观点。

再次，本书在指导思想上，提倡要用科学的态度学习和研究马克思政治经济学，重点掌握其立场、观点和方法，而不是教条主义地重复和背诵马克思的个别词句和结论。当马克思的理论与方法、个别结论与整个思想体系发生矛盾时，强调要运用马克思的方法去修正其理论，用逻辑一致性的原则去规范其个别结论。

最后，本书力求在以下方面有所创新，以期推进马克思政治经济学的教学与研究。

1．突出马克思政治经济学方法论教学，强调用科学的态度研究马克思政治经济学。

2．关于价值形成机制：阐明两种含义社会必要劳动时间共同决定价值的原理，揭示了劳动价值论与均衡价格论的一致性。

3．关于价值决定因素：首先从部门内部的角度阐明非劳动要素参与价值决定；在笔者所著《高级政治经济学》中再从部门之间的角度，进一步揭示非劳动要素对价值决定的影响。

4．关于价值创造领域：按照一般、特殊和个别的辩证法，对生产劳动一般、特殊和个别做出逻辑一致的界定。

5．关于劳动生产率与价值量的关系：分别阐明劳动生产率与价值量正相关、负相关和不相关的三个原理。

6．运用抽象上升到具体的方法，将具体劳动与抽象劳动界定为一般劳动二重性，而将私人劳动与社会劳动界定为生产商品的劳动二重性，前者是劳动的自然属性，后者是劳动的社会属性。

7．重新审视劳动力与劳动的区别及其商品属性。

8．界定了剩余一般、特殊和个别的概念。

9．界定了资本一般、特殊和个别的概念。

10．阐明了扩大再生产的充分条件。

11．质疑了价值范畴与价值向生产价格的转化。

12．揭示了虚假社会价值的来源，解决了级差地租理论与劳动价值论的矛盾；阐明了农业资本有机构成与绝对地租的关系，提出了地租量的正确计算方法。

13．揭示了一般人口规律与特殊人口规律之间的关系。

14．指出了剩余价值的实现与工人的消费没有直接的关系。

15．肯定了资本主义生产方式自我扬弃的积极作用以及"趋同论"的合理性。

16. 揭示了中国从经济体制改革到基本经济制度变革的过程。
17. 提出按生产要素贡献分配理论,为保护私有财产和发展非公经济提供理论基础。
18. 运用中介分析方法论证了股份制是公私产权兼容的企业组织形式。

以上这些创新的思想将在高等教育出版社同期出版的我为研究生撰写的《高级政治经济学》中进行更加全面深入具体的论述。既然是创新,就很难一蹴而就,就难免挂一漏万,欢迎使用本教材的师生和读者对书中可能存在的缺点错误不吝批评指正。

建议使用本教材为经济学专业本科生开设为期 16 教学周,周学时 3 的教师,各章课时安排如下:

第 1 章　政治经济学概念的演变:3 学时
第 2 章　马克思政治经济学的创立:3 学时
第 3 章　商品、货币和价值规律:6 学时
　　第 1 单元课堂讨论:3 学时
第 4 章　资本的生产过程:6 学时
第 5 章　资本的流通过程:3 学时
第 6 章　资本主义生产的总过程:6 学时
第 7 章　资本主义发展规律:3 学时
　　第 2 单元课堂讨论:3 学时
第 8 章　对资本主义的再认识:3 学时
第 9 章　对社会主义的再认识:3 学时
第 10 章　全书总结:方法论回顾:3 学时
　　第 3 单元课堂讨论:3 学时

本书上册配有教师授课的 PPT,以及作为国家精品课的全程录像,供教师参考。

蔡继明
2014 年 6 月 17 日于清华园明斋

目 录

第1章 政治经济学科的历史演变 … 1
- 1.1 经济学的起源及本义 … 1
- 1.2 经济与政治 … 1
- 1.3 古典政治经济学的产生 … 2
- 1.4 古典政治经济学向新古典经济学的转变 … 5
- 1.5 新政治经济学的兴起 … 7
- 1.6 我们仍然处在政治经济学时代 … 12
- 复习思考题 … 15
- 参考文献 … 15

第2章 马克思政治经济学的创立 … 17
- 2.1 马克思是如何研究政治经济学的 … 17
- 2.2 马克思政治经济学的研究对象 … 25
- 2.3 马克思政治经济学的阶级性和科学性 … 26
- 2.4 作为科学家和作为革命家的马克思 … 27
- 2.5 马克思经济学的方法 … 28
- 2.6 为什么要学习马克思政治经济学？ … 31
- 复习思考题 … 32
- 课堂自测(第1~2章) … 32
- 参考文献 … 32

第3章 商品、货币和价值规律 … 34
- 3.1 导言：为什么首先要研究商品、货币和价值规律？ … 34
- 3.2 商品的二重性(两因素) … 35
- 3.3 劳动的二重性 … 36
- 3.4 商品的价值量 … 38
- 3.5 货币 … 40
- 3.6 货币流通规律 … 44

3.7 价值规律 ··· 44
附录 3A 关于价值理论的争论 ··· 47
   复习思考题 ·· 55
   课堂自测(第 3 章) ··· 56
   参考文献 ··· 56

第 4 章 资本的生产过程 ·· 57

4.1 资本主义生产方式的产生 ··· 57
4.2 货币转化为资本 ·· 58
4.3 剩余价值的生产过程 ·· 60
4.4 剩余价值生产的两种方法 ··· 64
4.5 工资 ··· 67
附录 4A 有关剩余价值理论的争论 ··· 69
   复习思考题 ·· 81
   课堂自测(第 4 章) ··· 81
   参考文献 ··· 81

第 5 章 资本的流通过程 ·· 83

5.1 资本循环 ··· 83
5.2 资本周转 ··· 87
5.3 社会总资本的再生产 ·· 92
5.4 马克思资本流通理论的学术价值和现实意义 ·························· 96
附录 5A 有关资本流通理论的争论 ··· 97
   复习思考题 ·· 100
   课堂自测(第 5 章) ··· 100
   参考文献 ··· 100

第 6 章 资本主义的分配过程 ··· 102

6.1 马克思政治经济学的逻辑结构及本章的研究对象 ················· 102
6.2 平均利润与生产价格 ·· 103
6.3 商业资本和商业利润 ·· 108
6.4 借贷资本和利息 ·· 110
6.5 土地所有权与地租 ··· 112
6.6 "三位一体"公式 ·· 117
附录 6A 有关剩余价值分配理论的争论 ·································· 119
   复习思考题 ·· 135

课堂自测(第 6 章) ……………………………………………………………… 135

　　参考文献 …………………………………………………………………………… 135

第 7 章　资本积累的规律和历史趋势 …………………………………………… 136

　7.1　资本积累:资本有机构成不变 ……………………………………………… 137

　7.2　资本积累:资本有机构成提高 ……………………………………………… 138

　7.3　平均利润率趋向下降规律 …………………………………………………… 139

　7.4　资本主义积累的一般规律 …………………………………………………… 142

　7.5　资本主义积累的历史趋势 …………………………………………………… 142

　附录 7A　关于资本积累理论的讨论 …………………………………………… 145

　　复习思考题 ………………………………………………………………………… 149

　　课堂自测(第 7 章) ……………………………………………………………… 150

　　参考文献 …………………………………………………………………………… 150

第 8 章　资本主义生产方式的自我扬弃 ………………………………………… 151

　8.1　当代资本主义生产力的发展 ………………………………………………… 151

　8.2　资本主义所有制关系的变化 ………………………………………………… 158

　8.3　资本主义国家对经济生活的干预 …………………………………………… 161

　8.4　资本主义收入分配关系的变化 ……………………………………………… 169

　8.5　资本主义国家劳资关系的改善 ……………………………………………… 176

　8.6　如何认识资本主义生产方式的自我扬弃 …………………………………… 178

　8.7　资本主义必然会灭亡吗? …………………………………………………… 180

　　复习思考题 ………………………………………………………………………… 181

　　课堂自测(第 8 章) ……………………………………………………………… 181

　　参考文献 …………………………………………………………………………… 181

第 9 章　社会主义生产方式的建立和发展 ……………………………………… 183

　9.1　马克思设想的未来社会的基本经济特征 …………………………………… 183

　9.2　社会主义生产方式的建立和发展 …………………………………………… 185

　9.3　传统社会主义生产方式的矛盾 ……………………………………………… 187

　　复习思考题 ………………………………………………………………………… 190

　　课堂自测(第 9 章) ……………………………………………………………… 191

　　参考文献 …………………………………………………………………………… 191

第 10 章　中国的经济体制改革与制度创新 …………………………………… 192

　10.1　中国为什么要改革 ………………………………………………………… 192

10.2 从计划经济体制改革到市场经济制度的建立·················194
10.3 从公有制实现形式的改革到混合所有制结构的形成············198
10.4 从按劳分配方式改革到按生产要素贡献分配制度确立············202
10.5 如何看待中国基本经济制度的演变·····················205
10.6 启示与思考·······························206
　　复习思考题·······························208
　　课堂自测(第10章)···························208
　　参考文献··209

第11章 混合经济体系与混合经济思想···················210

11.1 混合经济概念的由来·····························210
11.2 混合经济的理论基础·····························211
11.3 经济思想体系的融合·····························215
　　复习思考题·······························219
　　参考文献·······························219

第12章 全书总结:方法论回顾·····················221

12.1 何为正统的马克思主义·····························221
12.2 要坚持逻辑一致性原则·····························222
12.3 为什么要从抽象上升到具体?·····················224
12.4 把握唯物辩证法的真谛·····························226
12.5 中介分析的意义···························226
12.6 一般、特殊、个别的辩证法·······················229
12.7 如何看待"趋同论"····························232
12.8 区分目的和手段····························233
　　复习思考题·······························235
　　参考文献·······························235

第2版后记···································237
第1版后记···································238

第 1 章 政治经济学科的历史演变

本书不是一般地介绍政治经济学,而是着重阐述马克思主义政治经济学基本原理及其扩展。本书开篇首先对政治经济学科的历史演变进行系统梳理和评述,旨在使读者对政治经济学与经济学的关系、古典政治经济学与马克思主义政治经济学以及现代政治经济学或新政治经济学的关系有一个概括的了解,明确我们今天仍然处在政治经济学时代以及学习政治经济学特别是马克思主义政治经济学的重要性。

1.1 经济学的起源及本义

经济(economy)或经济学(economics)一词源自古希腊语 οικονομικη(家政学)。οικο 为家庭、家务的意思,νομικη 是规律、守则的意思。人类在日常经济活动中形成多方面的经验积累,将此经验记载下来,编纂成册,就成为最初的经济著作。在色诺芬和亚里士多德的著作中,经济学就是"家庭管理的艺术"(the art of household management)。

亚里士多德在其著作《政治学》中写道:"由于男女同主奴这两种关系的结合,首先就组成'家庭'。希西沃图的名句的确是真切的,他说:先营家室,以安其妻,爱畜牡牛,以曳其犁。"(亚里士多德,1965,第5~6页)家庭管理,这就是经济学的原初含义。①

1.2 经济与政治

在早期学者的著作中,经济学是从属于政治学的,各种萌芽的经济思想都只能在政治学著作中才能找到。这种一切社会科学统归于政治学的做法,正是世界各国早期学术研究的共性之一。

西方语言中的"政治"一词(法语 politique、德语 politik、英语 politics),源自古希腊语"波里"(πολι),最早出现在《荷马史诗》中,其含义是城堡或卫城。古希腊的雅典人将修建在山顶的卫城称为"阿克罗波里",简称为"波里",城邦制形成后,"波里"就成为了具有政

---

① 古汉语原有的经济一词,具有"经邦济世""经国济民"之意,"经邦"见《尚书·周书·周官》,"济世"见《三国志·魏志》,"经国"见《昭明文选·魏文帝典论论文》,"济民"见《尚书·周书·武成》。古汉语中的经济,是指治理国家、拯救庶民的意思。19世纪后半期,日本学者把西方的 economy 翻译成"经济",中国现在所用经济一词,沿用的是日本译法。

治意义的城邦的代名词,后同土地、人民及其政治生活结合在一起而被赋予"邦"或"国"的意义。后又衍生出政治、政治制度、政治家等词。因此,"政治"一词一开始就是指城邦中的公民参与统治、管理、斗争等各种公共生活行为的总和。[①]

亚里士多德和色诺芬等人的经济思想也是写入其政治学著作之中的,在他们看来,男人管理女人、主人管理奴隶的治家之道,同君主管理臣民、政府管理城邦的治国之道是相通的。

亚里士多德写道:"家庭就成为人类满足日常生活需要而建立的社会的基本形式……为了适应更广大的生活需要而由若干家庭联合组成的初级形式——便是村坊。……等到自若干村坊组合而为'城市'(城邦),社会就进化到高级而完备的境界,在这种社会团体以内,人类的生活可以获得完全的自给自足;我们也可以这样说:城邦的长成出于人类'生活'的发展,而其实际的存在都是为了'优良的生活'。……由此可以明白,城邦出于自然的演化,而人类自然是趋向于城邦生活的动物(人类在本性上也正是一个政治动物)。"(亚里士多德,1965,第6~7页)

在亚里士多德看来,所谓政治,就是集体之事、国家之事,而个人是非常自觉地参与到集体之事、国家之事中去;家政管理是与国家管理相统一的,个体经济自然就是国家经济的一部分。此时,政治学与经济学天然统一,个体研究与群体研究天然统一。

17世纪初,法国人开始将"政治"与"经济"合并为"政治经济学"(political economy)一词,这就意味着,亚里士多德的 οικονομικη("economics")升格为 πολιτεία("commonwealth"or"state"),"家政管理的艺术"转变为"城邦或国家管理的艺术"。

总之,在早期经济思想家的论著中,个人经济生活是与国家经济生活相统一的,个体经济自然就是国家经济的一部分,经济与政治是紧密结合在一起的。

1.3 古典政治经济学的产生

1.3.1 古典时代的界定

马克思认为古典经济学是指从17世纪中期到19世纪初期英法两国资产阶级政治经济学,其代表人物在英国是威廉·配第、亚当·斯密和大卫·李嘉图,在法国是布阿吉尔贝尔、魁奈和西斯蒙第。(见马克思,1976,第36页)

在马克思看来,将经济学研究从流通领域转向生产领域,提出劳动价值理论,乃是古典经济学对重商主义的"扬弃",以劳动价值论为核心的生产理论是古典经济学的范式

[①] 在中国古代,"政"一般表示朝代的制度和秩序,如"大乱宋国之政",一种统治和施政的手段,如"礼乐刑政,其极一也";"治"在中国古代则一般表示安定祥和的社会状态,如"天下交相爱则治",统治、治国等治理活动,例如"修身、齐家、治国、平天下"。中国古代的这些"政治"的含义,与西方和古希腊的"政治"含义完全不同,很大程度上政治只是一种君主和大臣们维护统治、治理国家的活动。中文里现代的"政治"一词,来自日本人翻译西方语言时用汉字创造的相同的"政治"一词。当英文的 Politics 从日本传入中国时,人们在汉语中找不到与之相对应的词。孙中山认为应该使用"政治"来对译,认为"政就是众人之事,治就是管理,管理众人之事,就是政治"。(孙中山,1986,第254页)

内核。

熊彼特认为,从亚当·斯密始到约翰·斯图亚特·穆勒终,为"古典时期"。

凯恩斯认为:古典学派一词,亦包括李嘉图之后继者,即那些接受李嘉图经济学而加以发扬光大的人,例如约翰·斯图亚特·穆勒、马歇尔、埃奇沃兹,以及庇古教授。

晏智杰(1998,第2页)认为:"古典经济学",就其主体来说,应是指从18世纪70年代到19世纪60年代期间的英国和法国的资产阶级经济学,其中又以英国为主。

1.3.2 古典政治经济学概念的内涵

"政治经济学"(political economy)这一术语最初出现于17世纪初期的法国,1611年,蒙克莱田(L. de Mayerne-Turquet)在一本论政府的著作中首先使用了"政治经济学"(Laurence S. Moss,2002,p.13)。这一术语是针对亚里士多德的"经济学"概念而提出的,更确切地说,是对亚里士多德的城邦经济学、国家经济学概念的引申和强调。

詹姆斯·穆勒曾说:"政治经济学对于国家等于家庭经济学对于家庭。"(詹姆斯·穆勒,1993,第1页)麦克库洛赫沿袭了穆勒的观点,认为"政治经济学是研究具有交换价值的,并为人所必需、有用或喜爱的物品或产品的生产、分配和消费的规律的科学。……可以说政治经济学之于国家,正如家政学之于一个家庭"。(麦克库洛赫,1975,第3页)

由此可知,古典经济学家使用"政治经济学"一词,主要是为了强调其所分析的是与国家管理相关的经济问题。翻阅古典政治经济学家的著作,类似的说法俯拾皆是,可以说这是一个基本的"共识"。在古典经济学时代,经济学几乎专指与国家资源相联系的财富的生产和分配的学问,或者说是研究国民财富的学问。经济学当然也是政治经济学公认的鼻祖亚当·斯密认为:"被看作政治家或立法家的一门科学的政治经济学,提出两个不同的目标:第一,给人民提供充足的收入或生计,或者更确切地说,使人民能给自己提供这样的收入或生计;第二,给国家或社会提供充分的收入,使公务得以进行。总之,其目的在于富国裕民。"(亚当·斯密,1974,第1页)其著作命名为《国民财富的性质及其原因的研究》。

1.3.3 古典政治经济学是原初的社会科学

在古典经济学时代,经济学还未从政治学、伦理学和历史学中分离出来,在古典经济学家的观念中,政治经济学并非是从政治的角度去理解经济学,更不是政治问题的经济分析,他们所强调的是宏观的、整体的经济问题研究,这既是经济的,也是政治的。如同巴里·克拉克所说,政治经济学是原初的社会科学。亚当·斯密、约翰·斯图亚特·穆勒、卡尔·马克思等人都是以广阔的视野研究社会体系。① 在斯密时代的政治经济学,实际上尚未形成自己独特的研究方法和研究工具,因此还在大量借鉴其他学科,尤其是历史学

---

① 这一时期的经济学著作,都是以"政治经济学"命名的,如具有代表性的詹姆斯·斯图亚特的《政治经济学原理研究》,大卫·李嘉图的《政治经济学及赋税原理》,马尔萨斯的《政治经济学原理》,萨伊的《政治经济学概论》,卢梭的《论政治经济学》,詹姆斯·穆勒的《政治经济学原理》。马克思则以"政治经济学批判"作为其鸿篇巨著《资本论》的副标题,也不过是表示旨在创立一个不同于资产阶级政治经济学的无产阶级政治经济学。

的研究方法。也正是在此意义上，早期经济学家只能在道德哲学、历史学、伦理学的课程体系里谋求教职并讲授经济学。

1.3.4 古典政治经济学的范式与理论特色

1) 国家财富是研究的核心

麦克库洛赫指出："必须经常注意，经济学家的业务的任何一个方面，都不是研究个人财富增减的方法，而只是说明它们的一般作用和影响。公共利益应当永远成为他注意的唯一目标，他不为特定阶级增加财富与享受而设计制度和规划策略，而是要发现国富的源泉与普遍的繁荣以及使它们能具有最大生产力的方法。"（麦克库洛赫，1975，第11页）①

2) 已形成独立的研究体系

从亚当·斯密开始，尤其在李嘉图之后，古典经济学建立了独立的学科研究体系，这一研究体系的主体就是依托于生产过程的生产、分配、交换、消费理论框架。其代表作为约翰·穆勒的《政治经济学原理》(1848)和马克思的《资本论》(1867)。

3) 实证分析与规范分析相统一

从古典经济学家使用政治经济学概念的特点来看，他们往往是将实证分析与规范分析混同起来使用，客观分析与价值判断相互交织在一起。如亚当·斯密强调《国富论》的研究主题是国民财富的性质和原因（实证分析），但同时强调："政治经济学，作为政治家或立法家的一门科学，提出两个不同的目标：第一，为人民提供丰富的收入或生活资料，或者更确切地说，使人民能为他们自己提供丰富的收入和生活资料；第二，为国家供应足够维持公共服务的收入。它提出要使人民和国家都富起来。"（亚当·斯密，2001，第475页。其页边提要更简要指出，"政治经济学的第一目标是为人民提供生活资料"。）

斯密的这一论述，将作为实证分析的经济科学与作为规范分析的政策研究统一在了一起。这是古典经济学研究的特有风格。

正是基于多学科的研究方法（包括政治学、哲学、逻辑学、历史学等），古典政治经济学始终将实证研究和规范研究融于一体，既表现出严谨的科学求真态度，同时又抱有强烈的社会变革理想。研究对象为国家和社会的整体性经济问题（财富的增长与分配），研究领域体现多学科交叉与融合，研究方法以实证研究和规范研究相统一，以上三点，共同构成了古典政治经济学的范式与理论特色。

---

① 在政治经济学最初进入中国的时候，中国学者也常将其翻译为"富国策"或"富国学"，如1880年翻译出版的美国经济学家福塞特（H. Funcett）所著的《富国策》(*A Manual of Political Economy*)，1886年由海关总税务司翻译的英国经济学家杰文斯（W. S. Jevons）所著的《富国养民策》(*Primer of Political Economy*)，以及1901年严复翻译的亚当·斯密的名著《原富》等。将"政治经济学"理解为"国富学"，既是"经世济民"思想的延伸，又与西方早期政治经济学思想（如重商学派、重农学派等）相呼应，体现了东西方早期经济思想的共通性。

1.3.5 马克思经济学是古典时期实证研究与规范研究的统一

马克思把自己的政治经济学著作《资本论》的研究对象界定为"资本主义的生产方式及其与之相适应的生产关系和交换关系",旨在揭示一个特定的社会经济形态即资本主义的产生、发展和变化(灭亡)的规律。马克思有关商品、价值、货币、劳动力商品、资本、剩余价值、利润、生产价格、地租、利息等范畴的分析和演变,无疑是采用了抽象上升到具体、矛盾分析、中介分析以及一般特殊个别分析等实证分析方法;而有关资本主义发展趋势以及对未来社会的预想,则明显带有规范分析的色彩。正如马克思的一句名言所说:"哲学家们只是用不同的方式解释世界,而问题在于改变世界。"①(马克思恩格斯,1960,第 6 页)解释世界主要靠实证分析,而要改造世界,就必须做规范分析。也正如已故著名政治经济学家周守正教授所说:马克思的《资本论》既是马克思主义哲学、政治经济学和科学社会主义三个组成部分的统一,又是认识论、逻辑学和辩证法的统一。(耿明斋,2004,第 88 页)

1.4 古典政治经济学向新古典经济学的转变

19 世纪中后期的经济学发展,出现了两个趋势:一是经济学日益从历史学、政治学等人文社会科学中分离出来,而具有其独立的学科属性,这主要表现在经济学所独有的研究方法和分析工具正在逐步成熟,经济学的"科学化"倾向日趋显现;二是随着经济学研究方法的变革,政治经济学日益从原来的宏大或宏观问题的研究转向个人经济行为,尤其是稀缺条件下选择问题的研究。在此趋势下,斯密所开创的古典政治经济学逐步为体系严谨的新古典经济学所取代。

1.4.1 约翰·穆勒"群己权界"论的历史意义

约翰·穆勒在《论自由》中写道:"一个人的行为的任何部分一到有害地影响到他人的利益的时候,社会对他就有了裁判权,至于一般福利是否将因为对此有所干涉而获得增进的问题则成为公开讨论的问题。但是当一个人的行为并不影响自己以外的任何人的利益,或者除非他们愿意就不需要影响到他们时,那就根本没有蕴蓄任何这类问题之余地。在一切这类情事上,每人应当享有实行行动而承当其后果的法律上的和社会上的完全自由。"(约翰·穆勒,2005,第 89~90 页)②

约翰·穆勒这段话的核心意思是,当个人行动没有危害到其他人利益时,即不对社会公共利益构成伤害时,政府不应对个人自由有任何的干涉。私人领域与社会领域应该天然地分开,政府所应充当的职责仅限于社会公共事务,其余的,则由"看不见的手"自发调

---

① 这是马克思的墓志铭,用金字镌刻在位于伦敦海格特公墓(Highgate Cementery)马克思的大理石墓碑上。
② 严复早年译本将该书名翻译为《群己权界论》,第四章标题译为"论国群小己权限之分界"("Of the Limits to the Authority of Society over the Individual"),似乎更能表达约翰·穆勒将个体与国家相区分之努力。

节。如果用现代经济学术语来论述,那就是说,私人领域可以通过自发的市场机制实现帕累托最优,当有人破坏最优均衡时,政府才有权干涉。这样,个人与国家,经济与政治,市场与政府被区分开来。这一区分使经济学研究开始向"私人部门"倾斜,"政治经济学"中的"政治"(意指国家的、宏大的)含义开始淡化,"政治经济学"概念开始向"经济学"概念过渡。

1.4.2 内维尔·凯恩斯的两种政治经济学

在内维尔·凯恩斯看来,19世纪末的欧洲经济学界存在着两种政治经济学理论,一种是"实证的、抽象的和演绎的"政治经济学,一种是"伦理的、现实的和归纳的"政治经济学。这种"二分法"实际上是对当时"英国学派"与"历史学派"相互对立情况的客观反映。

内维尔·凯恩斯非常明确地将政治经济学划入了社会科学,而非政治科学。"不论从什么角度看,政治经济学最好被描述为一门关于社会的科学;如果要在社会科学与政治科学之间画一条界限,尽管有政治经济学这样一个名称,它仍然应该被归为前一类,而不是后一类。虽然有时候它也需要关注政治的法律的条件,但它主要研究的是人们的社会关系,而不是人们的政治关系。"(内维尔·凯恩斯,2001,第61页)在内维尔·凯恩斯看来,"政治经济学或经济学便是一个与经济现象有关的学说的整体"。(内维尔·凯恩斯,2001,第2页)在这里,政治经济学(作为严谨的社会科学体系)不应再成为政治学、伦理学和历史学的附庸,政治经济学应该从多学科中分离出来而有其独立的科学形态。

如同班克斯和哈努谢克所言:"这种学科分立的最重要含义是走向更高程度的专业化。经济学家专心致志地研究市场活动,并在很大程度上将政治与制度结构视为给定。另一方面,政治科学家们则致力于研究在非市场状态(nonmarket situation)下制度如何与个体互动,以及个体如何为制度塑型。这样的专业化具有相当明显的优势。尤其是,在限制了研究的范围之后,许多分析变得更易于处理了。此外,由于理论发展的模式、经验分析(empirical analysis)所要求的数据,以及理解不同领域差异所要求的专家知识,'政治学'与'经济学'的分立推动了各自领域知识的快速发展。"(杰弗瑞·班克斯等,2010,第2页)

1.4.3 马歇尔将政治经济学变成了经济学

从1885年开始担任剑桥大学政治经济学教授的马歇尔将其教科书定名为《经济学》(1890),[①]其目的也在于说明,他所探索的乃是关于个人选择问题的"纯粹"经济科学,而非国家的经济政策,故在《经济学》中未涉及任何有关国家经济政策问题的研究,而将相关研究放进了其他著作,以示区分。

1.4.4 边际革命即方法论革命

杰文斯、门格尔、瓦尔拉三人所推进的边际革命,其实质是经济学独立方法论的革命,

---

① 实际上,马歇尔1868—1877年担任剑桥大学圣约翰学院道德科学教授时,讲授的就是政治经济学。

即经济学从"原初社会科学"变为"独立的社会科学",其标志是本学科独有的概念体系的创立。如理性假说、均衡、边际、弹性、供给曲线、需求曲线等这些概念开始为经济学所独有,而取代了古典时代的剥削、福祉、道德、阶级等词汇。

1.4.5 罗宾斯的经济学概念以及新古典经济学的产生

在经过约翰·穆勒、内维尔·凯恩斯和马歇尔的多年铺垫,特别是在边际革命之后,对"经济学"概念变革(去除"政治"二字)做出精辟总结的是莱昂内尔·罗宾斯。在那本著名的小册子《经济科学的性质和意义》中,罗宾斯着重论述了经济学作为一门科学(science)的独立属性。他为"经济学"下了一个非常"纯粹"的定义:"经济学研究的是用稀缺手段达到既定目的所引发的行为。因此,经济学对于各种目的而言完全是中立的;只要达到某一目的需要借助于稀缺手段,这种行为便是经济学家关注的对象。"(罗宾斯,2000,第26页)在罗宾斯看来,经济学研究具有明确的科学属性,其所关心的是价值中立(即事实判断)的人类选择行为,而不是带有价值判断和主观好恶的政治学意味的古典经济学。

基于以上分析,罗宾斯将古典传统下的"政治经济学"定义为"政策经济学",在他看来,政策经济学并非属于经济科学体系,只是应用了某些经济学原理的政论文。罗宾斯指出:"在诸如詹姆斯·斯图亚特爵士的《政治经济学原理》以及亚当·斯密的《国富论》这些早期著作中,政治经济学泛指所有的有关经济科学以及经济政策理论的全部论述。……然而,近年来人们习惯于把'政治'一词去掉,用'经济学'这个词单指对经济现象的分析和描述,而把有关什么政策才符合需要的讨论,归于另外的尽管与前者有关但又与其明确区分开来的特殊的研究范畴。……这种划分方法有两点好处。其一,它同时分清了个人和集体在实现目的时会这样或那样受到资源稀缺的制约的行为的活动范围,其二,同时它也抛弃了,或者说意识到应该抛弃任何如下的假设,即对这些行为的概括中本身具有任何规范化的前提。"(罗宾斯,1997,第5~6页)

罗宾斯的论述非常清晰地说明了新古典经济学与古典政治经济学的差异:(1)古典政治经济学强调群体和国家,而新古典经济学更多地强调个体;(2)古典政治经济学一直难以摆脱政治学的束缚而成为多学科杂糅的学科体系,而新古典经济学则获得纯粹科学学科的外衣;(3)古典政治经济学是实证分析与规范分析的杂糅,而新古典经济学则以实证分析为圭臬,具有纯粹的科学属性,这也正是 Economics 与 Economy 的区别所在。

1.5 新政治经济学的兴起

1.5.1 无法抛弃的政治经济学

在"群己权界"的划分和方法论革命的推动下,虽然新古典经济学作为研究个体选择行为的纯粹科学的理论基石已经奠定,但始终未能真正摆脱"政策经济学"的"干扰"。如马歇尔的《工业与贸易》《货币、商业与信用》等书,都是探讨古典经济学研究的课题,并且使用古典经济学家的多学科应用的研究方法。①

1929—1933年的"大危机"使西方经济学家不得不再次将目光投向公共领域,"凯恩斯革命"使"宏观经济学"诞生,研究者对国民收支、公共财政、税收、失业、分配等问题的关注,使得"政治经济学"再次回归到经济学研究领域之中。因为理智的经济学家早已认识到,"社会过程实际上是一个不可分割的整体。……一个事实决不完全是或纯粹是经济的;总是存在着其他的——并且常常是更重要的——方面。"(熊彼特,2000,第5页)

查尔斯·林德布洛姆(Charles Lindblom,1977,p.8.)指出:"在世界上的任何一种政治制度下,政治学的大部分是经济学,经济学的大部分是政治学。"(转引自巴里,2001,第4页)

约翰·肯尼思·加尔布雷斯(John Kenneth Calbraith)也指出:"脱离政治学的经济学是无用的。"(转引自巴里,2001,第211页)

米尔顿·弗里德曼(Milton Fridman)则宣称:"不存在象纯粹经济学这种东西。"(转引自巴里,2001,第8页)

正是在上述经济学大师们理性思考的指导下,自20世纪50年代开始,从加尔布雷斯到激进经济学,从阿罗到布坎南,西方经济学界出现了所谓"新政治经济学"(new political economics)研究热潮。

1.5.2 经济学与政治学的分工合作

经济学与政治学在长期发展过程中逐渐形成了各自特定的研究领域和研究对象。美国经济学家巴里·克拉克(2001)认为:"可以从以下三个方面来区分政治学和经济学:追求的基本目标、追求这一目标的制度性场所、追求这一目标的主要行动者。"据此,作者将经济学定义为个人通过市场追求经济繁荣,而将政治学定义为共同体通过政府追求公正。如表1.1所示。

表1.1 经济学与政治学的分野

	经济学	政治学
基本目标	繁荣	公正
制度性场所	市场	政府
主要行动者	个人	共同体

但作者认为经济、政治、社会是"一个巨大网络体系的三个方面",市场和政府都不能单独地组织社会实现繁荣和公正,而且,"将社会组织起来,实现个人和社会目标的过程是

---

① 例如马歇尔在1890年出版的《经济学原理》第一篇第一章的第一段话就声明:"政治经济学或经济学是一门研究人类一般生活事务的学问。"(马歇尔,1981,第23页)萨谬尔森在1976年第10版《经济学》中说道:"政治经济学是最古老的艺术,最新颖的科学——的确,它在社会科学中,居于首要地位。""经济学——或用更合乎传统的名称,政治经济学——已经经历了许多发展阶段。"(萨谬尔森,1980,第1页)在阐述关于"什么是经济学的定义"时说:"经济学,或政治经济学,研究人与人之间用货币或不用货币进行交换的种种有关活动。"(同上书,第4页)

多方面的,政治学和经济学只反映了其中的两个方面。要研究这一过程,需要政治经济学所提供的跨学科视野。尤其是在现代社会中,公共生活和私人生活的界限变得模糊了,就更需要用政治经济学的跨学科视野来分析现代社会所面临的问题"。

19世纪30年代,美国的亚当·斯密和萨伊体系的追随者库柏在其政治经济学讲稿中说:"必须记住,政治学实质上并非政治经济学的一个组成部分。"对此,李斯特批驳道:"的确,那位苏格兰理论家的信徒们竟然荒谬到如此地步,尽管他们为自己研究的学科所选择的名称是政治经济学,却要我们相信政治经济学与政治无关。如果他们研究的学科该称为政治经济学,那末,在其中政治学就必须与经济学处于同等地位;如果其中根本就不包括政治学,那就不该称为政治经济学,而仅仅是经济学。"由于库柏同时是化学家,所以李斯特用了一种近似调侃的口吻说:"如果我冒昧地对化学家库柏博士说'必须记住,化学实质上并非化学技术的一个组成部分',他会怎么想呢?"(李斯特,1997,第208页)

1.5.3 新政治经济学的研究领域

关于新政治经济学研究领域的划分,学界的观点从来不曾统一。

例如,莱尔(D. Lal)和明特(H. Myint)认为,新政治经济学的要旨是把经济学原理应用于以前被看作政治科学所研究的领域,它包括三个方面的内容:(1)社会选择;(2)公共选择;(3)制度和组织经济学。

而布坎南认为,新政治经济学可以称之为"政治学的经济学"或"政治学的经济理论",它的内容包括以下六个方面:(1)公共选择;(2)产权经济学;(3)法律经济学或法律的经济分析;(4)规制的政治经济学;(5)新制度经济学;(6)新经济史学。

安德鲁·盖保尔在题为《新政治经济学》的论文中,对新政治经济学产生的原因及其内容作了系统的阐述,认为新政治经济学的主要内容包括四个方面:(1)国际政治经济学;(2)国家理论;(3)比较政府—产业关系;(4)公共选择。

《新政治经济学》杂志在其1996年创刊号上的社论中,则把新政治经济学的内容界定为四个方面:(1)比较政治经济学;(2)环境的政治经济学;(3)发展的政治经济学;(4)国际政治经济学。(参见陈振明等,2004)

以上四种分法虽然看似杂乱,但实际上是大同小异的,其差异仅在于如何界定新政治经济学的外延(或宽度)和研究方法,如果我们借助于新政治经济学这一概念和研究范围的不同,就可以给出一个更加具有层次性的分类方法(见图1.1)。

从研究方法论来看,以上四个层面的新政治经济学研究都坚持(或部分坚持)了新古典经济学的研究假设和分析工具。从内而外,越是处于图1.1内圈的研究内容,其在方法论上越坚持新古典经济学的方法,其研究问题的范围也相对较窄;而处于外圈的研究内容则更加宽泛,同时在方法论上多学科交叉研究的特色也就越明显,经济学与政治学、社会学、心理学的界限也就越不清晰。越向外圈,所探讨的问题也就越超越了新古典经济学的范围,而更趋近于古典经济学。

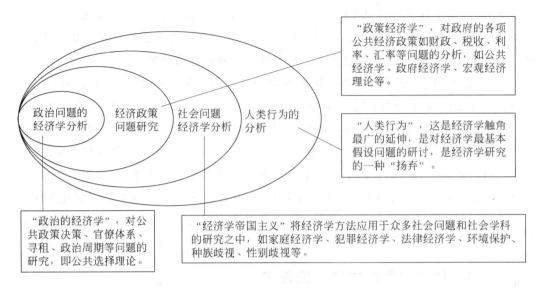

图 1.1　新政治经济学的分类

1.5.4　新政治经济学的界定与引申

与内维尔·凯恩斯所谓的"两种"政治经济学的区分相类似,现代经济学研究中所标榜的形形色色的"新政治经济学"其实也存在着两种趋势:其一是上溯古典政治经济学研究传统,继续将多学科分析方法应用于政治经济问题的探求之中;其二则是以新古典经济学方法论和分析工具为基础,不断拓展新古典经济学的研究视域。在这两种趋势中,第二种趋势已日渐占据主流地位,与古典经济学时代经济学依附于政治学的情况形成鲜明对比,在新政治经济学时代,政治学正日益依赖于新古典经济学的分析方法。

以方法论为基础来界定"新政治经济学",则更应该称之为"新古典政治经济学"(neo-classical political economics),如德雷泽(Allan Drazen,2000,p.4)所说,"新政治经济学不是对早期的(政治)经济学方法的简单复活。虽然其特征是它对政治如何影响经济结果这一问题感兴趣,但新政治经济学主要还是根据它探讨这一问题的方法来定义的。具体来说,它主要是以运用现代经济学分析的正规技术工具来考察政治对经济的重要性来定义。运用现代经济学分析,不仅体现在运用数学方法这种形式化的意义上,而且表现为它还是概念性的,它运用最优化、激励和约束等概念来考察政治现象。因此,新政治经济学的真正特色与其说是它的研究内容,不如说是它的研究类型"。

1.5.5　公共选择理论——主流新政治经济学的代表

如果从方法论的角度去研究,公共选择理论[①]无疑是西方新政治经济学众多流派中

---

① 公共选择理论(public choice theory)在英文文献里又称作"公共选择"(public choice)、"集体选择"(collective choice)、"公共选择经济学"(economics of public choice)、"新政治经济学"(the new political economy)、"政治的经济学"(economics of politics)或政治的经济理论(economic theory of politics)等。(方福前,2000,第1页)

最具开创性的一支,并且代表着主流新政治经济学的发展方向。

在新古典经济学的理论体系中,对社会选择(social choice)和公共选择(public choice)问题往往避而不谈,这主要是受穆勒"二分法"的影响,即公共领域的问题只要交给政府去办就可以,制度是经济体系(私人领域)的外生变量,不需要过多关注。但随着"二战"后凯恩斯主义的盛行,国家政治经济政策对私人领域的影响日益加强,于是,围绕公权与私权关系而引发的政治问题(社会选择),也日益引起经济学家的关注。

阿罗(2000,第11页)指出:"在资本主义民主下,社会选择基本上采取两种方法:一种是投票,通常用于做'政治'决策;一种是市场机制,通常用于做'经济'决策。"在新古典经济体系下,一般只研究市场上的个人选择问题,而很少关注集体选择。自从阿罗提出"不可能性定理"后,经济学家开始关注这样一个问题:如何将个人偏好进行加总来实现社会福利函数的最大化,或者说,在单个投票者偏好既定的情况下,应当选择怎样一种社会形态。这实际上也就引出了另一个问题,即在不同的投票规则下投票者所能获得的利益是不同的,因此就使得当事人(投票者)慎重投票,否则投票结果将直接影响自己的收益。在经济市场上,人们通过货币选票来选择能为其带来效用最大化的商品,而在政治市场上,人们则通过民主选票来选择能为其带来最大收益的政治家以及政策法律制度。

根据汪丁丁(2004,第46页)的描述,公共选择理论有三个最重要的假设:(1)方法论个人主义,强调任何一个社会,都是由一群"个人"的行为和个人对行为的"理解"构成的,这个视角或思路,一直是新古典经济学的基础;(2)"经济人"假设——所有政客关注的私利,并不比一般老百姓更少,这是最重要的一个假设;(3)"政治交易市场"(political activities as exchanges)假设,即把政治活动和政治行为看作市场交易行为,以权力为媒介,政治市场与产品市场并无差别。

这三点非常清晰地体现了公共选择理论对新古典经济学研究方法中个人主义和自由主义倾向的坚决贯彻。虽然公共选择理论常常被认为是经济学与政治学之间的交叉学科,但由于其在研究方法上对新古典经济学的直接继承,可以毫不怀疑地说,公共选择理论乃是新政治经济学的代表流派。

1.5.6　经济学帝国主义——新政治经济学的领地拓展

从公共选择理论引申开去,可以发现,兴起于20世纪60—70年代的众多经济学流派,都带有浓厚的新政治经济学的味道,即都是试图借助于新古典经济学的分析框架去解释曾经被新古典经济学所忽视的公共领域内的问题。施蒂格勒的规制经济学、科斯的产权经济理论、诺斯的新经济史,再加上阿罗和布坎南的公共选择理论,其共同之处即在于都拓展了新经济学的研究领域,使制度和制度变迁、社会成本、政府和议会、公共选择、民主选举、反垄断等问题再次成为经济学关注的焦点。

更进一步说,加里·贝克尔关于家庭经济学和人力资本的研究则使新政治经济学的研究触角逐步伸向全部社会科学领域,已演变为"经济学帝国主义"。法律经济学、国际政治经济学、种族经济学、宗教经济学、性别经济学、环境经济学等交叉学科和边缘学科的出现,显示出新政治经济学的生生活力;一时之间,政治的经济学、社会的经济学、伦理的经济学、认知的经济学都出现在学术舞台之上,经济学得以再次与其他社会科学相交融。但这次交融,已不再是古典政治经济学时代原初社会科学的简单延续,而是对古典时代多学科融合的一种"扬弃",是在承认新古典经济学研究方法基础上的一次"超越"。

从凯恩斯主义的"政策经济学"到公共选择理论、新制度经济学、产权经济学等新政治经济学流派的发展,再到"经济学帝国主义"大厦的建立,新政治经济学的研究视野被最大限度地拓展。新政治经济学正以其自身的研究优势而越来越成为现代经济学研究的新浪潮,并预示着经济学未来的发展方向。

从1611年法国学者的小册子直到今天的主流教科书,"政治经济学"这一名词已经被我们使用了四百余年。在历史演变的过程中,"政治经济学"的内涵和研究方法也发生了诸多变化。总体说来,古典政治经济学和新政治经济学成为政治经济学发展史上的两大体系。二者的根本区别在于研究方法上的差异。

从这一视角去审视当代各类形形色色的"新政治经济学",这些理论流派或是建立在新古典经济学方法论和分析框架之上,或是对古典经济学研究方法的回归。因此,辨析各类新政治经济学,只需把握其归属于新古典经济学研究方法还是古典经济学研究方法即可。

1.5.7 总结

从亚里士多德经济学概念的原初义和引申义出发,我们可以将经济学研究领域界定为个体和群体两大类别:

古典经济学侧重于群体经济活动研究,从而形成了以国家财富增长为研究对象的古典政治经济学研究体系;在古典经济学研究体系下,实证分析与规范分析有机统一;研究方法则具有原初社会科学的交叉研究特色。

新古典经济学侧重于个体经济活动研究,从而形成了稀缺条件下个体选择行为研究的理论特色;新古典经济学形成了自身独立的方法论体系和成熟的分析工具(逻辑实证主义下的以数学为主要分析工具的均衡研究);新古典经济学以实证分析为依据,更加强调经济科学的纯粹性和科学性。

1.6 我们仍然处在政治经济学时代

我国著名经济学家吴敬琏教授指出:"改革意味着利益结构的大调整,就不能不从政治经济学的角度来进行分析。三年以前,国防大学的卢周来教授提出,'我们仍然处在政治经济学时代'。这无疑是一个很重要的提醒。现在,中国改革开放所面临的很多问题,都是政治经济学问题,都需要用现代政治经济学来加以回答。"(吴敬琏,2009)[①]

---

① 卢周来(2009):"几年前,我曾在一篇书评中率先提出,中国还处在政治经济学时代。在这一时代,资源配置的效率往往被放在其次,谁有权力配置资源以及社会财富如何分配才是社会各阶层真正关切。"

1.6.1 从政治经济学的演变来看

随着新政治经济学的兴起,新古典经济学与古典经济学之间开始从分立走向融合,伴随着方法论和研究领域的打破,建立在新古典经济学方法论基础上的新政治经济学研究,将成为未来经济学发展的前沿领域。(见图1.2)

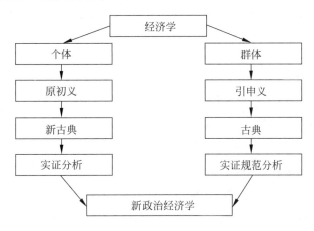

图 1.2　经济学发展趋势图

经过近四个世纪的发展,经济学从古典时代步入新古典时代,并已经从"原初的社会科学"成长为方法论特征明显的独立学科,"政治经济学"概念的演变,正是这一发展大势的具体反映。西方新政治经济学研究的兴起,不仅为经济学研究提供了更为宽广的视野(经济学帝国主义),同时也进一步确定了新古典方法论的基础地位,新古典理论的范式统一性与研究领域的多样性相得益彰。

1.6.2 从中美两国经济学科的划分来看

美国经济学会《经济文献杂志》(*Journal of Economic Literature*)所创立的经济学文献的主题分类系统如下:

A:经济学总论和教学(General Economics and Teaching)

B:经济学思想流派和方法论(Schools of Economic Thought and Methodology)

C:数理和数量方法(Mathematical and Quantitative Methods)

D:微观经济学(Microeconomics)

E:宏观经济学和货币经济学(Macroeconomics and Monetary Economics)

F:国际经济学(International Economics)

G:金融经济学(Financial Economics)

H:公共经济学(Public Economics)

I:卫生经济学,教育经济学和福利经济学(Health,Education and Welfare)

J:劳动经济学和人口经济学(Labor and Demographic Economics)

K：法律经济学（Law and Economics）

L：产业组织（Industrial Organization）

M：企业管理和商务经济学；市场营销学；会计学（Business Administration and Business Economics；Marketing；Accounting）

N：经济史(Economic History)

O：经济发展，技术变迁和增长（Economic Development，Technological Change，and Growth）

P：经济系统（Economic Systems）

Q：农业经济学和自然资源经济学（Agricultural and Natural Resource Economics）

R：城市经济学，农村经济学和区域经济学（Urban，Rural and Regional Economics）

Z：其他专题（Other Special Topics）

而我国2011年经济学门类学科目录如下：

理论经济学一级学科包括6个专业：

(1)政治经济学；(2)经济思想史；(3)经济史；(4)西方经济学；(5)世界经济；(6)人口、资源与环境经济学；

应用经济学一级学科包括9个专业：(1)国民经济学；(2)区域经济学；(3)财政学；(4)金融学；(5)产业经济学；(6)国际贸易学；(7)劳动经济学；(8)统计学；(9)数量经济学和国防经济。

理论经济学是应用经济学的基础，那么，什么是理论经济学的基础或应用经济学基础之基础呢？表面上看，理论经济学似乎有政治经济学和西方经济学两个理论学科，但这两个理论不可能同时作为理论经济学的基础。从学科发展的角度看，不仅经济学的原初形态就是政治经济学，经济学是从政治经济学演化而来的，而且无论是按照新古典经济学的创始人马歇尔的说法，还是按照西方主流经济学（一度也称为新古典综合派）的代表萨缪尔森的说法，经济学就是政治经济学。如果从学科交叉、渗透和融合的角度看，政治经济学以其宽广的视野，相对于现代主流经济学来说，更具有包容性。

从中国经济学科的发展趋势及其与国际通行的学科划分接轨的角度看，现有的政治经济学与西方经济学并列为理论经济学两大基础学科的状况可能通过如下两个途径而改变。

其一是按照传统将政治经济学作为一般经济理论或纯经济学，但从外延上应包括非马克思主义政治经济学以及目前被称作西方经济学的主要内容，名义上取消作为独立学科的西方经济学。

其二是同时取消政治经济学和西方经济学称谓，设定一般经济理论或纯经济学作为理论经济学的基础学科，其内容原则上和第一种方案相同。

无论采取哪一种方案，都需要对一般经济理论的研究对象做出明确的界定。根据市场经济的发展以及对资本主义和社会主义的再认识，一般经济理论的研究对象应该是有关经济制度安排、资源配置和经济发展的一般规律和研究方法。一般经济理论的功能是为理论经济学其他学科以及应用经济学提供理论基础和方法论指导。

理论经济学是经济学的一级学科,作为其基础学科的一般经济学或纯经济学或政治经济学为二级学科即专业,其二级学科还应包括制度经济学、微观经济学、宏观经济学、公共选择理论、博弈论和信息经济学,等等。所有这些专业或二级学科都应涵盖资本主义经济和社会主义经济。

正因为如此,我国政治经济学的研究面临着如何超越古典时代的马克思主义政治经济学以发展我国本土的新政治经济学的任务。这是一个历史性的难题,但也恰好是我国政治经济学发展的前景所在。借助东西方学术碰撞和我国经济转型的特殊机遇,中国新政治经济学的崛起大有希望。

1.6.3 从我国所处的经济社会发展阶段来看

本书第7章也曾提到,经济社会的规律包括运行规律和发展规律,这里所谓发展,不是发展经济学中所讲的发展,而是指经济制度的变革。如果说现代西方主流经济学(主要是微观经济学和宏观经济学)因其在给定制度的前提下着重研究资源配置,所以更适合于用来分析经济运行问题,那么,马克思政治经济学、西方新政治经济学以及相关的新制度经济学、新经济史,因其把制度作为内生变量纳入经济分析框架,所以更适用于研究经济制度的变化和变革。正因为如此,对于正处在经济、社会转型期的社会主义初级阶段的中国来说,政治经济学(包括古典政治经济学和新政治经济学)对于我们的改革开放无疑更具有指导意义,所以说,我们还将长期处在政治经济学时代。

复习思考题

(1) 政治经济学与经济学以及政治与经济的联系与区别是什么?
(2) 古典政治经济学与新古典经济学的联系和区别是什么?
(3) 新政治经济学(或新政治经济学)与古典政治经济学的联系和区别是什么?
(4) 我们是否仍然处在政治经济学时代?对中国的经济转型和制度变迁应采用何种方法进行分析?

参考文献

Allan Drazen,2000. Political Economy in Macroeconomics[M]. New Jersey:Princeton University Press.

Laurence S. Moss ed.,2002. The New Political Economies:A Collection of Essays from Around the World[M]. Malden:Blackwell Publishers.

Lindblom,Charles E.,1977. Politics and Markets:The Worlds Political Economic Systems[M]. New York:Basic Books.

阿罗,2000. 社会选择:个性与多准则[M]. 钱晓敏,孟岳良,译. 北京:首都经济贸易大学出版社.

巴里·克拉克,2001. 政治经济学——比较的观点[M]. 北京:经济科学出版社.

陈振明,黄新华,2004. 政治经济学的复兴——西方新政治经济学的兴起、主题与意义[J]. 厦门大学学报(哲学社会科学版),第1期.

方福前,2000. 公共选择理论——政治的经济学[M]. 北京:中国人民大学出版社.

弗里德里希·李斯特,1997. 政治经济学的自然体系[M]. 北京:商务印书馆.

耿明斋,2004. 马克思经济理论的阐释与发展[M]. 郑州:河南大学出版社.

杰弗瑞·班克斯等,2010. 政治经济学新方向[M]. 王志毅,李井奎,叶敏,译. 上海:世纪出版集团,上海人民出版社.

卢周来,2009. 穿越政治经济学年代[EB/OL]. 爱思想网站:http://www.aisixiang.com/data/31125.html.

罗宾斯,1997. 过去和现在的政治经济学——对经济政策中主要理论的考察[M]. 陈尚霖,王春育,译. 北京:商务印书馆.

罗宾斯,2000. 经济科学的性质和意义[M]. 朱泱,译. 北京:商务印书馆.

马克思,1976. 政治经济学批判[M]. 北京:人民出版社.

马克思恩格斯,1960. 马克思恩格斯全集[M]. 第3卷. 北京:人民出版社.

马歇尔,1981. 经济学原理[M]. 北京:商务印书馆.

麦克库洛赫,1975. 政治经济学原理[M]. 郭家麟,译. 北京:商务印书馆.

内维尔·凯恩斯,2001. 政治经济学的范围与方法[M]. 党国英,刘惠,译. 北京:华夏出版社.

萨谬尔森,1980. 经济学[M]. 上册. 北京:商务印书馆.

孙中山,1986. 孙中山全集[M]. 第9卷. 三民主义·民权主义·第一讲(1924年3月9日). 北京:中华书局.

汪丁丁,2004. 中国的新政治经济学的可能依据——行为和意义的综合视角[J]. 社会科学战线,第3期.

吴敬琏,2009. 遏制权贵资本主义才能防极"左"[N]. 北京日报,5月4日.

熊彼特,2000. 经济发展理论[M]. 何畏,等,译. 北京:商务印书馆.

亚当·斯密,2001. 国富论[M]. 杨敬年,译. 西安:陕西人民出版社.

亚当·斯密,1974. 国民财富的性质和原因的研究[M]. 下卷. 北京:商务印书馆.

亚里士多德,1956. 政治学[M]. 吴寿彭,译. 北京:商务印书馆.

晏智杰,1998. 古典经济学[M]. 北京:北京大学出版社.

约·雷·麦克库洛赫,1997. 政治经济学原理[M]. 郭家麟,译. 北京:商务印书馆.

约翰·密尔,2005. 论自由[M]. 许宝骙,译. 北京:商务印书馆.

詹姆斯·穆勒,1993. 政治经济学要义[M]. 北京:商务印书馆.

第 2 章

马克思政治经济学的创立

上一章作为全书的导论分析了政治经济学科的历史演变,本章则作为马克思政治经济学的导言,旨在阐明马克思是如何研究政治经济学的,马克思政治经济学的研究对象和研究方法,以及如何用科学的态度研究马克思政治经济学。

2.1 马克思是如何研究政治经济学的

考察一个具有划时代意义的伟大理论的产生,通常要从三个方面入手:一是该理论产生的时代背景;二是该理论创立者或奠基人的历史责任感和人生观;三是该理论创立者研究领域的选择。

2.1.1 马克思政治经济学产生的时代背景

马克思主义的创始人卡尔·马克思和弗里德里希·恩格斯生活在 19 世纪 20—90 年代。① 这一时期的历史具有如下四个特点。

其一是资本主义社会生产力空前发展。

在工业革命推动下,随着资本主义生产方式从工场手工业向机器大工业的飞跃,资本主义社会生产力获得了空前发展。马克思和恩格斯在他们合著的《共产党宣言》(1848)中对当时资本主义社会生产力的发展给予了高度评价:"资产阶级在它的不到一百年的阶级统治中所创造的生产力,比过去一切世代创造的全部的生产力还要多,还要大。自然力的征服,机器的采用,化学在工业和农业中的应用,轮船的行驶,铁路的通行,电报的使用,整个整个大陆的开垦,河川的通航,仿佛用法术从地下呼唤出来的大量人口——过去哪一个世纪料想到在社会劳动里蕴藏有这样的生产力呢?"(马克思恩格斯,1956,第 256 页)②

其二是资本主义社会基本矛盾日益尖锐。

随着资本主义社会生产力的空前发展,资本主义社会的基本矛盾即生产的社会性和

---

① 马克思的生卒年代是 1818 年 5 月 5 日—1883 年 3 月 14 日;恩格斯的生卒年代是 1820 年 11 月 28 日—1895 年 8 月 5 日。

② 因本书所引用的马克思和恩格斯的论著绝大部分都出自人民出版社出版的《马克思恩格斯全集》和《马克思恩格斯选集》以及《马克思恩格斯〈资本论〉书信集》,故无论是直接引证马克思还是恩格斯,文中一律采用括号内马克思恩格斯+各卷出版年代(同一年代用 a、b、c … 区分)+页码的方式著录。

私人占有之间的矛盾开始凸显,其主要经济表现是以生产过剩为特征的经济危机。例如,1825年在英国就爆发了全国性的经济危机。随着资本积累过程中资本有机构成的提高以及经济危机的影响,产业后备军即失业人口数量增加,工人阶级的生活状况不断恶化。当时的英国工厂视察员报告①以及恩格斯的《英国工人阶级的状况》(1845)对此做了生动描述。

其三是国际工人运动波澜起伏。

资本主义社会基本矛盾的政治表现就是无产阶级与资产阶级的阶级斗争。19世纪三四十年代,工人运动已从经济斗争发展到独立的政治斗争。1831年的法国里昂工人武装起义,1832年的英国宪章运动,1844年的德意志西里西亚工人起义,以及1848年的法兰西革命,都具有鲜明的政治斗争性质。

其四是英法古典政治经济学的优良传统。

处在英法两国资本主义生产方式和资产阶级上升时期的英法古典政治经济学,为了促进社会生产力的发展,能够站在比较公正客观的科学立场上,通过相对自由的学术讨论,在一定程度上揭示资本主义社会的矛盾和发展规律。英法古典政治经济学的优良传统和自由的学术氛围为马克思政治经济学的创立提供了思想来源和学术空间。

2.1.2　马克思青年时期就树立了为人类幸福而工作的理想

卡尔·马克思1818年5月5日生于德意志联邦普鲁士王国莱茵省(现属于德国莱茵兰-普法尔茨州)特里尔城一个律师家庭。1834年,16岁的青年马克思在其中学毕业论文《青年在选择职业时的考虑》中写道:

"在选择职业时,我们应该遵循的主要指针是人类的幸福和我们自身的完美。不应认为,这两种利益会彼此敌对、互相冲突,一种利益必定消灭另一种利益;相反,人的本性是这样的:人只有为同时代人的完美、为他们的幸福而工作,自己才能达到完美。如果一个人只为自己劳动,他也许能够成为著名的学者、伟大的哲人、卓越的诗人,然而他永远不能成为完美的真正伟大的人物。

如果我们选择了最能为人类幸福而工作的职业,那么,重担就不能把我们压倒,因为这是为大家作出的牺牲;那时我们所享受的就不是可怜的、有限的、自私的乐趣,我们的幸福将属于千百万人,我们的事业将悄然无声地存在下去,但是它会永远发挥作用,而面对我们的骨灰,高尚的人们将洒下热泪。"(马克思恩格斯,1956,第459~460页)

---

① 英国政府为了监督工厂法的执行,设置了专门的工厂视察员,直属内务部,他们的报告由议会每半年公布一次。马克思在《资本论》中曾大量引用英国工厂视察员的报告,揭露资本主义社会中劳动和资本对立的状况。仅在《资本论》第一卷第八章"工作日"这一章,马克思引用的《工厂视察员报告》的材料就有51条之多,计11 600余字,占了整章文字的五分之一左右。

西方学者由此断定,马克思早在青年时代就表现出基督教献身精神和为人类自我牺牲的愿望。

2.1.3 马克思为什么转向政治经济学研究?

马克思中学毕业后进入波恩大学,18 岁后转学到柏林大学学习法律,但他大部分时间主修的是哲学和历史,而法律却成了他辅修的科目。1841 年马克思以题为《德谟克利特的自然哲学和伊壁鸠鲁的自然哲学之区别》的论文,获得了耶拿大学哲学博士学位。那么,又是什么原因,使得马克思最终转向政治经济学研究呢?

1) 参与林木盗窃法、摩泽尔农民破产案以及有关"共产主义问题"的辩论

大学毕业后的马克思在担任《莱茵报》主编期间,参与了"林木盗窃法""摩塞尔农民破产案"以及有关"共产主义问题"的辩论。

"林木盗窃法"是指普鲁士政府为阻止当地居民为了生计砍伐森林所颁布的一项法律。根据这项法律,在德国西部大片森林和草地被一些贵族地主霸占后,原本生活在这一地区的居民的砍柴和放牧被认为是"盗窃"。马克思为维护当地农民的利益在《莱茵报》上写了一系列文章,严厉抨击了普鲁士政府的做法。

"摩泽尔农民破产案"是指摩泽尔河流域酿造葡萄酒的农民贫困破产事件。马克思在《莱茵报》发表了《摩泽尔记者的辩护》,驳斥了那种企图把这些农民贫困破产归咎为自然条件变化和个别官吏失职的说法,广泛揭露了普鲁士社会政治制度的弊端。

"共产主义问题"起因于《奥格斯堡总汇报》攻击《莱茵报》是普鲁士的共产主义者,是一位向共产主义"卖弄风情和频送秋波的夫人"。马克思在《共产主义和〈奥格斯堡总汇报〉》一文中,承认共产主义问题是具有"欧洲意义"的重大问题,但由于他当时对社会主义和共产主义理论还不很熟悉,所以宣布"《莱茵报》甚至在理论上都不承认现有形式的共产主义思想的现实性……"(马克思恩格斯,1956,第 133 页)

2) 解剖市民社会只能到政治经济学中寻找答案

马克思后来回忆自己当初着手研究政治经济学的动机时说,1842—1843 年间,当他作为《莱茵报》的主编,第一次遇到要对涉及物质利益的法律问题和政治问题发表意见时,他发现很难在以往的法哲学体系中找到相关问题的答案,特别是关于"共产主义问题"的讨论,马克思坦率承认:"我以往的研究还不容许我对法兰西思潮的内容本身妄加评判。"因为"法的关系正像国家的形式一样,既不能从它们本身来理解,也不能从所谓人类精神的一般发展来理解,相反,它们根源于物质的生活关系,这种物质的生活关系的总和,黑格尔按照十八世纪的英国人和法国人的先例,称之为'市民社会',而对市民社会的解剖应该到政治经济学中去寻求。"(马克思恩格斯,1962,第 7~8 页)正是基于这样一种认识,在《莱茵报》被查封,马克思于 1843 年 10 月到达巴黎之后,他便很快投身到政治经济学的研

究之中了。①

3) 恩格斯《国民经济学批判大纲》的启示

促使马克思的研究转向政治经济学的另一个重要原因是恩格斯《国民经济学批判大纲》的启示。

1844年2月，恩格斯的第一本经济学著作《国民经济学批判大纲》（以下简称"大纲"）在马克思和卢格联合主编的《德法年鉴》上发表。马克思在编辑恩格斯的《大纲》时，曾逐字逐句做了摘录，从中受到重要启示。即使在成为一位政治经济学大师后，马克思仍称这篇著作是"天才的大纲"，并在《资本论》中多次运用它。

1844年8月底，恩格斯在回国途中绕道巴黎会见了马克思，从此两人建立了深厚的友谊并开始了终身的合作：1845年合作完成了《神圣家族》，1846年又合写了《德意志意识形态》，1848年共同撰写了《共产党宣言》。此后，双方根据各自的比较优势进行了分工：马克思主要从事政治经济学研究，并经过毕生研究完成了划时代的政治经济学鸿篇巨著《资本论》；而恩格斯主要从事哲学和自然科学研究，同样用毕生的精力完成了《反杜林论》《自然辩证法》《劳动在从猿转化为人过程中的作用》等伟大著作。

2.1.4 《资本论》的创作和出版

1) 详细占有材料，对人类以往全部成果的批判和继承

马克思立志要创立一门无产阶级政治经济学，而无产阶级政治经济学不可能凭空产生，它必须在对已有的资产阶级政治经济学全部成果批判继承的基础上创新而成。

马克思为写作《资本论》做准备，参阅了1500多种经济学著作，从古典经济学的杰出代表斯密和李嘉图，到庸俗经济学的代表人物马尔萨斯、西尼尔之流的著作，从空想社会主义到小资产阶级经济学，从李嘉图派社会主义者到匿名作者的小册子，马克思都不放过。

马克思仅1843—1844年所作的《巴黎笔记》，就有9本；在1850—1851年所作的摘记和提纲，就写了18个笔记本；1850年9月—1853年8月，写下了整整24本摘录笔记，即《伦敦笔记》。在其中的手稿《反思》和《完成的货币制度》中，马克思概括了80多位经济学家关于货币的本质、货币的职能、货币流通规律以及国际贸易、世界市场和银行体系等问题的见解。

2)《资本论》结构的演变

马克思最初把自己的经济学巨著命名为《政治经济学批判》，第一个写作计划即"五篇

---

① 恩格斯也曾指出："一切社会变迁和政治变革的终极原因，不应当在人们的头脑中，在人们对永恒的真理和正义的日益增进的认识中去寻找，而应当在生产方式和交换方式的变更中去寻找；不应当在有关的时代的哲学中去寻找，而应当在有关的时代的经济学中去寻找。"（马克思恩格斯，1972f，第424～425页）

结构"计划(见马克思恩格斯,1979,第 46 页):

　　第一篇研究"一般的抽象的规定":劳动、分工、货币、价值等;

　　第二篇研究"形成资产阶级内部结构并且成为基本经济的依据的范畴":资本、雇佣劳动、土地所有制;

　　第三篇研究"资产阶级社会在国家形式上的概括":税、国债、信用等;

　　第四篇研究"生产的国际关系";

　　第五篇研究"世界市场和危机"。

但不久之后,在 1858 年 2 月 22 日给拉萨尔的信中,马克思把"五篇结构"计划改成"六册结构"计划:1. 资本;2. 土地所有制;3. 雇佣劳动;4. 国家;5. 对外贸易;6. 世界市场。(见马克思恩格斯,第 29 卷,第 531 页)六册结构如图 2.1 所示。

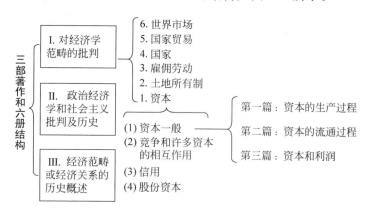

图 2.1　马克思的政治经济学著作写作计划:六册结构

但在 1859 年 6 月《政治经济学批判》第一分册出版后,马克思没有按照六册结构写作和出版后续分册,而是在 1862 年末调整了原定计划,把多年来为第二分册准备的书稿以《资本论》为题单独出版,"政治经济学批判"则作为《资本论》的副标题,并逐步形成了《资本论》三卷结构。马克思说:在第一卷中,我们研究的是资本主义生产过程本身作为直接生产过程考察时呈现的各种现象……流通过程则是第二卷研究的对象。在第二卷中,特别是把流通过程作为再生产过程的媒介来考察的第三篇指出:资本主义生产过程,就整体来看,是生产过程与流通过程的统一。至于这个第三卷,……要揭示和说明资本运动过程作为整体考察时所产生的各种具体形式。"(马克思恩格斯,1974,第 29 页)以上三卷,仅仅是《资本论》的理论部分,其中有关"剩余价值理论史"的探讨后来作为"历史文献部分"独立成为《资本论》第四卷,这就是我们今天看到的《资本论》四卷结构。

3)《资本论》的出版

马克思生前只出版了《资本论》第一卷,其中包括 1867 年 9 月 14 日,在德国汉堡迈斯纳出版社出版的德文版;①1872年3月27日在俄国彼得堡出版的俄文版;1873年6月德文第二版合订本;1874年11月法文版最后分册。

《资本论》第二卷和第三卷的德文版,是在马克思逝世后由恩格斯分别于1885年7月和1894年12月在德国汉堡由迈斯纳出版社出版的。

《资本论》第四卷则是在恩格斯逝世后,由考茨基于1905出版第一、第二册,1910年出版第三册。

1867年至1895年间,《资本论》第一卷用9种文字出了17版。其中有:德文第一版(1867);德文第二版(1872—1873分册出版);德文第三版(1883);德文第四版(1890);俄文版(1872);法文第一版(1872—1875分册出版,马克思亲自校译);意大利文版(1886);英文版共出5版(第一版1887);波兰文版(在德国出版)、丹麦文版;西班牙文版(仅译出245页);荷兰文版(只出了第一分册)。(参见马健行、郭继严,1983,第445页)

《资本论》在中国的传播最早见于1920年6月,时任北京国立法政大学教授、武昌国立中山大学经济系教授和主任的邝摩汉在《时事新报》发表了日本著名马克思主义经济学家河上肇《马克思剩余价值论》的译文。1922年2月,北京大学马克思学说研究会刊物《今日》创刊。同年3月,邝摩汉在《今日》第1卷第2号发表了《绝对的剩余价值研究》(《资本论》第1卷第3篇摘译);4月,在《今日》第1卷第3号发表了《相对的剩余价值研究》(《资本论》第1卷第4篇摘译);5月,在《今日》第1卷第4号发表了《绝对的相对的剩余价值研究》(《资本论》第1卷第5篇摘译)。邝摩汉教授是我国最早传播马克思主义的学者之一,为《资本论》中文版的早期翻译和传播做出了重要贡献。

1930年3月,上海昆仑书店出版马克思的主要经典著作《资本论》的第1卷,第1分册(即第1卷的第1篇),由陈启修(陈豹隐)根据德文版参照日文版翻译。

1932年8月、1933年1月,在北平东亚书店出版《资本论》的第2、3、4分册,包括第1卷的全部,由潘冬舟翻译。1932年9月,北平国际学社出版《资本论》的上册,由王慎明(思华)、侯外庐译。

1934年5月,商务印书馆出版《资本论》第1卷第1分册(即第1卷第1、2篇),吴半农译,千家驹校。

1936年6月,北平世界名著译社出版《资本论》第1卷中册(即第3篇第8章至第4篇第13章)。世界名著译社出版《资本论》第1卷下册(即第5篇第14章至第7篇第25章),右铭、玉枢译。七年间,经过平、沪两地的进步学者和出版者的努力,仍然只翻译出版了《资本论》的第1卷或第1卷的一部分。

郭大力和王亚南合作,前后历时10年翻译的《资本论》第一、第二、第三卷由上海读书生活出版社于1938年8—9月出版。新中国成立后,译者对该书再次作了校订,由三联书

---

① 《资本论》第一卷第一版第一次印刷只有1 000册。英国《经济学家》杂志称:"当年,卡尔·马克思的《资本论》第一卷在1867年出版后,其最初的德文版用了5年的时间才卖出了1 000册。在这之后又过了20年,这本书才被翻译成英文,而当本报认为应该提及这本书时,已经是1907年了。"(The Economist 网站2014年5月3日)

店出版。

马克思恩格斯列宁斯大林著作编译局根据恩格斯校订的德文版并参照苏共马克思恩格斯列宁斯大林研究院校订的俄文译文和郭大力、王亚南的译本,重新翻译了《资本论》第1~4卷,并于1975年由人民出版社出版,后来收入1956—1986年人民出版社出版的《马克思恩格斯全集》第一版第23~26卷。

4) 马克思追求的是"一个艺术的整体"——马克思严谨的治学态度

在马克思的《资本论》第1卷正式出版之前,第2~4卷的手稿就已经完成。马克思生前之所以没有来得及将《资本论》全部出版,一个很重要的原因是他把大量的时间和精力用在了《资本论》第1卷的修改、再版以及俄文版和法文版的翻译上。尽管恩格斯出于当时工人运动的需要,多次敦促马克思尽快将他的研究成果问世,但马克思却表示:"我不能下决心在一个完整的东西还没有摆在我面前时,就送出任何一部分。不论我的著作有什么缺点,它们却有一个长处,即它们是一个艺术的整体;但是要达到这一点,只有用我的方法,在它们没有完整地摆在我面前时,不拿去付印。"(马克思恩格斯,1972d,第135页)。

《资本论》第1卷出版后,面对资产阶级经济学家对其中"等量劳动创造等量价值"的假说与资本主义经济生活中等量资本带来等量利润的现实之间的矛盾的质疑,马克思并未理会,而只是承诺在《资本论》第3卷中将予以解答。而当恩格斯在马克思逝世后整理马克思的手稿时,不仅发现马克思的确在《资本论》第3卷手稿中已经预见到资产阶级经济学家对其劳动价值论的责难,从而揭示了价值向生产价格的转化,而且马克思还创立了到他那个时代为止最完备的地租理论,恩格斯对此十分感叹:"我钻研得越深,就越觉得《资本论》第三册伟大,……一个人有了这么巨大的发现,实行了这么完全彻底的科学革命,竟会把它们在自己身边搁置二十年之久,这几乎是不可想象的。"(马克思恩格斯,1976,第462页)

为了构建一个艺术的整体,马克思始终保持了一个学者的思想独立和学术自由,从不向统治阶级献媚。他说:"我的见解,不管人们对它怎样评论,不管它多么不合乎统治阶级的自私的偏见,却是多年诚实研究的结果。"(马克思恩格斯,1962,第11页)

为了构建一个艺术的整体,马克思不仅善于发现真理,更勇于坚持真理。他认为:"在科学的入口处,正像在地狱的入口处一样,这里,必须根绝一切犹豫,这里任何怯懦都无济于事。"

为了构建一个艺术的整体,马克思坚信:"在科学上没有平坦的大道,只有不畏劳苦沿着陡峭山路攀登的人,才有希望达到光辉的顶点。"(马克思恩格斯,1972a,第26页)他不仅自己几十年如一日不畏艰险不辞劳苦地在政治经济学的陡峭山路上不断攀登,而且勉励急于求成的法国读者沿着《资本论》中抽象上升到具体的逻辑一步步逼近真理。

2.1.5 恩格斯对《资本论》的贡献

马克思主义本是马克思和恩格斯共同创立的,但由于马克思在其中所处的主导地位以及恩格斯本人的谦虚,①该主义没有以马克思-恩格斯联名的方式流传于世。但这丝毫不能埋没恩格斯对马克思政治经济学的创立所做出的功绩。恩格斯作为德国政治经济学家,与马克思同为科学社会主义的奠基人,不仅与马克思共同撰写了《共产党宣言》(1848),独立完成了《英国工人阶级状况》(1844)、《反杜林论》(1878)、《家庭、私有制和国家的起源》(1884)和《自然辩证法》(1872)等重要学术著作,而且对《资本论》的创作、出版和传播,做出了巨大贡献。

其一是撰写《国民经济学批判大纲》,为马克思转向政治经济学研究提供了启蒙教材。 恩格斯对政治经济学的研究先于马克思,还在马克思刚刚意识到解剖市民社会要到政治经济学中寻求答案时,恩格斯已经撰写出《国民经济学批判大纲》,并通过与马克思的交流,加快了马克思学术研究的转型。

其二是在经济上接济马克思,为马克思专心从事《资本论》的写作提供了必要的生活费用。 恩格斯最初在欧门—恩格斯公司里只是一个普通的小办事员,收入也是十分低微的。后来做了公司的襄理,月薪有了提高。1860年以后,对马克思的支援增加到了每月10镑,还常常"另外"给些资助。从1851年至1869年,马克思总共收到了恩格斯的汇款3121镑。对当时的恩格斯来说,这已是倾囊相助了。② 正是由于恩格斯的慷慨相助,才使马克思勉强维持生存,得以长期地一心从事科学著述。恰如列宁所说:"如果不是恩格斯牺牲自己而不断给予资助,马克思不但不能写成《资本论》,而且势必会死于贫困。"(列宁,1959,第50~51页)对恩格斯的无私奉献,马克思非常感动,也十分不安,他在1867年致恩格斯的信中写道:"坦白地向你说,我的良心经常像被梦魇压着一样感到沉重,因为你的卓越才能主要是为了我才浪费在经商上,才让它们荒废,而且还要分担我的一切琐碎的忧患。"这是马克思的肺腑之言。③

其三是为《资本论》的写作提供资料。 恩格斯经常向马克思提供自己从事公司商业活动的经验和数据,以便马克思能够用第一手资料研究资本主义商业活动。马克思相关著作的出版,也常常拖延到最后一天,等拿到恩格斯提供的最新商业数据之后才付印。

---

① 恩格斯始终认为,在他和马克思组成的二人合奏中,马克思是第一提琴手,他是第二提琴手。

② 关于当年英镑的价值,下面几个数字可以作为参考。《简爱》中,简·爱在桑费尔德庄园里做家教,年收入是20镑(包吃住)。19世纪70年代以后,据史学家艾伦统计,男职员年收入可以达100~200英镑。当然,这个男职员应该是白领,而且还应考虑到他要负担整个家庭的费用。

③ 1864年,恩格斯由于其家族投入资本额达到1万英镑而升为欧门-恩格斯公司的股东,此时他的分红比例已提高到20%,另外还可以从流动资本中得到年利率5%的利息收入。1868年,欧门兄弟一次性付给恩格斯1750英镑的补偿金,随后恩格斯逐渐撤出了投入在合伙公司中的全部款项,并离开了该公司。这笔补偿金使恩格斯能够在五六年内保证每年给马克思350英镑资助。按照马克思的劳动价值论和剩余价值理论,恩格斯的资本收入无疑榨取的是工人创造的剩余价值,而恩格斯正是用这笔剩余价值资助马克思研究资本家是如何榨取工人剩余价值的。看来,按照前国家主席刘少奇所说的"剥削有功论",恩格斯的剥削还是功莫大焉!

其四是为宣传《资本论》奔走呼号。《资本论》第1卷出版后,资产阶级经济学家最初企图用集体沉默把《资本论》扼杀在摇篮里。为了打破资产阶级经济学家的沉默,恩格斯不仅动员了德国工人党内的同志撰写宣传《资本论》的文章,而且身体力行匿名撰文向媒体推介《资本论》。在恩格斯的努力下,终于打破了资产阶级经济学家的沉默,很快扩大了《资本论》的影响。

其五是编辑、整理和出版《资本论》第二、三卷。马克思临终前把他的全部经济学著作的手稿托付给恩格斯,希望恩格斯"根据这些材料'做出点什么来'"。(马克思恩格斯,1972b,第9页)马克思逝世后不久,恩格斯便着手整理和编辑《资本论》的第二卷和第三卷的手稿。

第二卷有八份手稿,前后间隔十年之久,其中的观点难免有变化,前后不一致,要完全按照原作者的思想前后一贯地将八份手稿整合在一起,不仅需要高超的理论素养和对原作者的全面深刻的了解,而且需要付出大量的时间和精力。经过恩格斯两年的辛勤努力,《资本论》第二卷终于作为一部内容丰富、结构严谨的完整著作而于1885年问世。

恩格斯编辑出版第三卷遇到的困难要比第二卷大得多,仅仅是辨认马克思的难以识别的字迹、誊清全部手稿、核对引文资料,就需要进行极为细致、耗时费力的大量工作。[①] 经过恩格斯十年坚持不懈的工作,《资本论》第三卷终于在恩格斯逝世前半年,即1894年出版了。

奥地利社会民主党人阿德勒说:"恩格斯出版了《资本论》第二卷和第三卷,就是替他的天才的朋友建立了一座庄严宏伟的纪念碑。在这座纪念碑上,他无意中也把自己的名字不可磨灭地刻上去了。"(转引自列宁,1972,第92页)《资本论》这部划时代巨著能够完整地流传下来,恩格斯的确功不可没。

2.2 马克思政治经济学的研究对象

关于《资本论》以及马克思政治经济学的研究对象,历来存在争论。持"生产关系"论者有之,持作为生产力与生产关系相统一的"生产方式"论者也有之。争论的缘起,恐怕与"生产关系"和"生产方式"这两个概念同时出现在马克思有关《资本论》研究对象的论述中有关。

马克思在《资本论》第一卷第一版序言中指出:"我要在本书研究的,是资本主义生产方式以及和它相适应的生产关系和交换关系。"(马克思恩格斯,1972a,第8页)那么,这里的生产方式到底是指什么?如果按照传统的历史唯物主义教科书,把它理解为"生产力与生产关系的统一",那么,马克思这段话中的"生产方式"已经包含了生产关系,为什么后面

---

① 马克思的字迹非常潦草,据说除了他本人之外,只有马克思的夫人燕妮和恩格斯能够辨认,而燕妮和马克思本人相继去世,所以,恩格斯说:"如果我没有完成这些工作就去世的话,那就没有其他人能够辨认这些手稿,这些手稿连马克思本人也往往在事后认不出来"。(马克思恩格斯,1974a,第165页)

还要在生产方式之后加上与之相适应的生产关系呢？显然，马克思所说的生产方式是有别于历史唯物主义教科书所界定的内涵的。

概括起来，《资本论》提到的生产方式有两种含义。

第一种含义是指生产的物质内容即生产力，主要包括生产要素的技术性质及相互结合的技术比例。当马克思讲简单协作、工场手工业以及机器大工业的生产方式时，就是在生产力意义上使用生产方式概念的。

第二种含义是指生产的社会形式，其中包括：

(1) 生产要素结合的一般社会形式，主要是指生产要素之间的分工交换关系，这种关系可能存在于不同的社会制度中，并不局限于特殊的社会形态，如自给自足的自然经济，以满足个人需要为目的的简单商品经济，以计划配置资源的计划经济，等等。

(2) 生产要素结合的特殊社会形式，即不同生产要素所有者之间的结合方式。马克思说："不论生产的社会形式如何，劳动者和生产资料始终是生产的因素。但是，二者在彼此分离的情况下，只在可能性上是生产的因素。凡进行生产，就必须使它们结合起来。实行这种结合的特殊方式和方法，使社会结构区分为不同的经济时期。"（马克思恩格斯，1972b，第44页）这里所谓生产要素结合的"特殊方式和方法"，就是指生产要素的所有制或占有方式。比如，奴隶主占有一切生产要素（包括奴隶本身）的奴隶制生产方式、地主与佃农相结合的封建主义生产方式[①]、雇佣劳动与资本相结合的资本主义生产方式。

鉴于资本和雇佣劳动的关系是马克思所考察的资本主义社会体系围绕旋转的轴心[②]，马克思在《资本论》中所要研究的资本主义生产方式，就是雇佣劳动与资本相结合的方式，而和这种生产方式相适应的生产关系和交换关系就是资本家利用作为资本的生产资料无偿占有雇佣劳动剩余价值的关系以及产业资本家、商业资本家、借贷资本家和地主通过市场交换瓜分剩余价值的关系。或者用马克思的另一句更简明的话："本书的最终目的就是揭示现代社会的经济规律"（马克思恩格斯，1972a，第11页），也就是资本主义社会的经济规律。[③]

2.3 马克思政治经济学的阶级性和科学性

社会科学不同于自然科学，因其以人们的社会行为和社会关系为研究对象，而人们的

[①] 在封建制生产方式中，"直接生产者还占有自己的生产资料，即他实现自己的劳动和生产自己的生活资料所必需的物质的劳动条件；他独立地经营他的农业和与农业结合在一起的农村家庭工业"。而在奴隶制生产方式中，"奴隶要用别人的生产条件来劳动，并且不是独立的"。（马克思恩格斯，1974a，第889～890页）

[②] 恩格斯指出："资本和劳动的关系是我们全部现代社会体系所围绕旋转的轴心。"（马克思恩格斯，1957，第589页）

[③] 恩格斯也曾指出："经济科学的任务在于：证明现在开始显露出来的社会弊病是现存生产方式的必然结果，同时也是这一生产方式快要瓦解的标志，并且在正在瓦解的经济运动形式内部发现出来的、能够消除这些弊病的、新的生产组织和交换组织的因素。"（马克思恩格斯，1972f，第189页）这里显然也是就马克思政治经济学即狭义政治经济学的研究对象而言。恩格斯接着讲到广义政治经济学："政治经济学作为一门研究人类各种社会进行生产和交换并相应地进行产品分配的条件和形式的科学，——这样广义的政治经济学尚有待于创造。"（同上）

社会行为往往是以阶级和政党等利益集团的方式发生的,所以,社会科学往往带有一定的阶级性。而政治经济学作为一门社会科学更有其特殊性:在政治经济学领域内,自由的科学研究遇到的敌人,不只是它在一切其他领域内遇到的敌人。"政治经济学所研究的材料的特殊性,把人们心中最激烈、最卑鄙、最恶劣的感情,把代表私人利益的复仇女神召唤到战场上来反对自由的科学研究。"(马克思恩格斯,1972a,第12页)

那么如何理解马克思政治经济学的科学性与阶级性及其二者的关系呢?

首先我们要弄清什么是科学。爱因斯坦曾对科学下了一个通俗、精练的定义:"全部科学不过是日常思考的精炼而已。"也就是说,在爱因斯坦看来,科学就是对日常思考去粗取精、去伪存真的过程。著名经济学家张五常也曾说,"科学就是系统地解释现象的学问",他近期的一部颇有影响的散文式经济学著作便取名《经济解释》,意在说明经济学之所以作为科学,就是因为它能够解释经济现象。(张五常,2001)

一种理论是否具有科学性,必须接受两重检验:一是逻辑检验,看这个理论的假定前提、逻辑推导以及最后的结论是否符合逻辑规则——自相矛盾、前后矛盾、循环论证的理论绝不是科学理论;二是经验验证,对现实的解释力强的理论,科学性强,解释力弱的理论,其科学性就弱,没有任何解释力的理论就没有任何科学性!

而何为阶级性呢?毫无疑问,一定的阶级总是具有特殊经济利益和政治诉求的集团,说一个理论具有阶级性那一定是指该理论旨在代表和维护特定阶级的利益,为该阶级的经济利益和政治诉求合理性进行论证或辩护。而一个特定的阶级可能是人类大多数,也可能是极少数;可能处在兴旺发达朝气蓬勃的上升时期,也可能处在腐朽没落老气横秋的衰落时期;可能代表先进的社会生产力发展的方向,也可能是阻碍社会生产力发展的桎梏;可能代表了人类的文明进步,也可能是社会发展的反动。

只有当马克思政治经济学不仅符合逻辑一致性原则,而且通过了经验检验或实践检验,才能作为一门科学在学术圣殿占有一席之地;而只有当马克思政治经济学所代表的无产阶级或工人阶级的利益与人类社会的文明进步、与社会生产力发展的方向、与最广大民众的根本利益相一致,其阶级性和科学性才是统一的。

2.4 作为科学家和作为革命家的马克思

马克思潜心研究政治经济学40余年,作为一个严谨治学的经济学家,得到包括资产阶级经济学家在内的学者的公认。罗伯特·海尔布伦纳指出:"这里我们看到的是一个经济学家,他读尽了在他之前的每个经济学家的作品,是个出类拔萃的德国学者,……细致的、慢功出细活的、肯下苦功的,甚至抱病的求全责备者。由于马克思研读文献之仔细、引用文献之确凿,以至于任何人也不敢再怀疑马克思写作上的认真态度。"(海尔布伦纳,1994)马克思在《资本论》中所创立的商品-货币-资本-剩余价值-利润-利息-企业家收入—地租的范畴体系以及剩余价值生产、剩余价值流通、剩余价值分配的三卷体系,试图揭示资本主义生产方式运行的规律,体现了一个科学家实证分析的精神。

但是，马克思同时又是一个革命家。正如恩格斯在马克思墓前的讲话中指出的："因为马克思首先是一个革命家。他毕生的真正使命，就是以这种或那种方式参加推翻资本主义社会及其所建立的国家设施的事业，参加现代无产阶级的解放事业，正是他第一次使现代无产阶级意识到自身的地位和需要，意识到自身解放的条件。斗争是他的生命要素。很少有人像他那样满腔热情、坚韧不拔和卓有成效地进行斗争。"（马克思恩格斯，1969，第375页）

2.5 马克思经济学的方法

任何一门科学，除了遵循一般的科研方法外，还往往使用一些特殊的研究方法，这也是区分不同学科的一个重要标志。学习和运用马克思经济学，最重要的是掌握和运用其方法，这些方法既有特殊性，又有普遍性，其中很多方法仍然是现代经济学所沿用的，有些方法不仅在其他社会科学，而且在自然科学研究中也广泛使用。正如恩格斯所说："马克思的整个世界观不是教义，而是方法。它提供的不是现成的教条，而是进一步研究的出发点和供这种研究使用的方法。"（马克思恩格斯，1974b，第406页）马克思经济学的方法，是一个完整的方法论体系，它主要由以下五种相互联系的研究方法所构成。

2.5.1 从抽象上升到具体的方法

这里所说的抽象和具体，是就范畴的规定性而言的：规定性简单的范畴是抽象的范畴，而规定性复杂的范畴是具体的范畴。从逻辑上看，研究复杂的具体的范畴，必须从简单的抽象的范畴开始。马克思说："分析经济形式，既不能用显微镜，也不能用化学试剂。二者都必须用抽象力来代替。"（马克思恩格斯，1972a，第8页）因为任何经济形式，都是由多种因素组成的，是在多种因素的相互作用中运行的。我们既不能用显微镜去观察经济的细胞形式，也不能用化学试剂去判断各种因素的实际作用。我们只能借助于抽象思维的能力，在分析经济形式时，首先从最简单的规定性开始，暂时撇开更复杂的规定性。当把经济形式的最简单的规定性弄清以后，再把更进一步的规定性考虑进来，即把原来舍象掉的因素引入研究过程，这样，就能逐步达到对于具有丰富规定性和多种因素构成的经济形式的科学认识。这一过程，也就是从抽象上升到具体的过程。

2.5.2 矛盾分析方法

任何经济范畴都包含着内在的矛盾，由简单的抽象的范畴过渡到复杂的具体的范畴，是通过范畴内部的矛盾运动实现的。因此，矛盾分析构成马克思经济学方法论的核心。

首先，任何经济范畴都是由一定的物质内容和社会形式构成的，在分析一定的生产方式时，既不能将反映该生产方式本质特征的社会形式抽象掉，也不能将其物质内容抽象掉，因为没有无内容的形式，也不存在无形式的内容。

其次，矛盾双方的斗争，导致简单抽象的经济范畴转化为复杂具体的经济范畴。比如,商品使用价值和价值的对立,导致商品转化为货币。分析经济范畴从抽象上升到具体的过程,也就是揭示其内在矛盾的运动过程。

再次,矛盾的双方既互相排斥,又互相依赖,双方以一种妥协的方式共处于一个统一体中(图 2.2)。马克思指出:"商品的交换过程包含着矛盾的和互相排斥的关系。商品的发展并没有扬弃这些矛盾,而是创造这些矛盾能在其中运动的形式。一般说来,这就是解决实际矛盾的方法。例如,一个物体不断落向另一个物体又不断离开这一物体,这是一个矛盾。椭圆便是这个矛盾借以实现和解决的运动形式之一。"(马克思恩格斯,1972a,第122页)

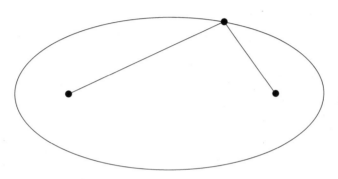

图 2.2　矛盾双方共处于一个统一体

最后,复杂的成熟的经济形式所包含的矛盾,是由简单的处于胚胎状态的经济形式所包含的矛盾发展而来的。比如,资本主义社会的基本矛盾即生产的社会化和私人占有之间的矛盾,就是由商品生产的基本矛盾即私人劳动和社会劳动的矛盾演变而来的。马克思正是通过对商品这个资本主义经济细胞的矛盾分析,一步步揭示出资本主义社会的基本矛盾。

既然矛盾运动的形式是多样性的,矛盾的解决方式,也就具有多种可能:或者是一方吃掉另一方,如资产阶级战胜封建地主阶级;或者是双方同归于尽,如奴隶和奴隶主阶级;还可能是如前所述,矛盾双方达成妥协,共处于一个统一体内,如前述椭圆运动,历史上的"合纵连横"及国共统一战线,等等。在寻求解决矛盾的方式时,既要着眼于矛盾双方的对立,从而坚持必要的斗争,又要看到矛盾双方的统一,从而实现必要的妥协。

2.5.3　中介分析方法

中介本是标志不同事物之居间联系、亦此亦彼的哲学范畴。中介分析,是揭示客观事物之间普遍联系和相互转化的一个重要的辩证方法。马克思主义经典作家指出:一切差异都在中间阶段融合,一切对立都通过中间环节而相互过渡,辩证法不知道什么绝对分明和固定不变的界限,不知道什么无条件的普遍有效的"非此即彼",除了"非此即彼",又在适当的地方承认"亦此亦彼",并且使对立互为中介;要真正认识事物,就必须把握研究它的一切方面、一切联系和中介。中介分析在马克思《资本论》逻辑体系和方法论体系中占

有重要地位,具体体现在以下几个方面:

(1) 比较简单的(抽象的)经济范畴,通过一系列中介环节和内在的矛盾运动,转化为比较复杂的(具体的)经济范畴。

(2) 彼此对立的经济范畴,通过亦此亦彼的中介环节而统一起来。

(3) 反映直接生产过程本质关系的范畴,以流通为媒介,转化为现象形态上的范畴,后者又通过各种权力的抗衡和各阶级、集团力量的竞争而转化为各种特殊的分配形式;与此相适应,剩余价值的生产过程以流通过程为媒介而转化为剩余价值的分配过程。

(4) 中介分析是唯物史观在政治经济学研究中的具体体现。

马克思指出,时间节约和社会总劳动按比例分配规律是存在于任何社会的一般的或自然的规律,但在不同的历史条件下,它们借以实现的形式不同。在存在个人劳动与社会劳动矛盾的条件下,这个一般规律是通过价值规律实现的。而要阐明价值规律在资本主义条件下实现的形式,阐明价值规律与呈现在资本主义社会表面上的各种现象形态之间的矛盾,就必须从起源上揭示一般规律表现为各种特殊形态所经过的中介环节,换句话说,去揭示规律本身的发展。

2.5.4　分析和综合的方法

马克思经济学在研究经济范畴时,通常是将范畴的矛盾双方加以分解,首先假定一方保持不变,抽象地分析另一方;在分别对矛盾双方作了抽象分析后,再将矛盾的两方面综合起来,具体考察矛盾双方作为一个统一的整体所具有的特征。这种分析与综合相结合的研究方法,在马克思的《资本论》中得到了广泛的应用。

应该指出的是,综合并不是对前述分别加以研究的方面做简单的加总,而是将这两个方面作为一个有机的整体,把对前面同一事物两方面分别加以研究时所舍象的因素综合起来进行具体的考察,由此揭示出经济运动形式作为整体考察时所具有的新的特征。比如,《资本论》第一卷分析资本的生产过程,第二卷分析资本的流通过程,而作为第三卷的"资本主义生产的总过程"并不是把前述两卷的内容简单加总,而是研究"资本运动过程作为整体考察时所产生的各种具体形式"(马克思恩格斯,1974a,第29页),如资本的各种独立形态即产业资本、商业资本和借贷资本,剩余价值的各种转化形式即利润、利息和地租等。

2.5.5　逻辑和历史的方法

马克思经济学在运用以上逻辑方法的同时,也注意使用历史分析的方法,来验证通过逻辑分析所得出的结论。比如,马克思在对交换价值作了抽象的逻辑分析后,又分析了交换过程,从历史的角度揭示了交换价值的发展和货币的起源。再比如,马克思在抽象地分析了相对剩余价值生产之后,又从简单协作到工场手工业乃至机器大工业,依次叙述了相对剩余价值生产的历史。这种逻辑和历史相结合的方法,使马克思政治经济学既具有严密的逻辑震撼力,又具有强烈的历史感召力。

此外，马克思在创立无产阶级政治经济学时，还始终坚持了批判、继承和创新的原则；在分析资本主义现实经济生活时，既努力透过现象揭示事物的本质，又善于阐明事物的本质是如何通过一定的现象(有时是假象)表现出来的；在研究经济范畴和经济规律时，成功地运用了一般、特殊和个别的辩证法。所有这些，都值得我们认真学习、掌握和灵活运用。①

2.5.6 结论

马克思的政治经济学是150多年前创立的，其中有些个别结论受当时历史条件和认识水平的限制，现在看来已经不适用了。但马克思主义经济学的研究方法，却有着强大的生命力，至今仍然是有效的分析工具。因此，我们不仅应该善于运用马克思主义经济学的研究方法而不是个别的结论去分析现实问题和有关理论的争论，而且应该用马克思的科学方法和科学态度对待马克思主义本身的研究和发展，这样，才能使马克思主义具有永久的生命力。

2.6 为什么要学习马克思政治经济学？

美国前全国图书馆协会主席，伊利诺伊大学图书馆馆长罗伯特·唐斯博士曾列出十六本对世界历史产生影响的巨著，其中就包括马克思的《资本论》。②

著名经济思想史学家罗伯特·海尔布罗纳在列举的不足10名的世界级哲学家中，就有马克思。(参见海尔布罗纳，1994)

著名经济学家熊彼特列出的十大经济学家中，也有马克思。(熊彼特，2013)

英国广播公司通过网上民意测验，根据得票高低评出最伟大、最有影响的千年思想家，马克思位居榜首，第二、第三、第四名分别为爱因斯坦、牛顿和达尔文。

路透社邀请了各国政界、商界、艺术界和学术界34位专家评选出千年风云人物，马克思仅以1分之差位于爱因斯坦之后，名列第二。(参见卫兴华，2000)

美国学者伍德说：我们现在所处的历史时刻是回到马克思的最佳的、最合适的时刻。即便是马克思在世，现在也是他应该而且能够大有作为的时代，他绝不会拒绝这一历史时刻要求。其原因是：我们所处的时代，资本主义第一次真正成为一种普遍的制度。……而且其规律——包括积累、利润最大化、竞争等——已经渗透到了几乎人类生活和自然本身

---

① 马克思有关劳动过程(即使用价值的生产过程)、价值形成过程(即商品生产过程)和价值增殖过程(即资本主义商品生产过程)的分析，就生动体现了一般、特殊和个别的辩证法。

② 这16本书是：(1)马基雅维利的《君王论》，1917；(2)哥白尼的《天体运行论》，1530；(3)哈维的《血液循环论》，1928；(4)牛顿的《数学原理》，1687；(5)斯密的《国富论》，1776；(6)马尔萨斯的《人口论》，1789；(7)索罗的《不服从论》1849；(8)史陀夫人的《黑奴吁天录》，1852；(9)潘恩的《常识》，1776；(10)马克思的《资本论》，1867；(11)马汉的《海军战略论》，1980；(12)弗洛伊德的《梦的解析》，1900；(13)麦金德的《地缘政治家》，1904；(14)爱因斯坦的《相对论》(1916)，(15)希特勒的《我的奋斗》，1923；(16)潘恩的《常识》，1776。(参见罗伯特·唐斯，1987)

的所有方面,其方式也是发达资本主义国家在二三十年前所不能比拟的。所以,马克思比以往更加具有重大的现实意义,因为与以往及现在的其他任何人相比,他都更加有效地解释了资本主义制度的规律。(参见郗卫东,1998)

美国诺贝尔经济学奖得主列昂惕夫说:马克思对资本主义制度长期趋势的分析是"无比卓越的分析"。

美国产业组织经济学权威谢勒尔教授说:19世纪中后期,"在众多著名经济学家中只有马克思独立预言,大企业将会发展到统治工业舞台"。

在中国,不仅马克思主义被写进了执政党纲领和宪法中,而且马克思主义政治经济学一直作为唯一科学的经济理论居于统治地位。当然,改革开放以来,随着西方主流经济学的引入,马克思政治经济学的正统地位遇到了严峻挑战,但实事求是地讲,中国改革开放40余年来的经济转型和制度变迁,主要还是在马克思政治经济学指导下实现的。当然,这里所说能够指导中国改革开放的,不是教条主义的、僵化的马克思主义政治经济学,而是植根于中国改革开放伟大实践的、敢于接受西方主流经济学挑战、在坚持自己的基本立场观点和方法的同时勇于修正甚至摒弃个别错误结论的不断创新和发展的马克思主义政治经济学。

在我国全面深化改革的新的历史时期,为了建设繁荣、民主、富强、和谐的社会,实现中华民族伟大复兴的百年梦想,我们需要用科学的态度研究马克思主义政治经济学,实现马克思主义政治经济学的中国化,用科学的理论指导我们伟大的实践。

复习思考题

(1) 阐述马克思政治经济学产生的历史背景。
(2) 马克思是如何选择人生观和职业的?
(3) 如何学习马克思严谨的治学态度和探索真理的精神?
(4) 何为正统的马克思主义者,如何用科学的态度研究马克思政治经济学?

课堂自测(第1~2章)

参考文献

蔡继明,2001. 论马克思的经济学研究方法及其启示[J]. 学术月刊,4月号.
谷书堂、宋则行,2002. 政治经济学——社会主义部分[M]. 西安:陕西人民出版社.

海尔布伦纳,1994.几位著名经济思想家的生平、时代和思想[M].北京:商务印书馆.

列宁,1959.列宁全集[M].第26卷.北京:人民出版社.

列宁,1972.列宁选集[M].第一卷.北京:人民出版社.

罗伯特·唐斯,1987.影响世界历史的16本书[M].上海:上海文化出版社.

马健行、郭继严,1983.《资本论》创作史[M].济南:山东人民出版社.

马克思恩格斯,1956.马克思恩格斯全集[M].第1卷.北京:人民出版社.

马克思恩格斯,1957.马克思恩格斯全集[M].第2卷.北京:人民出版社.

马克思恩格斯,1962.马克思恩格斯全集[M].第13卷.北京:人民出版社.

马克思恩格斯,1969.马克思恩格斯全集[M].第19卷.北京:人民出版社.

马克思恩格斯,1972a.马克思恩格斯全集[M].第23卷.北京:人民出版社.

马克思恩格斯,1972b.马克思恩格斯全集[M].第24卷.北京:人民出版社.

马克思恩格斯,1972c.马克思恩格斯全集[M].第29卷.北京:人民出版社.

马克思恩格斯,1972d.马克思恩格斯全集[M].第31卷.北京:人民出版社.

马克思恩格斯,1972e.马克思恩格斯选集[M].第一卷.北京:人民出版社.

马克思恩格斯,1972f.马克思恩格斯选集[M].第三卷.北京:人民出版社.

马克思恩格斯,1974a.马克思恩格斯全集[M].第25卷.北京:人民出版社.

马克思恩格斯,1974b.马克思恩格斯全集[M].第39卷.北京:人民出版社.

马克思恩格斯,1976.马克思恩格斯《资本论》书信集[M].北京:人民出版社.

马克思恩格斯,1979.马克思恩格斯全集[M].第46卷上册.北京:人民出版社.

列宁,1959.列宁全集[M].第26卷.北京:人民出版社.

卫兴华,2000.千年思想家马克思[N].人民日报,2月24日.

魏埙主编,2003.政治经济学——资本主义部分[M].西安:陕西人民出版社.

郗卫东,1998.美国学者伍德论马克思主义的现实意义[J].国外理论动态,第2期.

熊彼特,2013.从马克思到凯恩斯的十大经济学家[M].北京:商务印书馆.

张维达,1999.政治经济学[M].北京:高等教育出版社.

第 3 章

商品、货币和价值规律

本章着重介绍马克思劳动价值论基本原理,旨在为第 4~6 章所要阐述的剩余价值理论奠定基础。

3.1 导言:为什么首先要研究商品、货币和价值规律?

马克思的政治经济学著作题名为《资本论》,并在序言中明确表示所要研究的是资本主义生产方式及与之相适应的生产关系和交换关系。既然如此,马克思为什么不从资本主义社会占统治地位的"资本"范畴出发,而是开篇先讨论商品、货币和价值规律呢?原因如下。

3.1.1 商品是资本主义经济的细胞

马克思说:"资本主义生产方式占统治地位的社会的财富,表现为'庞大的商品堆积',单个的商品表现为这种财富的元素形式。因此,我们的研究就从分析商品开始。"(马克思恩格斯,1972a,第 47 页)

商品是资本主义社会的经济细胞。简单商品的基本矛盾是私人劳动与社会劳动的矛盾,随着简单商品经济向资本主义商品经济转化,私人劳动与社会劳动的矛盾演变成资本主义社会的基本矛盾,即生产的社会化与私人占有之间的矛盾。所以说,商品中包含着资本主义基本矛盾的胚芽,解剖资本主义社会这个复杂的有机体,必须从解剖(分析)商品这个经济细胞开始。

3.1.2 商品经济是资本主义经济的历史前提和逻辑基础

以个人劳动为基础的简单商品经济既是资本主义商品经济的历史前提——资本主义生产方式就是小商品生产者两级分化演变而来的,同时也是资本主义商品经济的逻辑基础——资本主义剩余价值的生产不过是简单商品经济中超过了一定点的价值形成过程;资本主义的生产劳动不过是生产剩余价值的劳动;资本主义的生产价格,不过是价值的转化形式。所以,无论是从历史的角度还是从逻辑的角度,研究资本主义商品经济,必须首先从简单商品经济或商品一般开始。

3.1.3 货币既是商品流通的媒介,又是资本的初始形式

商品交换最初是物物交换,作为一般等价物的货币产生后,直接的物物交换就转化为以货币为媒介的商品流通。当货币所有者购买到劳动力这种商品后,货币便转化成了资本,而资本不过是能实现价值增殖的货币。所以,要知道资本的本质,必须要首先了解由以转化而来的货币是什么?

3.1.4 价值规律促使简单商品经济转化为资本主义商品经济

一般商品经济或简单商品经济是由价值规律调节的,资本主义商品经济是由剩余价值规律调节的。而正是在价值规律的作用下,大量小商品生产者破产,丧失了生产资料,不得不把自己的劳动力当作商品出卖给拥有生产资料的生产者,资本主义生产方式由此而产生。所以,要分析资本主义商品生产,就要分析它是如何在价值规律作用下由简单商品经济转化而来的。

3.2 商品的二重性(两因素)

商品(commodity)是为交换而生产的劳动产品。商品是为他人(社会)生产的,自给自足的经济不生产商品。计划经济虽然也为满足社会需要而生产产品,但不是通过交换转移给需要者的,因此也不是商品。

3.2.1 使用价值

商品首先是一个能够满足人们某种需要的有用的物品,物的有用性使物成为使用价值,或者说,商品满足人类某种需要的属性就是商品的使用价值(use-value, or value in use)。使用价值是商品的自然属性。

不论财富的社会形式如何,即无论它是原始社会的公有财产,还是奴隶社会、封建社会或资本主义社会的私有财产,使用价值总是构成财富的物质内容。而在商品经济中,使用价值同时又是交换价值的物质承担者。

3.2.2 交换价值

交换价值(exchange value, or value in exchange)首先表现为一种使用价值和另一种使用价值相交换的量的关系或数量比例,如1只绵羊交换20尺麻布,可以表示为1只羊=20尺麻布,或羊(以头为单位)与麻布(以尺为单位)的交换比例为1∶20。

显然,交换价值会随着时间地点和其他条件的变化而变化,以绵羊与麻布的交换为例,其交换比例可能是1∶20,也可能是1∶18,还可能是1∶22。但从长期来看,交换价值的这种波动并非无章可循,而是围绕着轴心或最终收敛于一个中心,这个轴心或中心就是价值。

3.2.3 价值

价值(value)是交换价值围绕波动的中心,是调节交换价值运动的规律。价值是交换价值的内容,交换价值是价值的表现形式。价值是商品的社会属性,反映的是商品生产者之间分工和交换的生产关系。

那么,这种交换价值围绕波动的中心或轴心,或作为调节交换价值运动规律的价值,到底是如何决定的呢?价值的实体又是什么?

显然,具有不同使用价值的商品之所以能够按照一定的数量比例进行交换,说明他们之间存在着某种可以使之发生等量关系的共同的东西。马克思认为,这种共同的东西不可能是使用价值,因为使用价值千差万别,用途各异,我们无法使不同质的东西建立起等量关系。而一旦我们撇开了商品的使用价值,商品体就只剩下一个属性,那就是劳动产品,而抽象掉了劳动产品的使用价值,也就等于把创造使用价值的劳动的具体内容和方式舍象了,各种有用劳动的具体差别都不见了,它们全部化成了相同的人类劳动,即抽象人类劳动。这种无差别的人类劳动的单纯凝结,作为这些劳动产品共有的社会实体的结晶,就是价值。马克思认为,把交换价值归结于劳动时间或相同的社会劳动,是古典政治经济学一个半世纪以上的研究得出的批判性的最后成果。(马克思恩格斯,1962,第41页)

3.3 劳动的二重性

以上所论述的商品的二重性即使用价值和价值,是由生产商品的劳动二重性(twofold character of labor)决定的。

3.3.1 具体劳动

生产商品的劳动首先是一种具体劳动。具体劳动(concrete labor)是在一定的具体形式下进行的劳动,是生产目的、操作方式、劳动对象和生产结果各不相同,并由自己产品的使用价值来表示自己的有用性的劳动。正是由于劳动的具体形式不同,才创造出各种不同的使用价值,从而才能使它们作为商品互相交换,满足交换双方不同的需要。

具体劳动创造商品的使用价值,既然使用价值是商品的自然属性,创造使用价值的具体劳动也就是劳动的自然属性。除了原始的自然资源外,使用价值总是必须通过人们专门的特殊的有目的的劳动才能创造出来。因此,劳动作为使用价值的创造者,作为有用劳动,是不以一切社会形态为转移的人类生存条件,一个永恒的自然必然性,没有它,就不会有人与自然之间的物质变换,也就不会有人类生活。

当然,土地是财富之母,劳动是财富之父,[①]光有人类的劳动,是创造不出任何物质财富的。英国古典政治经济学家威廉·配第这句名言,对于作为物质财富的使用价值来说,

---

[①] "土地为财富之母,而劳动则为财富之父和能动的要素。"(配第,1981,第66页)

无疑是千真万确的,马克思对此也是给予充分肯定的。但对于作为社会财富的价值来说,配第的名言是否成立,却颇有争议。本章后面的讨论将涉及这个问题。

各种各样使用价值的总和,表现了同样多种有用劳动的总和,即表现了错综复杂的社会分工。正因为如此,经济学中所谓的分工,总是指劳动分工(labor division),也就是指各种具体劳动构成的社会分工。

3.3.2 抽象劳动

生产商品的劳动,从另一方面看又是抽象劳动。所谓抽象劳动(abstract labor)是指撇开各种具体形态的无差别的一般人类劳动,是劳动力在生理学意义上的耗费,是人类脑力和体力的支出。正是这种无差别的抽象劳动的凝结,形成了商品的价值。正是由于不同的商品中凝结了数量不等但性质相同的抽象劳动,它们彼此才能互相比较,互相等同,互相交换。所以说,抽象劳动是劳动的社会属性,反映了商品生产者分工交换的生产关系。

3.3.3 具体劳动与抽象劳动的对立统一

具体劳动与抽象劳动是统一的,二者是同一劳动的两重属性。一切劳动,从一方面看,是人类劳动力在生理学意义上的耗费;作为相同的或抽象的人类劳动,它形成商品价值。一切劳动,从另一方面看,是人类劳动力在特殊的有一定目的的形式上的耗费;作为具体的有用劳动,它生产使用价值。

具体劳动与抽象劳动又是对立的:同一劳动,如果对于生产者来说是有用的,就不可能作为商品进入交换过程,因而其具体的劳动形态就不可能也没必要转化为或抽象为一般人类劳动;反过来,同一劳动,如果对他人来说是有用的,其具体形态才能在交换中转化为抽象劳动。

3.3.4 私人劳动和社会劳动的矛盾

具体劳动和抽象劳动的矛盾是由私人劳动(private labor)和社会劳动(social labor)的矛盾决定的。如前所述,商品生产者生产的使用价值是为他人的社会使用价值,因此其具体劳动本身就具有一定的社会属性,但由于在生产要素分属于不同所有者的商品经济中,商品生产者生产什么,生产多少,如何生产,又都是由商品生产者私人决定的,因此商品生产者的劳动首先是私人劳动,其社会属性只是潜在的,可能的,只有通过商品交换,其具体劳动的有用性才能被社会承认,其社会属性才能实现。也正是在这个交换过程中,通过商品生产者之间的观察、分析、比较和讨价还价,彼此各异的具体劳动才还原为无差别的抽象劳动。使用价值转到所需要的人手中,商品生产者私人劳动的社会属性才能被证实。如果商品生产者的产品不能满足社会的需要,其私人劳动就不能转化为社会劳动,具体劳动也就不能转化为抽象劳动。

在马克思和恩格斯看来,私人劳动与社会劳动的矛盾产生于生产资料私有制。一旦全社会共同占有了生产资料，整个社会生产将按照统一的计划有组织地进行，每个生产者劳动的社会性在开始前就已经由计划确定了，所以个人劳动的社会性不必再经过商品交换过程迂回曲折地实现，个人劳动向社会劳动的转化也不需要价值插手其间，这样，商品经济就消亡了，取而代之的是产品经济或计划经济。关于商品经济的历史命运以及有关社会主义市场经济的争论，参见本书第10章。

3.3.5 劳动二重性的意义

劳动二重性原理是由马克思首先批判地加以论证的，马克思把它看作是"理解整个政治经济学的枢纽"。（马克思恩格斯，1972a，第55页）因为只有理解了劳动二重性原理，才能理解什么样的劳动创造价值，怎样创造价值，价值和使用价值的关系，以及私人劳动与社会劳动的关系，从而全面理解马克思的劳动价值论；也只有理解了劳动二重性原理，才能进一步解释不变资本是如何通过具体劳动转移自身的价值，可变资本又是如何借助于抽象劳动创造新价值，从而才能全面理解马克思的剩余价值理论。关于劳动二重性本章附录提供了一种与流行观点不同的理解。

3.4 商品的价值量

以上揭示了价值的质的规定性，即凝结在商品中的抽象劳动或一般人类劳动。下面讨论商品价值量（magnitude of value）的决定，其中涉及对生产商品的劳动更加具体的规定。

3.4.1 商品的价值量决定于生产商品的社会必要劳动时间

1) 社会必要劳动时间的定义

虽然商品的价值可以归结为生产商品所耗费的劳动时间，但商品的价值量并非由生产商品的个别劳动时间决定，而是由社会必要劳动时间（the labour-time socially necessary）决定。"社会必要劳动时间是在现有的社会正常生产条件下，在社会平均的劳动熟练程度和劳动强度下创造某种使用价值所需要的劳动时间。"（马克思恩格斯，1972a，第52页）确切地说，决定价值量的社会必要劳动时间是在不同生产条件下生产单位使用价值所耗费的个别劳动时间的加权平均。①

2) 决定社会必要劳动时间的诸因素

上述定义中的生产条件（conditions of production）是指劳动以外的客观物质生产要

---

① 这里所说决定价值量的社会必要劳动时间，仅仅是就单个商品从生产的角度或供给的角度而言的。本章附录考察部门商品总量时，我们将引入第二种含义的社会必要劳动时间，从而揭示两种社会必要劳动时间共同决定价值的机制。

素,包括机器、工具、原材料、燃料、厂房、场地(地理位置和地质结构)等;劳动强度(labour intensity)是劳动的内含量或劳动的密度,增进劳动的强度,意思就是说在同一时间内增加劳动的支出;劳动熟练程度(skill degree of labour)是指在同等生产条件下,劳动者从事某项生产(或劳务)的劳动技能水平的高低,总体上分为熟练劳动(skilled labour)和非熟练劳动(unskilled labour):前者指技术纯熟的劳动,后者指经验不多、技术生疏的劳动。同一工种或专业的劳动者在运用劳动资料、加工劳动对象的技术和经验方面有差别,生产同等数量和质量的产品时所耗费的个别劳动时间就各不相等,显出了劳动熟练程度的不同。

由于不同生产者的生产条件不同、劳动熟练程度和劳动强度不同,其生产单位使用价值所耗费的个别劳动时间是不同的,如果其个别劳动时间低于社会必要劳动时间,较少的劳动就会创造较多的价值;反之,如果其个别劳动时间高于社会必要劳动时间,较多的劳动就只能创造较少的价值。

3.4.2 简单劳动和复杂劳动

商品的价值量决定于社会必要劳动时间是就同一个部门来说的。就不同部门来说,劳动的具体形式不同,复杂程度不同,价值量的决定是以简单劳动为计量单位的,复杂劳动要折算为简单劳动。

所谓简单劳动(simple labor)是指无须经过特殊培训的劳动者就能从事的劳动(主要是体力劳动);而复杂劳动(complicated labor)是指需要经过专门训练的劳动者才能从事的劳动(主要是脑力劳动)。

复杂劳动是倍加的简单劳动。一定量的复杂劳动等于多倍的同量简单劳动,从而创造的价值多倍于同量的简单劳动。复杂劳动折算为简单劳动是一个社会过程,是在商品生产者背后完成的。[①]

3.4.3 劳动生产力与价值量的关系

劳动生产力(labour productivity),是指单位劳动时间内所生产的使用价值的数量,所以它始终是指具体劳动的生产效率。事实上,在马克思的著作中,劳动生产力与价值量的关系有三种表述:

其一,劳动生产力与价值量负相关。这是经济学界都普遍熟悉的马克思主义经济学的常识。马克思指出:"劳动生产力越高,生产一种物品所需要的劳动时间就越少,凝结在该物品中的劳动量就越少,该物品的价值就越小。……可见,商品的价值量与体现在商品中的劳动的量成正比,与这一劳动的生产力成反比。"(见马克思恩格斯,1972a,第53~54页)这里所说的劳动生产力无疑是指一个部门的平均劳动生产力,这里所说的价值量,是

---

① 关于复杂劳动与简单劳动的折算,始终是政治经济学的一个难解之谜。关于这个难题的最新解法,参见作者的《高级政治经济学》(第2版),清华大学出版社2021年版。

指单位商品的价值量。

其二,劳动生产力与价值量正相关。[①] 这是常常遭到很多经济学人否定的,然而也同样是马克思的观点。马克思指出:"生产力特别高的劳动起了自乘的劳动的作用,或者说,在同样的时间内,它所创造的价值比同种社会平均劳动要多。"(马克思恩格斯,1972a,第354页)这里所说的劳动生产力是指单个生产者的个别劳动生产力,这里所说的价值量,是指单个生产者一定量劳动所创造的价值总量。所谓劳动生产力与价值量成正比的原理,实际上已经包含在"价值量决定于社会必要劳动时间"这一规定之中。

其三,劳动生产力与价值量不相关。马克思说:"不管生产力发生了什么变化,同一劳动在同样的时间内提供的价值总量是相同的。"(马克思恩格斯,1972a,第60页)这里所说的生产力同样是指部门平均劳动生产力,而这里所说的价值总量是指部门商品价值总量。这第三个命题与第一个命题实际上是同一命题的两种表述。

3.5 货币

商品的价值所反映的是商品生产者分工交换的社会关系,其本身是看不见摸不着的,是通过交换价值或价值形式表现出来的,而价值形式发展的完成形态就是货币。货币产生后,商品交换就由简单的物物交换发展成以货币为媒介的商品流通。本节分析价值形式的发展,一方面是为了说明在商品经济中人与人之间分工交换的生产关系是如何在物的外壳掩盖下进行的,另一方面是为了阐明货币的起源,揭开商品(货币)拜物教的面纱。

3.5.1 价值形式的发展和货币的产生

商品价值的表现经历了从个别价值形式到扩大价值形式,再到一般价值形式和货币形式的发展过程。

1) 简单的(个别的或偶然的)价值形式

简单的价值形式,是指一种商品的价值个别地或偶然地表现在另一种与其交换的商品上。如:

$$20 \text{ 码麻布} = 1 \text{ 件上衣,或值 1 件上衣} \quad (3.1)$$

在这种价值形式中,等式左边的麻布主动地把自己的价值相对地表现在等式右边的上衣上,是价值被表现的商品,处在"相对价值形式"(relative form of value)上;等式右边的上衣是被动地用自己的商品体表现出麻布的价值,处在等价形式(equivalent form of value)上,起着等价物(equivalent)的作用。

简单的价值形式反映的是原始社会末期各部落自给自足的产品偶有剩余时彼此偶然发生的物物交换关系,所谓商品的简单价值形式,实际上也就是劳动产品的简单商品形

[①] 上述第一、第三个命题,学术界的争议不大,关于第二个命题的争论,详见本章附录。

式。这个时期的劳动产品还不是专门为了交换而生产的商品,而只是偶尔作为剩余产品才进入交换。正因为这种价值形式是简单的、个别的和偶然的,所以商品的价值表现是不充分的,所反映的分工交换关系是不稳定的。

2) 扩大的(或总和的)价值形式

扩大的或总和的价值形式,是指一种商品的价值表现在其他一系列商品上,从而有无数的简单价值表现,是简单价值形式的总和或扩大。如:

$$20 \text{ 码麻布} = \begin{cases} 1 \text{ 件上衣} \\ \text{或 } 10 \text{ 磅茶叶} \\ \text{或 } 40 \text{ 磅咖啡} \\ \text{或 } 2 \text{ 盎司金} \\ \text{或其他} \end{cases} \quad (3.2)$$

在扩大的价值形式中,商品价值的表现虽然比简单价值形式更充分了,但仍然没有一个完全统一的表现,也就是说还没有一个一般等价物能用自己的商品体(即使用价值)去表现所有商品的价值。这样,在交换中,如果麻布所有者需要上衣,但上衣所有者只需要茶叶,而茶叶所有者非咖啡不换,在这种情况下,除非咖啡所有者正好需要麻布,以至于麻布所有者可以先用麻布换得咖啡,再用咖啡换得茶叶,然后再用茶叶换得他最终需要的上衣,否则,整个交换的链条就会中断,彼此的价值都不能得到实现。

扩大的价值形式是在第一次社会大分工即农业和畜牧业的分工出现后产生的,这个时候可用于交换的产品增多,交换的范围不断扩大,一种商品的价值不再是偶然地表现在另一种商品上,而是表现在它能够交换的所有商品上,这也表明一些劳动产品不再仅仅当作剩余产品而是专门为交换而生产的商品。

3) 一般价值形式

当一切商品的价值都共同表现在从商品世界分离出来充当一般等价物的商品上,我们就有了一般价值形式,如:

$$\left. \begin{array}{l} 1 \text{ 件上衣} \\ \text{或 } 10 \text{ 磅茶叶} \\ \text{或 } 40 \text{ 磅咖啡} \\ \text{或 } 2 \text{ 盎司金} \\ \text{或其他} \end{array} \right\} = 20 \text{ 码麻布} \quad (3.3)$$

在这一价值形式中,所有商品的价值都获得了一个简单统一的表现,因而取得了一般价值形式,因为等式左边所有的商品都把自己的价值相对地表现在等式右边唯一的商品麻布上,麻布就成了一般等价物(universal equivalent)。

从扩大的价值形式到一般价值形式是一个质的飞跃。在扩大的价值形式中,麻布通过上衣、茶叶、咖啡等一系列特殊等价物来表现自己的价值,但这些特殊等价物彼此之间并没有等价关系。而在一般价值形式中,上衣、茶叶、咖啡等商品都通过同一使用价值麻布来表现自己的价值,这样,它们的价值量就可以通过麻布这个一般等价物或价值尺度,彼此相互比较,发生等价关系了。

一般价值形式的出现,使商品的价值获得了充分的完整的表现,克服了扩大价值形式的缺陷,促进了商品经济的发展。

4) 货币形式

历史上,诸如贝壳、布帛、牲畜、兽皮、盐巴,甚至奴隶和女人,在不同的时期和不同地区,都曾充当过一般价值形式中的一般等价物。当商品生产经济发展到一定阶段,一般等价物固定地由某种特殊商品如金或银承担时,一般价值形式就过渡到货币(money)形式,如下所示:

$$\left.\begin{array}{l}1\text{ 件上衣}\\ \text{或 }10\text{ 磅茶叶}\\ \text{或 }40\text{ 磅咖啡}\\ \text{或 }2\text{ 盎司金}\\ \text{或其他}\end{array}\right\} = 2\text{ 盎司黄金} \qquad (3.4)$$

货币形式产生于手工业与农业和畜牧业分离的第二次社会大分工之后。货币形式与一般价值形式并没有本质区别,只不过金银等贵金属排斥了其他一切商品,独占了一般等价物的宝座,成为固定充当一般等价物的商品。在货币形式中,处在等式左边相对价值形式上的商品,其价值相对地表现在等式右边的货币上,价值的货币表现就是商品的价格,而商品的相对价值形式也就由此转化为价格形式。

金银之所以能够固定地充当一般等价物,并非本身有什么神秘的地方。金银本身也是商品,同时具有使用价值和价值,只不过金银的单位体积的价值量大,硬度小,质地均匀,便于分割合并,耐磨损,便于携带,这些物理和化学性能使得金银等贵金属最适合充当一般等价物用以表现商品的价值量。所以,尽管各国历史上都曾以各种各样的商品充当过一般等价物,但随着商品交换和冶金技术的发展,最终都选择了金银特别是金作为货币商品。所以马克思说,"金银天然不是货币,但货币天然是金银"。(马克思恩格斯,1972a,第107页)

由于在商品经济中,人与人之间分工交换的生产关系是在物与物相交换的外壳掩盖下进行的,原本是人与人之间的社会关系却表现为物与物的关系,如果我们不揭示价值形式的发展,就不知道货币的起源,也就容易产生商品拜物教和货币拜物教,即见物不见人,以为金银天然就是货币,金钱是万能的,人类的命运是受金钱和价值规律主宰的。马克思关于价值形式的分析表明,"货币形态不外就是商品形态的简单价值形态进一步发展了的形态,因而是劳动产品的简单商品形态进一步发展了的形态。"(马克思,1957,第19页)

3.5.2 货币的职能

在发达的商品经济中,货币具有如下五种职能(function):

(1) 价值尺度(measure of value)。货币作为价值尺度,就是把一切商品的价值表现为同名的量即价格,使它们在质的方面相同,在量的方面可比。这是货币最基本最重要的职能。

货币执行价值尺度的职能,只是把商品价值量表现出来,并不是要实现商品的价值,所以并不需要有现实的货币,只需要头脑中有想象的或观念的货币就行了。

(2) 流通手段(medium of circulation)。流通手段是指货币在商品交换中充当的交换媒介的职能。以货币为媒介的商品交换分为卖和买两个阶段,即商品生产者先把自己生产的商品卖出去换成货币,然后再用货币买回自己需要的商品。因此,充当流通手段的货币必须是现实的货币。这种以货币为媒介的商品交换称为商品流通。其公式如下:

$$商品 — 货币 — 商品(W—G—W) \tag{3.5}$$

商品流通的两个阶段中,为买而卖即从商品形式转变为货币形式的阶段最重要,因为它关系到商品生产者的私人劳动是否被社会所承认,从而其具体劳动的社会有用性能否转化为抽象劳动形成的价值。正如马克思所说:这是商品的"惊险的跳跃。这个跳跃如果不成功,摔坏的不是商品,但一定是商品所有者"(马克思恩格斯,1972a,第 124 页)因为这意味着商品生产者将面临生存的威胁和破产的风险。

充当流通手段的货币,起初是金属条块,以后发展为铸币。铸币是国家按一定的成色、重量和形态铸造的硬币。有了硬币作为价格标准,货币就能更好地发挥其流通手段的职能。由于在商品流通中,货币作为交换媒介只是转瞬即逝的东西,商品的卖者需要货币并不是为了贮藏货币,而是为了用它换取所需要的另一种商品,所以,货币作为流通手段的职能,完全可以由权威部门确定公众认可的能够表示货币的符号来执行。纸币正是从货币作为流通手段的职能中产生的。纸币是金或银或铸币的符号,它可以依靠国家的强制在一国内代表金属货币执行流通手段的职能。

(3) 货币贮藏(hoarding)。货币贮藏是指货币退出流通领域,被人们当作独立的价值形式和社会财富的一般代表保存起来的职能。前述充当价值尺度的货币可以纯粹是观念的,充当流通手段的货币可以是货币符号,但充当贮藏手段的货币必须是足值的金属货币。只有金银铸币、金银条块或它的可靠代表才能履行贮藏货币的职能。

(4) 支付手段(means of payment)。支付手段是货币在商品赊购赊销中延期支付及用来清偿债务或支付赋税、租金、工资等职能。货币作为支付手段的职能是适应商品经济发展的需要而衍生出来的,它一方面缓解了因资金短缺而不能购买商品的矛盾,另一方面由于众多商品生产者之间相互欠债,形成一系列债务关系链条,一旦某个生产者不能按期偿还债款,就会引起一系列连锁反应,使整个信用关系遭到破坏。因此,货币作为支付手段,使经济危机的可能性有了进一步的发展。

(5) 世界货币(universal money)。世界货币是指货币越出国界在世界市场上执行一般等价物的职能。执行世界货币职能的货币,一般只限于金银,各国发行的纸币中信誉好的如美元、欧元、英镑、日元,等等,也可以在较大范围内流通,在一定程度上执行世界货币的职能。目前人民币在东南亚地区也具有了一定的世界货币的职能。

作为世界货币的金银,一是用作购买手段,二是作为国际支付手段,平衡国际收支差额,三是作为社会财富的化身,从一国转移到另一国,如支付战争赔款等。

3.6 货币流通规律

货币作为流通手段或商品交换的媒介,从一个商品所有者手里转到另一个商品所有者手里的运动,就是货币流通。货币流通规律即决定商品流通中货币需要量的规律,它可表述为:一定时期内商品流通中所需要的货币量与商品价格总额(待售商品价格乘以待售商品数量)成正比,与同一单位货币流通速度(同一单位货币反复充当流通手段的次数)成反比。用公式表示如下:

货币流通规律 I:

$$一定时期流通中需要的货币量 = \frac{待售商品总量 \times 商品价格}{同一单位货币的流通速度(次数)} \quad (3.6)$$

货币的支付手段职能产生后,大量的商品买卖采取了赊销方式,一连串的债权债务关系也可以互相冲销。因此,上述货币流通公式中需要从待售商品价格总额中减去延期支付的总额,加上到期支付的总额,再减去相互抵销的债务总额,于是我们有如下新的货币流通规律公式。

货币流通规律 II:

$$一定时期流通中需要的货币量 = \frac{待售商品价格总额 - 赊售商品价格总额 + 到期支付总额 - 彼此抵销的支付总额}{同一单位货币的流通速度(次数)} \quad (3.7)$$

纸币代替金银货币来流通,其数量应该相当于商品流通中所需要的金银货币量。无论纸币发行量多少,都只能代表商品流通中所需要的金或银的数量:当纸币发行量相当于商品流通中所需要的金银货币量时,纸币就同金银货币具有同等的购买力;当纸币发行量超过商品流通中所需要的金银货币量时,纸币的面额所代表的金银货币量就会减少,纸币就会贬值,引起物价上涨。

3.7 价值规律

以上我们分析了商品的基本属性以及商品向货币的转化(简单价值形式向货币形式的转化以及物物交换向以货币为媒介的商品流通转化)。本节讨论商品经济的基本规律即价值规律的作用。

3.7.1 人类社会的一般经济规律

价值规律(law of value)是商品经济特有的规律,而商品经济的规律又是人类社会一般经济规律的特殊表现。按照一般、特殊和个别的辩证法,我们首先讨论人类社会的一般经济规律,即时间节约和社会总劳动按比例分配规律。

马克思指出:"社会为生产小麦、牲畜等等所需要的时间越少,它所赢得的从事其他生产,物质的或精神的生产的时间就越多。正像单个人的情况一样,社会的发展,社会享用和社会活动的全面性,都取决于时间的节省。一切节约归根到底都是时间的节约。正像单个人必须正确地分配自己的时间,才能以适当的比例获得知识或满足对他的活动提出的各种要求,社会必须合理地分配自己的时间,才能实现符合社会全部需要的生产。"(马克思恩格斯,1979,第120页)这里,马克思揭示了两个适用于任何社会经济形态的基本经济规律,即时间节约规律和社会总劳动按比例分配规律。这两个规律的客观要求就是在单个产品和产品总量上,分别使用社会必要劳动时间概念,前者指在现有的社会正常生产条件下,在社会平均熟练程度和劳动强度下生产单位使用价值所需要的劳动时间,即所谓第一种含义的社会必要劳动时间(简称必要劳动时间Ⅰ);后者指社会总劳动中为满足一定的需要应投入某一部门的劳动总量,即所谓第二种含义的社会必要劳动时间(简称必要劳动时间Ⅱ)。但是,在不同的社会条件下,二者的实现形式是不同的。

3.7.2 一般经济规律借以实现的特殊形式

在以单个人的独立生产为出发点的社会,"生产的社会性只是由于产品变成交换价值和这些交换价值的交换,才事后确立下来"。(马克思恩格斯,1979,第120页)在这种社会生产形式下,单个产品的必要劳动耗费是不能用必要劳动时间Ⅰ直接地代表和计量的,它只能通过不同产品互相交换的物量比例来间接地体现和计量,所以,规律Ⅰ的客观要求是通过商品价值量的决定和同类商品按照同一价格出售这种形式而实现的。而商品价值量由社会必要劳动时间决定,商品交换以价值为基础,这正是价值规律的要求。

由于整个社会的生产是无政府状态的,规律Ⅱ的客观要求不可能通过社会有计划地实现,只得通过供求关系所制约的价值实现而得到贯彻。因为在以私有制为基础的商品生产条件下,"一方面,耗费在一种社会物品上的社会劳动的总量,即总劳动力中社会用来生产这种物品的部分,也就是这种物品的生产在总生产中所占的数量,和另一方面,社会要求用这种物品来满足的需要的规模之间,没有任何必然的联系,而只有偶然的联系"。(马克思恩格斯,1974,第209页)这样,就必然会出现必要劳动Ⅰ的总量与必要劳动Ⅱ之间的经常的不一致。当某种产品供不应求或供过于求时,价格就会与价值背离,从而引起社会劳动在不同生产部门之间的转投。正是在上述矛盾运动中,社会总劳动才大体上得到合乎比例的分配。

在马克思所设想的以生产资料公有制为基础的共产主义社会,生产的社会性是前提,社会可以根据现有的生产力发展水平(以及不同产品的必要劳动时间Ⅰ)和整个社会所能支配的劳动总量,自觉地确定为满足一定的社会需要,应把多少劳动量投入一定的生产部门,即根据必要劳动时间Ⅰ有计划地确定必要劳动时间Ⅱ,从而使二者在总量保持一致。

根据马克思的思想,一般经济规律、特殊经济规律以及个别经济规律的关系如图 3.1 所示。

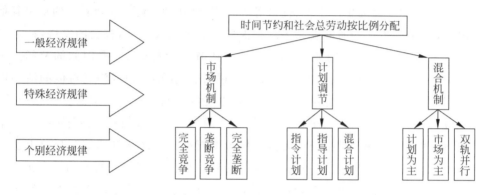

图 3.1　经济规律的一般、特殊和个别

3.7.3　价值规律的作用

如前所述,所谓价值规律就是指商品价值量由社会必要劳动时间决定,商品交换以价值为基础。在以私有制为基础的商品经济中,价值规律主要有以下三方面的作用:

1) 敦促生产者不断提高劳动生产力

正是由于商品的价值量不是决定于商品生产者个别劳动时间,而是决定于社会必要劳动时间,而商品必须按价值交换,单个生产者如果提高了劳动生产力,使其单位使用价值的个别劳动耗费低于社会必要劳动耗费,但他仍然可以按照由社会必要劳动时间规定的价值出售其商品,这就意味着他用较少的劳动创造了较多的价值,从而获得了较多的社会财富。价值规律的这种作用必然敦促所有生产者争先改进技术、降低成本,力求以最小的劳动耗费创造最多的社会价值,其结果自然会推进整个社会劳动生产力的不断提高,从而实现时间节约规律的要求。

2) 自发调节社会总劳动在各部门的分配

在私有制为基础的商品经济中,社会总劳动在各部门的配置是由市场决定的。如果一个部门实际投入的劳动量超过了社会应投入的劳动量,其部门商品的供给就超过了需求,其商品的市场价格会降到价值以下,从而导致劳动资源从该部门转移出去;如果一个部门实际投入的劳动量低于社会应投入的劳动量,该部门的商品就会由于供不应求而使其商品的市场价格提高到价值以上,这又会吸引更多的劳动资源转移到该部门。正是由于价值规律这种自发的调节,社会总劳动在市场价格波动的引导下不断在各部门之间加以配置,社会总劳动按比例分配的规律才得以实现。

3) 促使小商品生产者两极分化

价值规律是商品生产者平等竞争的规律。在这种竞争中,劳动生产力水平较高的商品生产者能够以较低的个别劳动时间生产具有市场价值的商品,因而能够通过适当降低价格扩大市场份额,随着销售收入的增加,进一步提高劳动生产力,不断扩大生产规模,从而逐步发展成为靠雇佣劳动进行生产的资本家;而那些劳动生产力水平较低的商品生产者在竞争中越来越处于不利地方,最终破产,丧失了生产资料,沦为靠出卖劳动力为生的雇佣劳动者。正是价值规律的作用使小商品生产者两极分化,从而导致资本主义生产方式的产生。

附录 3A　关于价值理论的争论

3A.1　关于价值决定机制的争论

3A.1.1　从价值论研究的逻辑起点谈起

有关价值理论的争论,常常是由不同的价值定义引起的,而不同的价值定义又与价值理论研究的逻辑起点密切相关。价值的本来含义是使用价值(use-value or value in use),随着自然经济向商品经济的转变,价值一词才一分为二,变成使用价值和交换价值(exchange value or value in exchange),而交换价值不过是一种使用价值与另一种使用价值相交换的比例。由于交换价值经常随时间、地点和条件(主要是供求关系)的变化而变化,所以,经济学家便试图揭示调节交换价值(及其完成形态价格)运动的规律,并把这一规律重新定义为价值。今之论者往往从"价值是生产商品所耗费的劳动"这一定义出发,批评非劳动价值论,殊不知这一定义仅仅是诸种价值理论中的一种,而不是不证自明的公理。正确的做法应该是回到作为调节交换价值或价格运动规律的价值这一逻辑起点,对价值决定本身重新进行探讨。关于价值决定,尽管可以有不同的理论[①],但只要我们从同一个逻辑起点而不是一个尚需证明的概念出发,坚持从实证的角度而不是规范的角度探讨价值的决定,总会得出比较一致或大体接近的结论。

3A.1.2　历史上的费用论与效用论之争

关于价值决定的机制,既涉及历史上费用论与效用论之争以及恩格斯的评判,又涉及马克思的两种含义必要劳动与价值决定的关系,还涉及马歇尔的均衡价格理论,因此,我

---

① 从作为调节交换价值(或)价格运动规律的价值是如何决定的这一逻辑起点出发,目前有影响的价值理论主要有三种:劳动价值论、新古典价值论、斯拉法价值论。笔者曾运用李嘉图的比较优势原理,构建了一种新的价值理论,即广义价值论。(参见蔡继明,2015/2020)

们需要从逻辑和历史两个方面进行考察。我们首先回顾经济学说史上效用论与生产费用论之争。

1) 萨伊的效用论

法国经济学家萨伊认为,商品的价值是由商品的效用决定的。他指出:"创造具有任何效用的物品,就等于创造财富。这是因为物品的效用就是物品价值的基础,而物品的价值就是财富所由构成的。"(萨伊,1963,第 59 页)

我认为,效用论的主要错误并不在于效用本身的主观性和难以度量性,而在于它完全否定了商品的另一个基本属性即生产费用在价值决定中的作用,因此,它难以解释有些物品,如钻石,其效用并不很大,但其价值却非常之高,而有些物品,如水,其效用很大,但其价值却非常之低的原因。李嘉图就曾经根据这种浅显的常识质问萨伊说:"当我为换取一磅黄金所付出的毛呢二千倍于为换取一磅铁所付出的数量时,这能说明我认为黄金的效用二千倍于铁吗?"(李嘉图,1962,第 114 页)应该说,李嘉图的这一批评还是切中要害的。

2) 李嘉图的生产费用论

与萨伊相反,李嘉图认为,价值是由生产费用决定的,虽然他也承认,"一种商品如果完全没有用处,或者说,如果无论从哪一方面说都无益于我们欲望的满足,那就无论怎样稀少,也无论获得时需要费多少劳动,总不会具有交换价值"。(李嘉图,1962,第 7 页)但是,"使用价值无法用任何已知的标准加以衡量,不同的人对它有不同的估价"(同前,第 368 页),因此,它不能作为衡量商品价值的尺度。

李嘉图的上述观点,也有很大的片面性。因为它仅仅抽象地把使用价值即效用看作交换价值的一个前提,而完全否定了效用在价值决定中所起的作用。假定某人花了大量的劳动或生产费用制造了一种用处很小的东西,或者说,这种东西虽然有用,但从总量上来说超过了社会对它的需要,难道这种东西的价值也要按照其生产费用来计算吗?物品的效用虽然是因人而异的,但是,对于同一个人来说,在一定时期内,不同物品的效用总有高低大小之分。把不同的人对不同物品的效用评价分别加总起来,并用消费者为获得一定的效用而愿意支付的货币来表示,就会形成对不同商品不同效用的社会评价序列。当两种商品的费用相同但效用不同时,商品的交换比例显然就不能完全取决于它们的费用。

3A.1.3　恩格斯对"效用论"和"费用论"的批评

针对发生在萨伊和李嘉图之间的这场形而上学式的争论,恩格斯指出:"物品的价值包含两个要素,争论的双方都硬要把这两个要素分开,但是正如我们所看到的,双方都毫无结果。价值是生产费用对效用的关系。价值首先是用来解决某种物品是否应该生产的问题,即这种物品的效用是否能抵偿生产费用的问题。只有在这个问题解决之后才谈得上运用价值来进行交换的问题。"(马克思恩格斯,1956,第 105 页)

恩格斯的这段话,特别是他给价值所下的定义,即"价值是生产费用对效用的关系",

精辟地揭示了价值的本质以及生产费用和效用在价值决定中的作用。按照恩格斯的观点,费用和效用是商品的两个基本属性,商品的价值是由这两个因素共同决定的,其中任何一个都不能单独地决定价值。

3A.1.4　马歇尔的均衡价格论

但是,恩格斯的上述论断非常抽象,它没有具体说明生产费用和效用是如何共同决定价值的,以致被后人逐渐遗忘了。只是由于马歇尔运用边际分析方法,将效用论和费用论与供求论有机地结合起来,从而创立了均衡价格理论,才具体揭示出价值形成的机制。按照均衡价格理论,所谓费用和效用共同决定商品的价值,应该作为一个过程来理解。当物品的效用高于物品的费用时,消费者愿意为该物品支付的价格高于生产者生产该物品所消耗的费用,这时生产者进一步扩大生产是有利的,直到增加的一单位物品所花费的费用与消费者为增加一单位该物品的购买所支付的价格相等时为止,商品的交换价值才能在长时期中保持稳定,从而使商品的价值得以确定。当物品的效用低于物品的费用时,消费者愿意为此物品支付的价格低于该物品的生产费用,这时,生产者减少生产是有利的。随着该物品供给量的减少,其边际效用会增加,而边际费用则可能递减,直到该物品的边际费用与边际效用相等时为止,商品的价值才得以最终确定。

以上的分析表明,马歇尔的均衡价格论或供求论,就价值决定的机制而言,与恩格斯的价值定义,本质上是一致的。

3A.1.5　两种社会必要劳动与价值决定的关系

我国经济学界有关供求与价值决定关系的争论,虽然表现为两种含义的社会必要劳动之争,但在性质上与上述萨伊和李嘉图之间的争论颇有相似之处。这里,我们首先根据分析的需要,对两种社会必要劳动的内涵给予明确的规定,然后再评论各种不同的观点。

所谓第一种含义的社会必要劳动时间即"在现有的社会正常的生产条件下制造某种使用价值所需要的劳动时间"(马克思恩格斯,1972a,第52页),实际上是耗费在某一单位商品生产上的部门平均劳动时间(以下简称为必要劳动Ⅰ),亦即商品的平均生产费用。我们可以用必要劳动Ⅰ曲线来表示与不同的产量相对应的必要劳动Ⅰ的量,它同时也表示在不同价格水平下生产者愿意提供的产品数量,因此完全可以把它理解为部门(或行业)的供给曲线,如图3A.1(a)中的 T_1T_1' 曲线所示。它之所以向右上方倾斜,从长期来看,是由于随着部门内生产者数量的增加,由外部不经济或规模收益递减而引起必要劳动Ⅰ逐渐上升。若从供给的角度看,则表明,只有当社会愿意支付更多的劳动时,生产者才愿意提供更多的产品。

所谓第二种含义的社会必要劳动时间原本指社会总劳动中为满足一定的社会需要应投入到某一部门的劳动时间(马克思恩格斯,1974,第205页),它实际上表现为社会对某种商品的需求即有支付能力的需要。正如马克思所说,"既然社会要满足需要,并为此目的而生产某种物品,它就必须为这种商品进行支付",而"社会购买这些物品的方法,就是把它所能利用的劳动时间的一部分用来生产这些物品,也就是说,用该社会所能支配的劳动时间的一定量来购买这些物品"。(马克思恩格斯,1974,第208～209页)如果把这一定量劳动时间分摊到某种社会必需品总量上,我们便得到社会为满足对该种商品的需要而应在单位使用价值生产上投入的劳动时间(以下简称必要劳动Ⅱ)。

我们可以用必要劳动Ⅱ曲线来表示社会为满足对同一种商品的不同需要量而愿意为单位商品支付的劳动量,或者说在不同的支付能力(预算约束)下社会愿意购买的商品量,如图 3A.1(a)中 T_2T_2' 所示。它之所以向右下方倾斜,是由于随着对某种商品消费量的增加,边际效用递减,消费者愿意为单位商品支付的劳动越来越少;或者从需求的变动来看,商品的劳动耗费越低,消费者或整个社会的支付能力相对说来就越高,因此,对商品的需求量也就越多,从而导致 T_2T_2' 曲线向右下方倾斜。

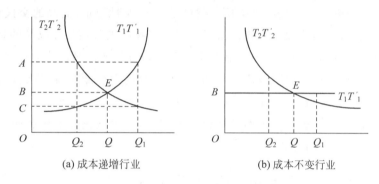

图 3A.1 两种社会必要劳动与价值决定

1) 实现论:价值由必要劳动Ⅰ决定

这是一种传统观点,它认为价值是由必要劳动Ⅰ决定的,必要劳动Ⅱ并不参与价值决定,而仅仅制约价值的实现。在"实现论"看来,图 3A.1(a)中的 T_1T_1' 曲线直接代表价值曲线,当产量为 OQ_2 时,必要劳动Ⅱ>必要劳动Ⅰ,OC 单位的价值实现为 OA;当产量为 OQ_1 时,必要劳动Ⅱ<必要劳动Ⅰ,OA 单位的价值实现只为 OC。

毫无疑问,尽管"实现论"可以在《资本论》中找到大量的论据(见马克思恩格斯,1974,第 209 页;马克思恩格斯,1972b,第 234～235 页;马克思恩格斯,1973,第 594～595 页),但它割裂了生产与交换、供给与需求、费用与效用以及价值决定与价值实现之间的关系,它把价值决定或价值形成仅仅看作是生产领域的事,它所说的价值,不过是生产费用或必要劳动Ⅰ的抽象规定,其错误的性质与李嘉图的生产费用论完全相同。

应该指出的是,"实现论"之所以在我国及苏联经济学界长期占据统治地位,除了经典作家的有关论述和经济学说史上的理论渊源外,还有其深厚的现实基础。在我国之前和苏联长期实行的计划经济体制下,整个社会的生产基本上都是由统一的计划来调节的,生产者只要完成了计划,生产出来的产品无论成本多高,无论是否具有社会使用价值,都一概按照其实际生产费用计算"产值",其中自然包含了大量的所谓没有实现的"价值"。"实现论"正是这种计划经济体制在理论上的一个反映。

2) 决定论:价值由必要劳动Ⅱ决定

这种观点认为,必要劳动Ⅱ不是决定价值实现,而是决定价值本身:当必要劳动Ⅰ＞必要劳动Ⅱ时,供给＞需求,较多的必要劳动Ⅰ只能形成较少的价值;当必要劳动Ⅰ＜必要劳动Ⅱ时,供给＜需求,较少的必要劳动Ⅰ可形成较多的价值。概言之,价值不是由部门实际耗费的劳动决定的,而是由应耗费的劳动决定的,或者说,图 3A.1(a)的 T_2T_2' 所代表的就是实际的价值曲线。

"决定论"也可以在《资本论》中找到若干理论依据(参见马克思恩格斯,1972a,第 126 页;马克思恩格斯,1974,第 200、207 页),但和"实现论"相比,它又走到另一个极端。按照这种观点,需求越高,价值就会越大,需求越低,价值就会越小,而不管必要劳动Ⅰ是否发生了相应的变化,这就难免重蹈萨伊效用论的覆辙。

3) 共同决定论:价值由必要劳动Ⅰ与必要劳动Ⅱ共同决定

这是争论中的第三种观点,就强调必要劳动Ⅱ参与价值决定这一点而言,"共同决定论"与前述"决定论"一样,都是作为反传统观点提出来的。但是与"决定论"不同,"共同决定论"否认必要劳动Ⅱ单独决定价值,而主张价值是由必要劳动Ⅰ与必要劳动Ⅱ共同决定的。

如图 3A.1(a)所示,所谓两种含义的社会必要劳动共同决定价值,就是指价值是在必要劳动Ⅰ与必要劳动Ⅱ相等时形成的,它等于必要劳动Ⅰ和必要劳动Ⅱ这两条曲线的交点 E。这时形成的价格就是价值,因为这种价格在长时期中会保持相对稳定,市场价格总是围绕它而上下波动。当产量为 OQ_2,必要劳动Ⅰ为 OC,实际投入的劳动量小于应该投入的劳动量,从而供不应求时,存在着一种向上的推力,使市场价格提到高于生产费用的水平,从而使生产进一步扩大;当产量为 OQ_1,必要劳动Ⅰ为 OA,实际投入的劳动量大于应该投入的劳动量,从而供过于求时,则存在着一种向下的压力,使市场价格下降到生产费用以下,从而促使生产者缩减生产。只有当供求一致时,即当供给量＝需求量＝OQ 时,消费者愿意为单位商品支付的价格与生产者希望索取的价格才相互一致,商品的效用与费用才统一,必要劳动Ⅱ与必要劳动Ⅰ才相等,社会为满足一定的需要应投入该部门的劳动与实际投入该部门的劳动也才一致。只有在这种情况下,商品的供求才达到长期均衡。如图 3A.1(a)所示,OQ 为长期均衡产量,与这一产量相对应的价格,即 OB,就是商品的价值,它是由必要劳动Ⅰ和必要劳动Ⅱ共同决定的。

本书认为,"共同决定论"的观点是正确的,这不仅因为它能在《资本论》中找到大量论据,(见马克思恩格斯,1974,第 716、722 页;并参见马克思恩格斯,1965,第 216 页)而且因为它与恩格斯的价值定义是一致的,它揭示了费用与效用、生产与交换、供给与需求以及价值决定与价值实现的内在联系,符合价值的本质规定。

但是，以往的"共同决定论"都试图与供求论划清界限，认为供求论（或均衡价格论）是一种资产阶级庸俗理论。看来有必要在这里为供求论正名。

所谓供给，就是生产者在不同的价格水平下愿意并能够提供的各种产量，供给量与价格成正比；所谓需求是消费者在不同的价格水平下愿意并能够购买的消费品的各种数量，需求量与价格成反比。任何一个市场，都是由供给和需求这两方面构成的。在市场经济条件下，资源的配置（用马克思的话说，就是社会总劳动的按比例分配），生产、交换、消费和分配等各环节之间的联系，商品生产者之间分工协作的关系等等，无一不是通过供求机制而实现的。所以，经济学家往往把供给与需求理解为整个经济体系的横坐标和纵坐标，并认为（当然有些夸张）只要懂得了供求，就学会了经济学。

由于价值不过是调节价格（交换比例）运动的规律，它所反映的是生产者之间分工和交换、生产与消费以及生产与分配的关系，所以，如前所述，就价值决定的机制而言，说两种必要劳动共同决定价值，与说费用和效用共同决定价值或供给和需求共同决定价值没有本质的区别。①

3A.2　关于非劳动生产要素与价值决定关系的争论

传统的劳动价值论认为，只有活劳动才创造价值，物化劳动只转移价值，非劳动生产要素与价值创造无关。本附录试图严格按照马克思劳动价值论的逻辑前提，首先从部门内部阐明非劳动生产要素与价值创造的关系。

其实，价值决定于社会必要劳动时间这一命题本身，就已经确定了非劳动生产要素在价值创造中所起的作用。

我们知道，马克思在讲到商品的价值量"是用它所包含的'形成价值的实体'即劳动的量来计量"时，曾马上指出，并非一个人越懒、越不熟练，从而制造某种商品需要花费的时间越多，他的商品就越有价值，因为决定商品价值量的不是个别劳动时间，而是社会必要劳动时间，即"在现有的社会正常的生产条件下，在社会平均的劳动熟练程度和劳动强度下制造某种使用价值所需要的劳动时间"。（马克思恩格斯，1972a，第51～52页）

如果我们用 T_i 表示投入第 i 部门的总劳动量，Q_i 表示第 i 部门的总产品，$\bar{t}_i$ 表示第 i 部门生产单位产品的社会必要劳动，v_i 表示第 i 部门单位产品的价值，则根据马克思的上述价值规定，这几个变量之间的关系如公式（3A.1）所示：

$$v_i = \bar{t}_i = \frac{T_i}{Q_i} \tag{3A.1}$$

而就第 i 部门内第 j 个生产者而言，其总产品的价值量 V_{ij} 等于其总产量 q_{ij} 与单位产品价值 v_i 的乘积；由于其总产量 q_{ij} 又等于其耗费的劳动时间 t_{ij} 与其劳动生产力 p_{ij} 的乘积，因此有

---

① 值得指出的是，以往的"共同决定论"正是由于要避免供求论的嫌疑，所以，在分析供求不平衡条件下的价值决定时，才不自觉地倒向"需求决定论"，而"需求决定论"与"供求决定论"相比，无疑距离真理更远。

$$V_{ij} = q_{ij} \cdot v_i = t_{ij} \cdot p_{ij} \cdot v_i \tag{3A.2}$$

公式(3A.1)和公式(3A.2)表明,在同一部门内部,劳动生产力较高的生产者在单位时间内所创造的使用价值量较多,或者说生产单位使用价值所耗费的个别劳动时间较少,而由于商品的价值量是由社会必要劳动时间决定的,所以,他们在同一劳动时间内会创造较多的价值。反之,劳动生产力较低的生产者,在同一劳动时间内则只能创造较少的价值。

正如马克思所说,"商品的现实价值不是它的个别价值,而是它的社会价值,就是说,它的现实价值不是用生产者在个别场合生产它所实际花费的劳动时间来计量,而是用生产它所必需的社会劳动时间来计量"(马克思恩格斯,1972a,第353页)。在这里,"生产力特别高的劳动起了自乘的劳动的作用,或者说,在同样的时间内,它所创造的价值比同种社会平均劳动要多"。(马克思恩格斯,1972a,第354页)这就是所谓劳动生产力与价值量成正比的原理,显然,它实际上已经包含在"价值量决定于社会必要劳动时间"这一规定之中。

对于上述原理,也许只有极少数学者会持有异议。[①] 但问题恰恰在于,劳动生产力的高低,并非单纯由劳动这一个因素所决定。马克思非常明确地指出,"劳动生产力是由多种情况决定的,其中包括:工人的平均熟练程度,科学的发展水平和它在工艺上应用的程度,生产过程的社会结合,生产资料的规模和效能,以及自然条件"。(马克思恩格斯,1972a,第53页)在马克思所列举的这五个因素中,除了工人的平均熟练程度外,其余四个全是非劳动因素,它们可依次概括为科学技术、组织管理、资本(指利用劳动和土地这两种初级生产要素生产出来又投入到生产过程中去的中间产品,如机器、厂房、设备以及原材料和燃料等)和土地。如果我们用 L、T、S、K、N 分别表示这五个因素,则劳动生产力就是这些因素的一个多元函数,记为

$$p_{ij} = f(L, T, S, K, N) \tag{3A.3}$$

显然,在其他条件不变的情况下,上述诸因素中任何一个发生变化,都会引起劳动生产力的相应变化,从而对价值决定产生影响。尽管我们可以按照马克思的论述,把由自然条件即自然力所决定的生产力,称之为劳动的自然生产力(马克思恩格斯,1974,第712～713、726、840、842页),把由协作和科学技术的应用所决定的生产力称之为劳动的社会生产力(参见马克思恩格斯,1972a,第366、370、372、423～424页),从而把由资本的使用所决定的生产力称之为劳动的资本生产力,但这只是考察问题的角度和立场不同,它并不能排除非劳动要素对价值决定的影响。[②]

以上是从静态的角度阐明了单个生产者劳动生产力的高低对他在给定时间内所创造的价值量的影响。下面我们从动态的角度考察劳动生产力的变化对价值量的影响。

假定投入第 i 部门的总劳动量 T_i 不变,从而部门的价值总量 V_i 不变,但单位商品的

---

① 何炼成教授或许就是这些极少数学者之一(见何炼成,1994)。
② 马克思有时也把劳动的自然生产力和劳动的社会生产力称为劳动的资本生产力或资本的自然力(马克思恩格斯,1974,第726、840页;1972a,第366、370页)

价值 v_i 会随着总产量 Q_i 的变动而变化。在其他条件保持不变的情况下，假设生产者 ij 的劳动生产力提高了，由于其个别产量的提高会导致总产量的提高，从而会导致单位产品价值 v_i 下降。由于其他生产者的产量保持不变，在部门总价值量保持不变的情况下，单位产品价值的下降必然导致其他生产者所创造的价值量减少，而使生产者 ij 所创造的价值量增加。这一过程可用数学语言表述如下：

对前述公式(3A.3)求微分，可得

$$\begin{aligned}
\mathrm{d}V_{ij} &= \mathrm{d}(q_{ij}\cdot v_i) = q_{ij}\mathrm{d}v_i + v_i\mathrm{d}q_{ij} \\
&= -q_{ij}\frac{T_i}{Q_i^2}\mathrm{d}q_{ij} + \frac{T_i}{Q_i}\mathrm{d}q_{ij} \\
&= \frac{T_i}{Q_i}\Big(\mathrm{d}q_{ij} - \frac{q_{ij}}{Q_i}\mathrm{d}q_{ij}\Big) \\
&= v_i\mathrm{d}q_{ij}(1-\theta) \\
&(j=1,2,3,\cdots,n;\quad \theta=q_{ij}/Q_i)
\end{aligned} \quad (3\mathrm{A}.4)$$

由于 $0<\theta<1$，所以，公式(3A.4)的值总是正的。这就说明，如果生产者 ij 提高了劳动生产力，那么，在给定时间内所创造的价值必然增加。

至此，我们的分析完全是按照马克思的逻辑前提推演的，其中没有加进作者任何个人的东西。人们可以指责这种分析所得出的结论与传统观点相悖，但恐怕很难否认这种分析在逻辑上与马克思有关原理的一致性。

以上，我们还仅仅是从同一部门内不同生产者的角度，论证了非劳动生产要素参与价值创造这一命题。就不同部门而言上述命题是否能够成立，参见蔡继明(2015/2021)。

3A.3 劳动的"双重"二重性

马克思在分析了商品的二重性即使用价值和价值之后，接着阐明商品的二重性是由生产商品的劳动二重性即具体劳动与抽象劳动决定的。创造使用价值的具体劳动是劳动的自然属性，通常没有什么争议，而形成价值的抽象劳动，到底是劳动的自然属性还是劳动的社会属性，则一直存在着争论。

最早的争论发生在20世纪20年代的苏联学者鲁宾与科恩之间。鲁宾认为，抽象劳动并非生理学意义上的单纯的脑力和体力的支出，作为价值实体的抽象劳动是要到交换过程中去寻找的，只有通过交换过程，劳动才能达到抽象化。由此断言抽象劳动是历史范畴。科恩及其支持者则认为，创造价值的劳动是一个历史范畴，但是，这种劳动之所以是历史范畴，并不是因为它是抽象劳动，而是因为这种抽象劳动是在一定的形式下由社会形成的。可见，科恩把抽象的人类劳动和这一劳动的特殊的社会形式区别开了。日本学者河上肇、栉田、安部、石渡、林直道、宫川等，持与鲁宾相同的观点，而岩濑文夫、见田石介和山本二三丸则持与科恩相同或类似的观点(参见佐藤金三郎等，1993，第99～107页)。

仔细分析起来，马克思所说的具体劳动与抽象劳动的二重性并非生产商品的劳动二重性，而是一般劳动都具有的二重性。因为任何劳动从一方面看都是人类脑力体力生理学意义上的支出,都是无差别的一般人类劳动或抽象劳动;任何劳动从另一方面看,又都是在具体形式下进行的,是生产目的、操作方式、劳动对象和生产结果各不相同,并由自己产品的使用价值来表示自己的有用性的劳动,即具体劳动。劳动的这种二重性是不以一切社会形态为转移的人类生存条件,一个永恒的自然必然性,没有它,就不会有人与自然之间的物质变换,也就不会有人类生活。即使是逃难到孤岛上的鲁滨孙,其劳动也有二重性,其具体劳动和抽象劳动的关系也是对立统一的:为了在孤岛上长期生存,他也要将自己在可预期的生命期内所能支配的总劳动时间按照一定的比例加以分配,以满足眼前和长远的不同需求,而需求结构的确定,既取决于他的偏好,也取决于他可支配的劳动时间;具体到不同使用价值的生产,他也一定要对这些生产所能产生的效用和必须支付的费用(劳动时间)进行比较,力求花费最少的劳动时间取得最大的效用。

当自给自足的生产转变为商品生产时,具体劳动与抽象劳动这种一般劳动的二重性则采取了商品生产者所特有的劳动二重性,即私人劳动与社会劳动的二重性。在商品生产中,生产者个人的具体劳动都表现为私人劳动,但这种私人的具体劳动所生产的又不是直接满足个人需要的使用价值,而是为了满足他人需要的社会使用价值,因此其私人的具体劳动就有了社会性,但这种私人劳动的社会性是间接的,只有通过交换即把商品转化为货币才能实现或得到社会的承认。而要使商品生产者的私人具体劳动得到社会的承认,并使其抽象劳动耗费得到全部补偿,其产品不仅要具有社会的使用价值,而且其私人的具体劳动中所包含的脑力和体力在生理学意义上的支出即抽象劳动也必须满足两种含义的社会必要劳动的要求:其一,从部门内部来看,其个别劳动时间必须等于部门平均社会必要劳动时间(即第一种含义的社会必要劳动时间);其二,就整个社会来讲,社会总劳动中为满足社会对某种特定商品的需要量而应该投入该部门的总劳动量,必须与实际投入的劳动量相一致,这样,该商品才能按实际耗费的抽象劳动量进行交换,商品生产者的私人劳动才能转化为社会劳动,具体劳动的有用性才能得到社会的承认,抽象劳动的耗费才能得到社会的补偿。否则,较少的劳动耗费可能得到较多的社会补偿(转化成较多的货币),而较多的劳动耗费可能只得到较少的补偿(转化成较少的货币)。

总之,具体劳动和抽象劳动是一般劳动的二重性,私人劳动与社会劳动是一般劳动二重性在商品生产中的特殊表现形式;一般劳动的二重性是生产商品的劳动二重性的物质内容,而生产商品的劳动二重性则是一般劳动二重性的社会表现形式。

复习思考题

(1) 马克思的劳动价值论是否存在逻辑矛盾?
(2) 如何理解劳动二重性原理?
(3) 马克思的劳动价值论能否解释现实的商品交换?
(4) 阐述两种含义社会必要劳动与价值决定的关系。均衡价格论是否用价格偷换了价值?
(5) 阐述劳动生产力与价值量的关系。

(6) 非物质生产领域是否创造价值?

课堂自测(第3章)

参考文献

蔡继明,2021. 高级政治经济学[M]. 第2版. 北京:清华大学出版社.

谷书堂,1989. 社会主义经济学通论[M]. 上海:上海人民出版社.

何炼成,1994. 也谈劳动价值论一元论[J]. 中国社会科学,第4期.

魁奈,1983. 魁奈经济著作选读[M]. 北京:商务印书馆.

李嘉图,1962. 政治经济学及赋税原理[M]. 北京:商务印书馆.

马克思,1957. 价值形态[M]. 北京:人民出版社.

马克思恩格斯,1956. 马克思恩格斯全集[M]. 第1卷. 北京:人民出版社.

马克思恩格斯,1962. 马克思恩格斯全集[M]. 第13卷. 北京:人民出版社.

马克思恩格斯,1965. 马克思恩格斯全集[M]. 第21卷. 北京:人民出版社.

马克思恩格斯,1972a. 马克思恩格斯全集[M]. 第23卷. 北京:人民出版社.

马克思恩格斯,1972b. 马克思恩格斯全集[M]. 第26卷第1册. 北京:人民出版社.

马克思恩格斯,1973. 马克思恩格斯全集[M]. 第26卷第2册. 北京:人民出版社.

马克思恩格斯,1974. 马克思恩格斯全集[M]. 第25卷. 北京:人民出版社.

马克思恩格斯,1979. 马克思恩格斯全集[M]. 第46卷上册. 北京:人民出版社.

萨伊,1963. 政治经济学概论[M]. 北京:商务印书馆.

苏星,1992. 劳动价值论一元论[J]. 中国社会科学,第6期.

威廉·配第,1981. 配第经济著作选集[M]. 北京:商务印书馆.

佐藤金三郎等编,1993. 《资本论》百题论争[M]. 一. 济南:山东人民出版社.

第 4 章

资本的生产过程

从本章开始进入资本主义生产方式的分析。本章阐述资本的生产过程,即剩余价值的生产过程,下一章(第5章)阐述资本的流通过程,即剩余价值的实现过程,第6章阐述资本主义生产的总过程,即剩余价值的分配过程,第7章分析资本主义的发展趋势,第8章讨论资本主义生产方式的自我扬弃。

4.1 资本主义生产方式的产生

按照历史唯物主义的划分,人类社会将依次经历原始社会、奴隶社会、封建社会、资本主义社会和社会主义社会五种生产方式。如前所述,马克思主义政治经济学着重分析的是资本主义生产方式。

4.1.1 小商品生产者的两极分化

本书第3章指出:价值规律的作用会使小商品生产者两极分化,最终会导致资本主义生产方式的产生。这一过程通常采取三种方式。

1) 行东与帮工、师傅与学徒的分化

在价值规律的作用下,一些生产条件优越、资金实力雄厚的生产者逐步突破了封建行会的限制,使用越来越多的帮工,不断扩大生产规模,随着市场份额的不断扩大和经营状况的不断改善,富裕的手工业者、技术水平高超的师傅、行东(商行业主)和行会的首领,逐渐脱离了劳动,成为使用雇工劳动的资本家,而破产的手工业者、帮工、学徒则沦为出卖劳动力的雇佣工人,原有的手工作坊便逐渐变为资本主义手工工场。

2) 商人包买商与分散的手工业者

随着商品经济的发展,商业资本家(包买商)对分散的手工业者的控制不断加强,他们利用其垄断势力压低收购品价格,抬高原材料价格,从买卖两方面割断了分散的手工业者与市场的联系,最后使大量的手工业者失去生产资料而沦为雇佣劳动者,商人包买商则成了工业资本家。

3) 农业资本主义生产方式的产生

在农村,随着实物地租向货币地租的转化,地主与农民之间的人身依附关系逐渐转变成单纯的契约关系,少数富裕的农民开始购买土地并雇工经营,而贫困破落的农民失去了土地而以出卖劳动力为生,同时,城市的资本主义生产方式也开始向农村扩展,成为租地农场主资本家雇佣农业工人,资本主义农业生产方式由此产生。

4.1.2 资本原始积累

资本主义生产方式的发展一方面需要大量的失去生产资料的自由劳动者,另一方面需要资本家手中积累起大量的货币用以雇佣劳动力和购买生产资料。单纯地由价值规律的作用所造成的小商品生产者缓慢的两级分化显然满足不了这两个条件。早期的资本主义生产方式大都是通过资本的原始积累发展起来的。

所谓资本原始积累(primitive accumulation of capital),是发生在资本主义生产方式确立之前的初始资本的形成过程,而不是在资本主义生产方式内部进行的资本积累,其实质是用暴力剥夺直接生产者,使生产资料和货币财富在资本家手中迅速积累的过程。这个过程从 15 世纪末开始,一直延续到 19 世纪初。

资本原始积累主要包括两个内容:其一是对小生产者的土地的剥夺;其二是货币财富的积累。前者所采取的典型形式,就是先后发生在英国、荷兰、法国、德国的圈地运动(即所谓"羊吃人")。早在 14—15 世纪,随着世界市场的扩大,英国毛纺织业蓬勃发展,引起羊毛价格不断上涨从而诱使封建领主和资产阶级化的新贵族大规模圈占农民的公有地,或自己经营牧场,或出租给农业资本家。通过长达 300 年的暴力掠夺,随着自耕农的消灭和农民公有地的消失,一方面使封建土地所有制变成了资本主义土地所有制,另一方面为城市资本主义工业提供了大批雇佣劳动者。

至于货币财富的积累,则主要是通过在海外的奴隶贸易、毒品贩卖和殖民贸易以及在国内发行公债、增加捐税实现的。正因为如此,马克思说:"资本来到世间,从头到脚,每个毛孔都滴着血和肮脏的东西。"(马克思恩格斯,1972a,第 829 页)

4.2 货币转化为资本

资本作为自我增殖的价值,最初总是表现为一定量的货币,但货币并非天生就是资本,也并非所有货币都是资本。在讨论资本主义生产过程之前,我们首先要分析货币是如何转化为资本的。

4.2.1 商品流通与资本流通

如前所述,货币的产生使以物易物的商品交换转变成商品流通,其流通公式是 $W-G-W$,商品转化为货币,货币再转化为商品,商品生产者是为买而卖,他们追求的是使用价值而不是价值,货币只是充当转瞬即逝的交换媒介。

而以价值增殖为目的的资本流通的公式是 $G-W-G'$,即货币转化为商品,商品再转化为货币,这里的货币所有者是为卖而买,他们所追求的既不是使用价值,也不是一般的价值,而是价值增殖,即卖出的商品的价值要大于购进的商品的价值,货币不再是交换的媒介或流通的中间环节,而是运动的起点和终点,是价值增殖的手段。而正是这种价值增殖的运动使货币转化成了资本——资本就是能使价值增殖的货币,而 $G-W-G'$ 就是资本的总公式(the general formula for capital),其实质就是作为终点的货币价值大于始点的货币价值,即 $G'>G$。

4.2.2 资本总公式的矛盾

人们一眼就能看出资本总公式存在着矛盾,即等价交换和价值增殖的矛盾:显然,如果前后两个商品交换过程都是等价的,那么作为终点的货币价值就不可能大于作为始点的货币价值;反之,如果承认 $G'>G$ 是可能的,等价交换就是不可能的。而在马克思看来,资本主义商品经济作为商品经济的特殊形式,不能违反商品经济的一般规律和一般属性,等价交换的原则是必须坚持的;同样地,价值增殖又必须实现,否则以等价交换为基础的简单商品经济就不可能转变为以价值增殖为目的的资本主义商品经济。

正是为了保证上述两个原则同时实现,马克思提出了解决资本总公式矛盾的条件:既在流通领域,又不在流通领域。一方面,在正常情况下流通领域是不会产生价值增殖的,贱买贵卖也只能是零和博弈,一方所得一定是另一方所失。另一方面,离开了流通领域,生产者只能和自己发生关系,他最多也只能创造超出个人消费需要的剩余产品,但不会实现价值增殖。

4.2.3 矛盾的解决:劳动力的买和卖

显然,要在满足上述两个条件的同时解决资本总公式的矛盾,资本家就必须在流通领域中按照等价交换的原则买到一种特殊的生产要素,这种生产要素在生产领域中能够创造超过其自身价值的价值,然后资本家再将包含了价值增殖的商品在流通领域同样以等价交换的方式卖出去,从而使价值增殖得以实现。而这种特殊的生产要素就是劳动力商品。

所谓劳动力(labour-power)是人的劳动能力,人的脑力和体力的总和。劳动力作为特殊商品与普通商品相比既有相同点,也有不同点。

劳动力商品和普通商品一样具有价值,只不过因为劳动力是劳动者体内蕴藏的一种能力,它以劳动者的正常生存为条件,而劳动者本身并非直接生产过程的结果,而首先是人类繁衍和人口再生产的结果,其次是后天学习、培养、成长的结果。所以,劳动力的价值并非直接凝结在劳动力本身的抽象劳动,而是维持劳动者自身生存和劳动力再生产所必需的生活资料的价值。这样说来,劳动力的价值就包括如下三个部分:

其一,维持劳动者生存所必需的生活资料的价值,包括衣服、食品、住房等。

其二,维持劳动力再生产即劳动者为养育其家属、子女所必需的一定量生活资料的价值。

其三,劳动者的教育培训费用。

尽管与其他商品不同,劳动力价值的决定会受到劳动者所在国家的文化水平和生活习俗的影响,从而其价值规定中还包括一个历史的和道德的因素,但在一定国家和一定时期,工人必要生活资料的平均范围总是一定的。①

劳动力商品的使用价值更是不同于一般商品。一般消费品在使用中,其价值会随着商品体本身(使用价值)被断然消费掉消失;一般生产资料在使用中,其价值会通过具体劳动转移到新产品中去。劳动力商品的使用价值就是劳动(过程),而劳动不仅具有创造价值的能力,而且只要在生产力有了一定提高之后,劳动就能够创造超过劳动力自身价值的价值。正是由于劳动力的使用价值具有这种特殊属性,所以只有当劳动力成为商品后,货币才有可能转化为资本,资本总公式的矛盾才得以解决。

劳动力成为商品必须具备两个条件:

(1) 劳动者是自由人。也就是说,劳动力的所有者必须有人身自由,可以自由地处置自己的劳动力,把劳动力当作商品来出卖,而且这种出卖只是转让其一定时期内的劳动力使用权。如果没有时限一次性出卖,那就不再是出卖劳动力,而是卖身为奴了。

(2) 劳动者一无所有。劳动者既没有生产资料,也没有生活资料,在这种情况下就只能出卖自己唯一所有的劳动力,成为雇佣劳动者了。

如前所述,以上两个条件在价值规律作用下,在封建社会末期小商品生产者的两极分化以及资本原始积累过程中已经形成了。②

4.3 剩余价值的生产过程

资本家在购买到一定量的劳动力和生产资料后便可以进入资本主义生产过程了。

4.3.1 劳动过程和价值形成过程

1) 劳动过程(labor-process)或使用价值的生产

资本主义生产首先是商品生产,而商品生产是劳动过程和价值形成过程的统一。我们首先撇开各种特定的社会形式来抽象地考察一般劳动过程。

劳动首先是人以自身的活动来引起、调整和控制人和自然之间的物质变换的过程。劳动过程的简单要素是:有目的的活动或劳动本身(work);劳动对象和劳动资料。

劳动对象(subject of work)是人类劳动加于其上的任何东西,其中一类是没有经过

---

① 除了以上三项费用外,欧美日等一些发达国家的劳动力价值或工资中,已经在一定程度上包含了劳动者享用和发展的费用。

② 这两个条件是劳动力成为商品的必要条件还是充分条件,我们将在附录中加以讨论。

人类加工过的东西,如未开垦的处女地、地下矿藏、天然水域中的鱼虾、原始森林等,统称自然资源;另一类是经过人类劳动加工过或改造过的东西,如钢铁、煤炭、棉花、木材等,统称原料。

劳动资料(instruments of work)也称劳动手段,是劳动者置于自己和劳动对象之间、用来把自己的活动传导到劳动对象上去的物或物的综合体,是人们在劳动过程中用以改变或影响劳动对象的一切物质资料和物质条件,其中最重要的是生产工具,建筑物、道路、桥梁、运河等也是重要的劳动资料。

在劳动过程中,人的活动借助劳动资料使劳动对象发生了预定的变化,其结果或产出品就是使用价值。如果整个过程从其结果的角度,从产品的角度加以考察,那么劳动资料和劳动对象表现为生产资料(means of production),劳动本身则表现为生产劳动(productive labour)。

生产资料是生产过程所需要的一切客观条件,包括土地、森林、河流、矿藏、机器、设备、厂房、建筑物、运输工具、原材料、辅助材料,等等。其中有些生产资料既可以作为劳动对象,也可以作为劳动资料。比如,作为耕地的土地就是劳动资料,作为矿产资源的土地就是劳动对象;当作畜力的牲畜就是劳动资料,当作饲养物的牲畜就是劳动对象。

以上所描述的一般劳动过程,就是制造使用价值的有目的的活动,是人与自然之间的物质变换条件,是人类生活的永恒的自然条件,是人类生活的一切社会形式所共有的。而资本主义劳动过程除了具有上述劳动过程的一般属性外,还有自己两个特点:其一,工人在资本家监督下劳动,他的劳动属于资本家;其二,因为资本家是企业的所有者,是他预付了全部资本购买了生产资料和劳动力的使用权,作为劳动过程结果的产品自然归资本家所有。

2) 价值形成过程

既然资本主义生产首先是商品生产,资本家就不仅要生产使用价值,也要生产价值,而且之所以生产使用价值,也仅仅是因为使用价值是交换价值的物质承担者。下面我们考察价值形成过程(process of creating value)。

假定产品是棉纱,资本家共预付了 70 美元资本,其中 20 美元购买了 50 斤棉花,10 美元购买 1 个纱锭,40 美元购买了 1 个工人的劳动力 1 天的使用权。假定这个工人在 4 小时内消耗了 1 个纱锭并将 50 斤棉花纺成了 50 斤棉纱(暂不考虑飞絮的浪费),这 50 斤棉纱的价值就是 70 美元,其中包括工人的 4 小时具体劳动在把 50 斤棉花转变成 50 斤棉纱的过程中,从 50 斤棉花中转移过来的 20 美元,加上从消耗掉的 1 个纱锭中转移过来的 10 美元,还有工人 4 小时抽象劳动形成新价值 40 美元。也就是说,这价值 70 美元的 50 斤棉纱中,包括了资本家部分生产资料价值的转移和工人新价值的创造。在这一价值形成过程中,工人的 4 小时劳动作为具体劳动不仅创造了 50 斤棉纱的使用价值,而且转移了 50 斤棉花和 1 个纱锭的生产资料价值,而同一劳动作为抽象劳动,创造了 40 美元的新价值,而工人新创造的这 40 美元价值正好等于资本家支付给他的劳动力价格。

以上所分析的价值形成过程与一般商品生产没有本质的区别。

4.3.2 价值增殖过程

资本主义生产作为商品生产的一种特殊形式,不仅是劳动过程与价值形成过程的统一,而且是劳动过程与价值增殖过程的统一,所谓价值增殖过程不过是超过一定点而延长了的价值形成过程。如果价值形成过程只持续到这样一点,即资本所支付的劳动力价值恰好为新的等价物所补偿(即以上所分析 4 小时工作日),那就是单纯的价值形成过程。如果价值形成过程超过这一点,那就成为价值增殖过程。

我们继续分析上述价值形成过程。显然,资本家不会满足于所生产的价值仅仅补偿他为此预付的资本价值,既然他购买的是工人 1 天的劳动力的使用权,那么,他就有权将工作日(劳动力的使用时间)延长到工人的劳动已经补偿了劳动力价值之后,比如说再继续工作 4 小时,为此,他必须按同样价格再购买 50 斤棉纱和 1 个纱锭。

这样,工人额外的 4 小时劳动,作为具体劳动,消耗了另外 1 个纱锭并将另外 50 斤棉花纺成了 50 斤棉纱,这 4 小时额外劳动作为抽象劳动,又形成了 40 美元新价值。这 50 斤棉纱的价值虽然也是 70 美元,但其中工人额外的 4 小时劳动所创造的 40 美元新价值,没有得到资本家的任何补偿,实际上是工人的无酬劳动创造的。

由此可见,在资本主义生产过程中,雇佣工人的劳动分成必要劳动和剩余劳动两部分:必要劳动是工人为再生产自己劳动力价值所必须进行的劳动,是有偿劳动;剩余劳动是工人在补偿了劳动力价值之后为资本家进行的无偿劳动。所谓价值增殖过程(process of producing surplus-value)就是超过了再生产劳动力价值所必需的劳动时间之后的价值形成过程。由此所形成的价值增殖即剩余价值(surplus-value),实质是雇佣工人创造的价值中超过劳动力价值而被资本家无偿占有的价值,体现着资本家对雇佣工人的剥削关系。

4.3.3 不变资本和可变资本

从以上的分析可以看到,资本的不同组成部分在剩余价值生产中的作用是不同的。

以生产资料(棉花和纱锭)形式存在的资本,在使用价值的生产中,其物质形态的使用价值(棉花和纱锭)在工人具体劳动的作用下转化成了新的使用价值(棉纱),而在价值形成过程中,这部分资本只是把自身原有的价值借助于纺纱工人的具体劳动转移到新的使用价值中,其本身的价值量没有发生变化,这部分资本称为不变资本(constant capital)。不变资本是资本家为购买生产资料而支出的货币,通常用 c 来表示。

以劳动力的形式存在的这部分资本,其劳动力的使用即劳动,在生产过程中,不仅创造了新价值,而且创造了超过劳动力自身价值的剩余价值。这部分在生产过程中价值量发生了变化的资本,称为可变资本(variable capital)。可变资本是资本家为购买劳动力而支出的货币,通常用 v 来表示。

不变资本与可变资本是由马克思首先划分的,这显然是以劳动价值论为基础的,因为既然只承认活劳动是价值的唯一源泉，以生产资料形式存在的资本当然也就被限定为只能转移旧价值而不能创造新价值了。而正是由于马克思区分了不变资本与可变资本，才对剩余价值率或剥削率做出了如下独特的界定，由此也才产生了利润率与剩余价值率的差别，也才有了资本有机构成的概念以及有关价值转形（即价值转化为生产价格）的世纪大讨论。①

当然，如果只承认剩余价值是可变资本创造的，又该如何理解"资本是带来剩余价值的价值"或"资本是自行增殖的价值"这个有关资本定义的全称判断呢？显然，即使承认剩余价值是可变资本创造的，但是，如果没有不变资本，即没有作为劳动接收器的劳动对象和作为劳动传导器的劳动资料，再多的可变资本，再长的劳动时间，也不会创造任何剩余价值。因此，无论是可变资本借助不变资本创造剩余价值，还是不变资本（特别是劳动对象）借助可变资本实现自身的价值增殖，不变资本和可变资本都可以看作是带来剩余价值的价值。

4.3.4 剩余价值率和剩余价值绝对量

既然剩余价值被定义为雇佣工人创造的价值中超过劳动力价值而被资本家无偿占有的价值，体现着资本家对雇佣工人的剥削关系，而剩余价值又被限定为仅仅是可变资本带来的，即只有可变资本才能自行增殖，作为反映资本家对劳动力的剥削程度（the degree of exploitation of labour-power）或资本增殖程度的剩余价值率（rate of surplus-value）就只能是剩余价值与可变资本之比了。我们用 m 表示单个劳动力在一个工作日内创造的剩余价值，v 代表购买一个劳动力每天预付的可变资本，m' 代表剩余价值率，则有

$$m' = \frac{m}{v} \tag{4.1}$$

由于雇佣工人的劳动划分为剩余劳动与必要劳动，而 v 是由必要劳动创造的价值补偿的，m 是剩余劳动创造的，所以剩余价值率也可以表示为剩余劳动与必要劳动之比：

$$m' = \frac{剩余劳动}{必要劳动} \tag{4.2}$$

又由于剩余劳动是无酬劳动，必要劳动是有酬劳动，所以，剩余价值率也可以表示为无酬劳动与有酬劳动之比：

$$m' = \frac{无酬劳动}{有酬劳动} \tag{4.3}$$

剩余价值率所表示的是剩余价值的相对量。剩余价值的绝对量是一个企业全体雇佣工人在单位工作日内所创造的剩余价值量，它等于剩余价值率乘以预付可变资本总量。我们用 M 代表剩余价值绝对量，用 V 代表企业预付可变资本总量，则

$$M = \frac{m}{v} \cdot V = m' \cdot V \tag{4.4}$$

---

① 详见本书第 6 章的附录。

4.4 剩余价值生产的两种方法

在资本家预付可变资本总量给定的情况下,资本家要提高剩余价值绝对量,就要靠提高剩余价值率,而资本家提高剩余价值率的方法即剩余价值的生产方法有两种,一种是绝对剩余价值生产,一种是相对剩余价值生产。

4.4.1 绝对剩余价值生产

1) 绝对剩余价值生产的定义

绝对剩余价值(absolute surplus-value)生产是指在劳动生产力不变的情况下,靠绝对地延长工作日长度,从而延长剩余劳动时间而增加剩余价值的生产。到目前为止我们所分析的剩余价值生产,就是绝对剩余价值生产。以这种方法增加的剩余价值就是绝对剩余价值。

前述纺纱企业就是在劳动生产力不变的情况下,通过把工作日长度绝对地延长到再生产劳动力价值所必要的劳动时间之上,而实现剩余价值生产的。如果在给定其预付可变资本总量不变的情况下,该企业要增加剩余价值量,就必须进一步延长工作日长度,比如说由 8 小时延长到 12 小时,从而将剩余劳动时间由 4 小时延长到 8 小时,这样剩余价值率 m' 就由原来的 100% 提高到了 200%,即提高了 1 倍,其剩余价值绝对量也就相应地提高了 1 倍。

2) 工作日的长度

工作日(working day)的长度是可以确定的,但工作日本身却是一个不定量。在劳动力价值给定从而必要劳动时间给定的情况下,比如说必要劳动时间为 4 小时,工作日的长度至少要超过 4 小时,否则就不可能有剩余价值的生产。但超过必要劳动时间的剩余劳动时间到底是 2 小时、4 小时抑或是 8 小时,或工作日的长度到底是 6 小时、8 小时还是 12 小时或更长,其本身是不确定的。

一方面,资本家有权延长工作日,因为他既然购买的是劳动力 1 天的使用权,他有权把劳动力的使用时间即工作日延长到劳动者生理和社会道德所允许的最高限度(比如说在昼夜 24 小时中,扣除饮食起居和阅读社交等至少必须花费的时间)。另一方面,劳动者也有权要求把工作日限定在一个正常的长度内,因为他之所以接受每天 40 美元的劳动力价格,是以假定他的劳动力在预期生命的一定年限内能够正常地再生产为前提的,如果资本家过度延长工作日,会破坏劳动力再生产的正常条件,造成职业病增加,死亡率提高,寿命缩短,未老先衰。

应该说,无论是资本家延长工作日的做法,还是雇佣劳动者缩短工作日的要求,双方的权利都是商品交换规律所承认的。那么,现实工作日的长度到底是如何确定的呢?马克思认为,在平等的权利之间,力量就起决定作用。现实工作日的长度,取决于无产阶级与资产阶级之间阶级斗争力量的对比。18世纪80年代至19世纪上半期,资本主义国家的工作日普遍长达12、14甚至16小时,1949年以前的中国,很多企业的工作日亦长达12甚至16小时以上。目前世界各国普遍实行的8小时工作制,若从最早的1834年2月英国奥尔丹棉纺工人的示威算起,到1919年10月被国际劳工会议所承认,是工人阶级与资本家阶级以及政府之间经历了长达85年斗争、博弈、协商、妥协的结果。①

4.4.2 相对剩余价值生产

靠绝对延长工作日长度榨取绝对剩余价值的做法不仅遭到工人阶级的强力抵制,而且受到劳动者生理和社会道德的限制,资本家转而采用相对剩余价值生产的方法。

1) 相对剩余价值生产的定义

相对剩余价值(relative surplus-value)生产是在工作日长度不变的情况下,通过提高劳动生产力,缩短必要劳动时间,从而相对地延长剩余劳动时间而增加剩余价值的生产。以这种方法增加的剩余价值就是相对剩余价值。

以上述棉纱生产为例,在工作日长度为12小时不变的情况下,如果整个社会劳动生产力水平提高,使劳动力再生产所必要的消费资料的价值降低到30美元,从而使工人必要劳动时间由4小时减少到3小时,这样,剩余劳动时间就相对地延长了1小时,由原来的8小时增加到9小时,剩余价值率提高到300%。

2) 相对剩余价值生产借以实现的机制——超额剩余价值

相对剩余价值生产是以劳动力价值降低从而必要劳动时间缩短为前提的,因此,只有当与生产劳动力再生产所必需的生活资料相关的部门从整体上提高劳动生产力水平,才能降低劳动力价值从而缩短工人的必要劳动时间。而这种相对剩余价值生产的结果,是通过单个资本家追求超额剩余价值这一机制实现的。

在实际经济生活中,单个资本家改进技术、提高劳动生产力的直接目的和结果都不是相对剩余价值,而是超额剩余价值。所谓超额剩余价值(extra surplus-value)是指劳动生产力较高的企业单位商品个别劳动耗费低于社会必要劳动耗费,但可以按社会必要劳动时间决定的价值出售,由此获得的高于本部门平均水平的剩余价值。

比如说,上述棉纱企业通过改进纺纱技术,使生产100斤棉纱的时间由原来的8小时降低到4小时,该企业每个工人8小时工作日可生产200斤棉纱,假定整个棉纱行业的社会必要劳动时间仍然是每百斤棉纱8小时,该企业仍然可以按照每百斤棉纱140美元的

---

① 现代国家普遍实行48小时工作周,即每天工作8小时,每周工作5天,休息2天,再加上平均10天左右的法定节假日和20天左右的带薪假,劳动者的工作时间大大缩短了,对于这种现象,恐怕不宜再简单地用阶级斗争的观点加以解释了,社会生产力的发展和劳动生产力的提高,客观上使人们能够享受更多的闲暇,而工资提高的收入效应大于替代效应从而导致工作时间缩短,恐怕也是不能忽略的原因。

价格出售,从而与行业平均水平相比,将获如下超额剩余价值:

$$超额剩余价值 = \{280 美元(200 斤棉纱的价格) - 80 美元(200 斤棉花的价格) - 40 美元(4 个纱锭的价格) - 40 美元(1 个劳动力价格) - 40 美元(同行业标准剩余价值量) = 80 美元\}$$

当整个棉纺行业劳动生产力普遍提高,从而每百斤棉纱的社会必要劳动耗费降低到6小时后,上述单个企业的超额剩余价值便消失了,但由于棉纱的价值降低会部分地降低劳动力再生产费用,从而整个社会劳动者的必要劳动时间会相应缩短,剩余劳动时间会相对延长,从而在一定程度上增加了相对剩余价值生产。

但是,即使在某个行业整个劳动生产力水平提高后,资本家仍然会进一步改进技术提高个别企业的劳动生产力水平,从而仍然能够获取超额剩余价值。相对剩余价值生产正是在各个资本家不断提高劳动生产力竞相追逐超额剩余价值以及在超额剩余价值不断产生又不断消失的过程中实现的。

3) 相对剩余价值生产的三个阶段

截止到马克思生前,资本主义相对剩余价值生产经历了简单协作、工场手工业和机器大工业三个阶段。

简单协作(co-operation)是指众多劳动者在同一生产过程或在不同的但相互联系的生产过程中,在同一资本家指挥下协同劳动。简单协作不仅提高了劳动者个人的生产力,而且创造了一种集体力,即社会劳动的生产力或劳动的社会生产力,也即所谓$1+1>2$的合力。简单协作无论在历史上和逻辑上,都是资本主义生产方式的起点。资本主义生产实际上是在同一个资本家雇用较多的工人,因而劳动过程扩大了自己的规模并提供了较大量的产品的时候才开始的。

分工和工场手工业(division of labour and manufacture)是以手工技术和雇佣工人的分工为基础的资本主义生产方式。在欧洲,从16世纪中叶到18世纪末叶的200多年中,工场手工业在资本主义工业中一直占据统治地位。分工是工场手工业的主要特征。与简单协作不同,工场手工业实现了以内部分工为基础的协作。其中一种方式是把不同行业的手工业者联合在一个工场里,实行分工协作,共同生产一种产品,如马车工场就是由马具匠、铁匠、木匠、裁缝匠、油漆匠等组合而成的工场手工业。另一种方式是把同行业的许多手工业者组织在一个工场里,实行专业化分工,共同完成一种产品,如制针工场,把原来由一个制针匠独立操作的20道工序分配给20个工匠,每个工匠专注于一道工序,由此形成有机的工场手工业。工场手工业的专业化分工极大地提高了资本主义生产方式的劳动生产力。

机器和大工业(machinery and modern industry)是以机器生产代替手工劳动的资本主义生产方式。从18世纪30年代(1735年)英国约翰·怀亚特发明纺纱机揭开工业革命序幕,到18世纪60—70年代纺纱机被普遍使用,80年代制成实用蒸汽机,再到19世纪,英、法、德、美、俄等主要资本主义国家先后通过工业革命,完成了工场手工业向机器大工业的过渡。机器在大工业中的普遍使用,代替了大量手工劳动,提高了社会生产力,使生产单位产品的总劳动(包括活劳动和以机器形式存在的物化劳动)大幅度下降,从而极大地提高了相对剩余价值生产。

4.4.3 绝对剩余价值与相对剩余价值的关系

马克思在研究剩余价值生产时,出色地采用了分析与综合相结合的方法。他首先在《资本论》第一卷第三篇假定劳动生产力不变的情况下抽象地分析了绝对剩余价值生产,然后又在该卷第四篇假定工作日不变的情况下抽象地分析了相对剩余价值生产。在分别完成了上述两篇抽象分析后,马克思最后在该卷第五篇又把绝对剩余价值和相对剩余价值生产作为一个整体,进行综合具体的考察,揭示二者之间的关系。

首先,绝对剩余价值是以相对剩余价值为基础的。显然,资本家之所以能够靠绝对地延长工作日进行绝对剩余价值生产,本身就是以工人的劳动生产力已经提高到一定程度,以至于劳动力的使用所创造的价值已经有可能超过劳动力价值,从而相对剩余价值生产已经存在为基础的。

其次,相对剩余价值是以绝对剩余价值为前提的。即使是作为最初资本主义生产方式起点的简单协作,工人的劳动生产力水平的提高,本身也是以劳动者的劳动时间已经绝对地延长到再生产劳动力价值所必需的劳动时间以上为前提的。

最后,绝对剩余价值与相对剩余价值的区别,仅仅是从观察者的角度看才是有意义的。也就是说,在一定时点上,相对剩余价值生产也是绝对剩余价值生产,绝对剩余价值生产也是相对剩余价值生产,区别仅仅在于,如果观察者在考察的时点上是假定劳动生产力不变,则单纯由劳动生产力的提高从而必要劳动时间缩短所增加的剩余价值就是相对剩余价值;如果观察者在考察的时点上假定工作日不变,则所增加的一定是绝对剩余价值。

4.5 工资

行文至此,马克思本来已经完成了剩余价值生产的研究,他为什么又在《资本论》第一卷第六篇回过头来讨论本该在第二篇"货币转化为资本"中就应该讨论的"工资"呢? 这是因为资产阶级经济学家总是把工资理解为劳动的报酬或劳动的价格,果真如此,工人出卖劳动,资本家已经支付了劳动的价格,劳动者也得到了全部劳动的报酬,剥削又从何谈起,剩余价值又从何而来呢? 所以,马克思认为,只有揭示工人出卖的并不是劳动而是劳动力,工资也不是劳动的价格而是劳动力价值或价格的转化形式,马克思前述剩余价值理论才能最终成立。

4.5.1　工资不是劳动的价格

首先马克思指出,工资(wages)不是劳动的价格,因为工人出卖的不是劳动,而是劳动力。这是因为:

1) 劳动不是商品,因此没有价值和价格

劳动是价值的源泉,但劳动本身没有价值。如果某商品的价值是12小时,那么说12小时工作日的价值是由12小时的劳动决定的,这是同义反复。

2) 如果劳动是商品,就必须在购买前已经存在

而如果工人能够使他的劳动独立存在,他出卖的就是劳动产品,而不是劳动了。

3) 如果劳动是商品,那么,资本与劳动的交换或者违背价值规律,或者否定资本主义生产本身

举例来说,如果一个工人12小时的工作日的价格是12美元,假如按照等价交换的原则,他只给资本家创造12小时的价值,那就等于否定了以价值增殖为目的的资本主义生产方式;如果资本家只付给工人12小时工作日一半的报酬,比如说6美元,那就意味着资本家用6美元购买了价值12美元的工作日,这就破坏了等价交换的原则。

4.5.2　工资表现为劳动的价格

劳动虽然不是商品,从而工资也绝不是劳动的价格,但在资本主义商品经济中,工资却表现为劳动的价格。这又是为什么呢?显然,科学的任务不仅要透过事物现象发现其本质,还要揭示事物的本质是如何表现为现象尤其是表现为假象的。

首先,从资本家与劳动者之间的交换内容来看,买者付出一定量的货币,卖者付出与货币不同的物品,至于这种商品是什么似乎无关紧要。正如罗马法描述了四种契约形式,即"我给,为了你给;我给,为了你做;我做,为了你给;我做,为了你做",虽然形式不同,但并没有本质差别,也就是说,资本家付出货币购买劳动者商品,与资本家付出货币购买劳动者的服务(或劳务)之间,以及与商品生产者之间物物交换或劳务交换之间,并没有本质的差别,所以,工人出卖的到底是劳动还是劳动力,对于买卖双方来说也没有什么差别。这样,劳动力的价格也就很容易被看作是劳动的价格了。

其次,工资是按劳动日或劳动小时计算的,这样,虽然工资本质上是劳动力的日价值,但很自然地表现为日劳动的价值。至于在实行计件工资的场合,每干一件活付给一笔钱,劳动力的价值也就自然表现为劳动的报酬。

最后,工资是事后支付的,特别是当工人因劳动表现优劣而得到资本家奖惩,以至于事后支付的工资或高或低时,工资作为劳动的价格或劳动的报酬,就更加令人确信无疑了。

4.5.3 工资是劳动力价值或价格的转化形式

概括起来说,工资是劳动力价值而不是劳动的价值或价格,但是又表现为劳动的价值或劳动的报酬。工资实质是劳动力价值或价格的转化形式。

附录 4A 有关剩余价值理论的争论

4A.1 劳动力成为商品的条件

一般政治经济学教科书都把劳动者一无所有当作劳动力成为商品的条件。但劳动者一无所有仅仅是劳动者出卖劳动力的充分条件,而不是必要条件;当劳动者一无所有时,固然要以出卖劳动力为生,但出卖劳动力的劳动者并不一定一无所有。劳动者出卖劳动力这种现象无论在当代资本主义社会还是社会主义社会都普遍存在,其中很多雇佣劳动者或工薪阶层并非一无所有:他们不仅有住房、汽车、股票、债券、存款和各种收藏,而且完全有能力注册公司自主就业。他们之所以情愿出卖劳动力做雇佣劳动者或工薪阶层,也许是因为不愿意承担创业的风险或出于其他原因,但至少不是因为一无所有。

4A.2 社会主义条件下劳动力的属性

反对社会主义条件下劳动力具有商品属性的理由是:

在社会主义条件下,劳动者是生产资料和社会的主人,如果劳动力成了商品,岂不否定了劳动者的主人翁地位?

在社会主义条件下,如果劳动力成为商品,劳动者得到的收入就仅仅相当于劳动力的价值,这就等于否定了按劳分配。

上述两个理由恐怕都不能成立。

首先,在公有制经济中,劳动者作为公有制经济的成员,当然是公有的生产资料的所有者。但是公有制的一个特点是财产不能分割和量化到个人。公有制经济的成员使用公有的生产资料也必须是有偿有期的,由此支付的租金或利息应在全体成员之间分配,或用于公共福利支出,劳动者作为公有生产资料所有者的权利和身份,只是在共享生产资料收益上体现出来,这和劳动者把自己的劳动力作为商品转让给公有制企业并不矛盾:劳动者作为劳动力的所有者,在企业的生产和经营活动中,只能处于一般生产要素的从属地位。

其次,在社会主义市场经济中,市场在资源配置中起决定性作用,而劳动资源当然要通过劳动市场才能得到有效的配置,劳动力如果不作为商品进入市场,仍然由国家或劳动人事部门实行计划分配,社会主义市场经济体制特别是要素市场就是残缺不全的,时间节约和社会总劳动按比例分配规律就不可能借助于劳动市场和价值规律得到实现。

至于劳动力商品的价值如何确定,劳动力成为商品与按劳分配的关系该如何理解,这个问题可以讨论。但至少有一点可以肯定,马克思按劳分配原则的实现有着极其严格的条件限制,即使在公有制经济中都不可能完全实现。在以混合所有制为基础的市场经济,按劳分配只能理解为按劳动贡献分配,它和按其他生产要素(包括资本、土地、企业家才能)的贡献分配是并行不悖的。关于这个问题我们在本书第10章"中国的经济体制改革与制度创新"还要专题讨论。

4A.3　劳动力价值的决定

（1）劳动力价值被界定为维持劳动者生存所必需的必要生活资料的价值。
（2）所谓必要生活资料的价值是一个不确定的量,它往往取决于工人的支付能力。
（3）而工人的支付能力又取决于工人的劳动能力和这种劳动能力的价格。

以上有关劳动力价值的界定是否存在着循环论证呢?

按照传统的劳动价值论,工资是劳动力价值或价格的转化形式,而劳动力价值是由维持劳动力再生产所必需的生活资料的价值决定的。但是,如果我们承认工人的需要不仅仅限于维持其生存的需要,而是受历史和道德因素的制约,包含着发展和享受的需要,那么,劳动力的价值就是一个不定量。因为工人为维持其劳动力的再生产所必需的生活资料,无论从质量上还是从数量上看,都没有一个自然的客观的界限。质量较高、数量较多的生活资料与质量较差、数量较少的生活资料,都同样能够维持一定质量的劳动力的再生产。因为工人所需要的生活资料和社会上其他阶层所需要的生活资料一样,一般地说是没有止境的,所以,经济学上不能空泛地讲需要,而只能讲有支付能力的需求。但一个人的支付能力,是由他的收入水平所决定的。工人的支付能力则是由他的劳动收入即工资所决定的。而工资之所以被规定为工人所创造的一部分价值而不是全部价值,这一点恰恰需要做出独立的说明。如果我们又反过来讲工人的工资是由劳动者有支付能力的需求决定的,那岂不是循环论证?

正是由于劳动力的价值难以确定,工人与资本家才围绕工作日的长短不断地展开斗争。甚至马克思本人也承认,"工作日不是一个不变量,而是一个可变量";"工作日是可以确定的,但是它本身是不定的"(马克思恩格斯,1972a,第259页)。根据商品交换规律,资本家有权利尽量延长工作日,工人也同样有权利要求把工作日限制在一定的正常量内,"于是这里出现了二律背反,权利同权利相对抗,而这两种权利都同样是商品交换规律所承认的。在平等的权利之间,力量就起决定作用"(马克思恩格斯,1972a,第262页)。而当工人阶级与资本家阶级的力量对比达到平衡时,工作日的长短又是由何决定的却无法论证。

看来,我们不得不回到工人出卖的到底是劳动力还是劳动这个古典政治经济学家曾经激烈争论的问题。

4A.4　工人出卖的到底是劳动力还是劳动?

下面是对马克思有关劳动力商品分析的质疑:
（1）如果说劳动不能独立存在,劳动力又何尝能够独立存在?劳动力只是劳动者的一种潜在的能力,它蕴藏在活的劳动者体内,人们只能看到具体的活生生的劳动者,不可能看到独立存在的劳动力!

(2) 劳务也是不能独立存在的,工人可以出卖劳务,为什么就不能出卖劳动?并非所有进入市场买卖的商品都必须是事先独立存在的。其中最典型的就是劳务(service),劳务这种商品的特点是生产过程与消费过程是同一的,它不可能在买卖之前就已经独立存在。而工人出卖劳务与出卖劳动至少在形式上没有任何差别。除了劳务以外,期货也不是在成交前就已经独立存在了,还有定制和定购等。

(3) 企业或雇主到底是根据工人的劳动能力还是根据工人实际付出的活劳动付给工人报酬呢?表面上看,用人单位在聘用员工时,最初会根据应聘者的学历、工作经历、专业技能、以往的工作业绩乃至身高、体魄和相貌等确定一个工资标准,由此似乎可以认定这就是劳动力的价值或价格。但是,在试用期结束后,乃至在以后的长期聘用中,企业或雇主都会根据员工的实际劳动贡献、劳动表现、劳动态度、劳动绩效调整其工资水平,或以津贴和奖金形式作为按劳动贡献分配的补充。这是否能够说明,劳动者实际出卖的不是劳动力,而是劳动呢?

当然,如果确认工人出卖的是劳动而不是劳动力,那么整个剩余价值理论恐怕就要改写了。

4A.5 剩余一般、特殊和个别

在马克思主义政治经济学中,诸如资本、剩余价值、工资、利润、利息、地租等都被界定为资本主义生产方式特有的范畴,这无疑是受到了当时的历史局限。马克思本人曾说过这样一段话:"最一般的抽象总只是产生在最丰富的具体发展的地方,在那里,一种东西为许多东西所共有,为一切所共有。这样一来,它就不再只是在特殊形式上才能加以思考了。"(马克思恩格斯,1979,第42页)这段话揭示了人类认识事物所遵循的一个普遍规律和思维方式,它至今仍然适用于我们对剩余价值等这些特殊的商品经济范畴的认识。

根据马克思一般和特殊、个别的辩证法,我们对剩余这个概念做出如下界定:

(1) 剩余一般:产出品大于投入品的余额,即剩余产品。这是任何社会都存在的一般概念,是人类社会赖以存在和发展的基础,是永恒的自然概念。正如马克思所指出的:"一般剩余劳动,作为超过一定的需要量的劳动,必须始终存在。"(马克思恩格斯,1974,第925页)"劳动产品超出维持劳动的费用而形成的剩余,以及社会生产基金和后备基金从这种剩余中的形成和积累,过去和现在都是一切社会的、政治的和智力的继续发展的基础。"(马克思恩格斯,1960,第233页)

(2) 剩余特殊:产出品价值大于投入品价值的余额,即剩余价值。这是剩余一般在商品经济中的特殊表现,是商品经济共有的概念,并非资本主义商品经济所特有。

(3) 剩余个别:根据剩余价值的归属划分为公享剩余价值(全社会分享)、自享剩余价值(由创造者独享)、他享剩余价值(被他人无偿占有)、共享剩余价值(若干主体分享)。这是剩余价值在特殊的社会生产方式中的具体表现形式。根据剩余价值的分配方式,社会可以划分为不同的形态。

4A.6 资本一般、特殊和个别

马克思认为资本不是物,而是人与人之间的关系,是资本家无偿占有工人剩余劳动的关系。给资本下的定义是"带来剩余价值的价值"。而剩余价值又是雇佣劳动者创造被资本家无偿占有的。由此说来,资本也就成了资本主义特有的范畴。

根据马克思的论述,社会主义社会是不存在资本的。但在社会主义经济生活中,支持企业运转的那部分货币叫什么呢?我们很长一段时间内称之为资金,如积累资金、消费资金、流动资金、固定资金,等等。可是资金这个概念又太一般,因为马克思说,资本不是物,资本是人与人之间的关系。那么,资金反映的社会主义关系是什么呢?广东省的著名经济学家卓炯曾指出,资金在资本主义社会叫资本,在社会主义社会就应叫"社本"。后来又有的学者提出,资本主义的资本是私人占有的,社会主义的资本是公共占有的,因此叫公本。(参见马仁典,1993)这样说,似乎资本一词是可以一分为二的,资本姓资名本。其实资本(capital)是一个不可分的词,这就好比我们不能把马克思(Marx)理解为姓马名克思。还有许多学者、实践家和政府文件,经常提到"资本金",也不知它与资本和资金以及股本有何区别。

其实,"社本"也好,"公本"也罢,关键是如何理解它的增殖性,因为它肯定要带来一个超过自身价值的价值。资本的增殖叫剩余价值,"公本"或"社本"的增殖又该叫什么呢?有的学者认为,在社会主义条件下,工人的全部劳动都是必要的,其中满足个人需要的部分为个人必要劳动,满足社会需要的部分为公共必要劳动,各自形成的价值分别为个人必要价值和公共必要价值。由此也就产生了所谓必要价值论或必要价值规律(于凤村,1961;卓炯,1981)。提出这个观点(论点)的还不是一个人,结果就产生了有关发明权的争论。后来又有人提出了"支配价值论"(王献立,1991)。

当然,也有很多文献直接使用"资本"和"剩余价值"概念分析社会主义经济问题,而对以往的概念在没有分清哪些是资本主义特有的,哪些是任何生产方式或社会化大生产和商品共有的,就不能混用。

就资本范畴而言,其规定是多重的,至少应该从以下三个层次来理解:

第一个层次是资本一般。所谓资本一般,是任何社会都存在的,我们把它叫作物质资本。如果给它下一个定义,就是人类把劳动和土地(统称自然资源)结合起来生产出来的一种产出品。但这种产出品不是为了消费,而是为了再进一步生产更多的产出品,还要再投入到生产过程中去,因此又是一种投入品,我们把这些东西叫作资本。这实际上就是我们通常所说的生产资料,具体说就是机器、厂房、设备、道路、仓库,等等。人们为什么要生产机器、厂房、设备呢?西方经济学把这叫作迂回生产。如果你直接用劳动投在土地上,得到的是什么呢?无非是打一些猎物、采集一些果实、捕一些鱼虾,仅此而已。但如果把劳动和土地结合起来,先生产一些工具,如把石头捆在棍子上变成打猎工具。这样一来,你获得的猎物、获得的最终消费品就要更多一些。所以我们说,人们之所以要进行迂回生产，而不是直接从土地获取最终消费品，是因为迂回生产可以提高劳动生产力，可以增加收益。

我们可以举一个例子：假如人们下河摸鱼，空手去摸一天摸10斤鱼。一个聪明人想出一个办法，不去摸鱼而是织网。他用一天的时间织了一张网，其机会成本是10斤鱼。第二天如果这张网在捕了20斤鱼后就不能再用了，那么这种被称作投资的织网活动就是失败的，因为投资收益率等于零。但如果第二天用这张网捕25斤鱼，这项投资就是一个好的投资。如果第三天这张网还能用，那就说明这是一项更好的投资。人们织网的目的是为了节省劳动，是为了获得更多的消费。但那个进行投资或积累的人第一天就要饿肚子，不能吃到10斤鱼。用西方学者的话说，这叫节欲。或者说我们推迟了眼前的消费是为了以后更多的消费，因而要给我一些补偿，因为人们更重视现实，未来是不确定的。今天能消费，明天出意外就可能消费不了。所以对酒当歌、及时行乐，未来消费的价值要小于今天消费的价值。为鼓励人们推迟消费，未来消费必须多给他一些补偿。资本的生产力也说明了这样一个问题，它一定要有一个净收益。如果没有这样一个净产值、净收益，人们就不会进行这样的迂回生产。

从这个意义上说，"资本一般"从人类社会一产生就有了，所以西方学者甚至把刀枪棍棒当作资本，这也没有什么错。马克思经济学一直批判资产阶级经济学家抹杀了资本主义生产关系的特殊性，把资本的起源一直追溯到原始社会，是为了以此来论证资本主义制度是永恒的。所以马克思对资本的一般性作了非常尖锐的批判。但在我看来，对资本可以首先从一般的角度来理解，因为任何经济范畴都既有其社会形式，又有其物质内容，这也是马克思的一个方法论原则。

第二个层次是资本特殊。资本一般在商品经济条件下表现为资本特殊。这时资本就不再单纯表现为物质资本，它实际上是一种价值资本，是可以买卖的。采取货币形式的资本可以说是商品经济的范畴，相对于以前所说的资本一般，它是一种特殊形式。

第三个层次是资本个别。商品经济有多种形态。资本主义商品经济中的资本可以叫作资本个别。马克思把它叫作带来剩余价值的价值，这是一家之言。西方学者不这样看，后马克思主义或新马克思主义也有不同的看法。那么社会主义商品经济中的资本是什么呢？当然也可以叫作资本个别。特殊形式可以有许多个别形式，个别形式Ⅰ、个别形式Ⅱ……

这种一般、特殊、个别的关系是普遍的。例如，如果说粮食是一般，那大米就是特殊，大米中小站稻、泰国米就是个别。对资本概念也完全可以这样理解。首先，就资本一般而言，社会主义仍然要进行迂回生产，所以肯定存在着资本一般。社会主义有没有资本特殊呢？当然有。社会主义也是商品经济，是市场经济，也有资本特殊。那么社会主义又有它特定的生产关系，反映这个特定生产关系的资本又叫什么呢？这是可以研究的，但总不能乱起名称，如"公本""社本""资本金"，等等。

4A.7 生产劳动一般、特殊和个别

根据《资本论》的方法和有关的论述,本书认为,马克思的生产劳动范畴,同样具有以下三重规定。

(1) 作为生产劳动一般,它是指能够生产满足人们某种需要的使用价值的劳动。

由于人的需要既包括物质的(或自然的、生理的)需要,又包括精神的(或社会的)需要,从而,这里所说的使用价值,既包括满足人们物质需要的物质产品,又包括满足人们精神需要的精神产品[①],所以,作为生产劳动一般,它既包括物质生产领域的劳动,又包括精神生产领域的劳动,只要这些劳动生产使用价值。

马克思在分析了人的活动借助劳动资料使劳动对象发生预定的变化,从而生产出一定的产品后指出:"如果整个过程从其结果的角度,从产品的角度加以考察,那末,劳动资料和劳动对象表现为生产资料,劳动本身则表现为生产劳动。"(马克思恩格斯,1972a,第205页)这里的生产劳动,是从使用价值的角度来界定的,它反映的是生产劳动的一般自然属性,所强调的是劳动效用或劳动借以表现的使用价值对确定生产劳动一般的重要性。因为"劳动作为使用价值的创造者,作为有用劳动,是不以一切社会形式为转移的人类生存条件,是人和自然之间物质变换即人类生活得以实现的永恒的自然必然性"。(马克思恩格斯,1972a,第56页)

但上述有关生产劳动的一般定义应从两个方面加以扩展:一方面"随着劳动过程本身的协作性质的发展,生产劳动和它的承担者即生产工人的概念也就必然扩大。为了从事生产劳动,现在不一定亲自动手;只要成为总体工人的一个器官,完成他所属的某一种职能就够了"(马克思恩格斯,1972a,第556页)。另一方面,在物质生产领域之外,还有精神生产领域,[②]从劳动过程的结果看,除了物质产品外,还有精神产品,除了有形产品即财货外,还有无形产品即服务。[③] 后面这种情况,马克思并非没有考虑到,只是由于在马克思所处的那个时代,非物质产品和服务在整个使用价值的构成中所占的比重甚小,所以,马克思才把注意力集中在占统治地位的物质财货的生产上。但这并不能排除生产各种服务和非物质财货的劳动作为生产劳动一般而存在。因为从本质上看,马克思生产劳动一般这一范畴所反映的不过是简单的劳动过程与有效结果之间的关系。

(2) 作为生产劳动特殊,它是指生产商品或生产价值的劳动。

在商品经济条件下,由于处在分工和交换关系中的生产者不仅要生产使用价值,还必

[①] 马克思在讲到物满足人的需要这种属性时指出:"这种需要的性质如何,例如是由胃产生还是由幻想产生,是与问题无关的。"(马克思恩格斯,1972a,第47页)在同一个地方,马克思还引了尼古拉·巴尔本的话:"大部分〈物〉具有价值,是因为它们满足精神需要。"

[②] 除了前面有关使用价值的例子外,马克思在谈到时间节约和社会总劳动按比例分配时,还指出:"社会为生产小麦、牲畜等等所需要的时间越少,它所赢得的从事其他生产,物质的或精神的生产的时间就越多。"(马克思恩格斯,1979,第120页)"在精神生产中,表现为生产劳动的是另一种劳动。"(马克思恩格斯,1973,第295页)

[③] 服务只是劳动的特殊使用价值的表现,因为服务不是作为物而有用,而是作为活动而有用。(马克思恩格斯,1982,第109页)

须生产价值,而且只有当他的使用价值转化为价值即一定量的货币时,其私人劳动才转化为社会劳动,所以,从商品经济的角度看,对原来的生产劳动的一般定义还要加上更切近的规定,即"实现在商品中的劳动,对我们表现为生产劳动"。(马克思恩格斯,1982,第99页)这就是所谓生产劳动特殊。

与生产劳动一般相比,生产劳动特殊是比较具体的范畴,它在前一个范畴的基础上,又加上了价值关系这一规定性,所以,它并没有否认生产劳动一般所具有的任何规定性,而是把它包含在自己的规定性之中。也就是说,从商品生产过程的角度或结果来看,只有生产商品的劳动才是生产劳动,而这里所说的商品,是指前述作为物质财货及服务和精神财货及服务的使用价值与价值的统一。以上的分析表明,就商品生产而言,一种劳动并不是因为它是生产劳动才创造价值,相反,正因为它创造价值,才是生产劳动。①

(3) 作为生产劳动个别,只有生产剩余价值的劳动才是生产劳动。

马克思指出,资本主义生产不仅是劳动过程和价值形成过程的统一,而且是劳动过程和价值增殖过程的统一。所以,从资本主义生产过程的角度或结果来看,对前述从简单商品生产的观点得出的生产劳动的特殊定义,还要再加上更切近的规定,即"只有直接生产剩余价值的劳动是生产劳动"(马克思恩格斯,1982,第99页),"只有为资本家生产剩余价值或者为资本的自行增殖服务的工人,才是生产工人"。(马克思恩格斯,1972a,第556页)

因为资本主义生产只是商品生产的一种个别形式,所以,上述从资本的角度来看的生产劳动,也只是生产劳动的一种个别形式。② 与生产劳动特殊相比,生产劳动个别是更具体的范畴,它是在前一范畴的基础上,又加上了资本关系这一更切近的规定,因此,它没有否定生产劳动特殊的规定性,而是把它包含在自己的规定之中。

马克思曾精辟地阐明了上述生产劳动一般、特殊和个别规定之间的关系,指出:"资本主义劳动过程并不消除劳动过程的一般规定。劳动过程生产产品与商品,只要劳动物化在商品即使用价值与交换价值的统一中,这种劳动就始终是生产劳动。可是,劳动过程只是资本的价值增殖过程的手段。因此,表现在商品中的劳动是生产劳动,而当我们考察单个商品时,在单个商品的可除部分中表现为无酬劳动的,是生产劳动。"(马克思恩格斯,1982,第100页)

从以上的分析和引证中,我们至少可以得出三点启示:

首先,从方法论上看,马克思的生产劳动一般、特殊和个别规定之间的关系,是简单和复杂、抽象和具体的关系。无论是从逻辑上还是从历史上说,简单的和抽象的范畴可以在复杂的具体的范畴出现之前独立存在,而复杂的具体的范畴则必须以简单抽象的范畴为必要前提,并把它们包含在自己的规定性之中。这就是说,在资本主义生产劳动产生之前,生产商品的劳动作为生产劳动特殊就已经存在了;而在商品生产劳动产生之前,生产

---

① 苏星教授似乎把上述二者的关系弄颠倒了(见苏星,1992)。
② 资本主义"生产劳动不过是劳动能力和劳动在资本主义生产过程中所呈现的整个关系和方式方法的概括说法"。(马克思恩格斯,1982,第104页)

使用价值的劳动作为生产劳动一般也已经存在了。但生产商品的劳动首先是生产使用价值的劳动,而生产剩余价值的劳动又首先是生产价值的劳动。生产劳动一般、特殊和个别之间的逻辑关系是,有前件不一定有后件,有后件必定有前件。

其次,生产劳动范畴是马克思根据一定的生产目的而对劳动所做出的规定。就不同的目的而言,同一内容的劳动可以是生产劳动,也可以是非生产劳动。例如,米尔顿创作《失乐园》①,如果仅仅是为了自我欣赏,那从商品经济的角度看,他是一个非生产劳动者,尽管从自给自足的角度看,他的劳动是生产性的;如果他把这个产品卖了 5 镑,他就成为商品生产劳动者;但是,从资本的角度看,只有当他受雇于书商并在其指示下生产书籍时,他的劳动才成为生产劳动。正因为如此,马克思才指出:"生产劳动是劳动的这样一种规定,这种规定本身同劳动的一定内容,同劳动的特殊有用性或劳动所借以表现的特殊使用价值绝对没有关系。"(马克思恩格斯,1982,第 105 页)②

最后,马克思在分析生产劳动个别时,曾举了大量非物质产品生产的例子,如作家、教师、歌女、裁缝、园艺师、厨师的劳动等,认为只要这些劳动为资本家创造剩余价值,就是生产劳动。这也表明马克思的生产劳动范畴并不仅限于物质财货的生产领域。只是由于在马克思所处的时代,这些非物质生产劳动同资本主义生产的数量相比是微乎其微的量,或者说,在这些非物质生产领域,资本主义生产方式只能有限制地发生,所以,在《资本论》的逻辑体系中,马克思主要考察的是物质财货生产领域的资本主义生产方式以及与之相关的生产劳动范畴。这并不意味着生产劳动仅限于物质生产领域。

4A.8 非物质生产领域的劳动同样创造价值

以上我们只是从生产劳动的角度说明,非物质生产领域的劳动只要生产商品从而形成价值,就是生产劳动(特殊)。现在我们则要具体回答,非物质产品到底是否具有商品属性?显然,如果对这一问题的答案是肯定的,那么,非物质生产领域的劳动同样形成价值这一命题也就自然成立了。

根据马克思的论述,商品是为了交换而生产的劳动产品。劳动产品要成为商品,必须具有社会的使用价值(即为他人生产的使用价值),并且要通过交换转到把它当作使用价值使用的人的手里。在交换中,作为社会使用价值的产品就获得了交换价值,即一种使用价值与另一种使用价值相交换的量的关系或比例,这一比例围绕波动的中心就是所谓的价值。所以说,商品是使用价值和价值的统一体,而价值量是由耗费在商品生产中的劳动决定的。(见马克思恩格斯,1972a,第 54、49、52~53 页)

从以上的分析中,我们已经知道,根据满足物质和精神需要的不同,人类的生产可分

---

① 米尔顿(John Milton, 1608.13.9—1674.11.8)是英国的伟大诗人,他以长诗《失乐园》闻名于世。该诗以人类的堕落为主题,成功地刻画了贯穿全诗的堕落的天使撒旦。

② 对这段话似乎应这样理解:劳动的有用性即生产使用价值,这对于确定生产劳动一般、特殊或个别都是必要的前提;至于劳动的这种有用性或借以表现的使用价值是什么,是物质的还是精神的,是有形的还是无形的,是工业的还是农业的,是裁缝的还是歌女的,这与生产劳动绝对没有关系。

为物质生产领域和精神生产领域。物质生产领域既生产物质财货（physical goods），如农产品、矿产品、加工产品、建筑产品、交通运输等，也生产物质服务（physical services），如医疗保健、卫生防疫、银行保险、批发零售、电报电话、美容理发、客运、修理、住房出租等，这些都是满足人们物质需要（或自然的、生理的需要）的使用价值。①精神生产领域同样既生产精神财货（spiritual goods），如文学、艺术、美术作品，各种音像、新闻出版物，教科书、工具书、学术著作、计算机软件等，也生产精神服务（spiritual services），如教育、信息的生产、处理和传递电影、有线电视、舞台艺术、音乐会、各种竞赛等，这些都是为了满足人们精神需要（或社会需要）的使用价值。上述根据使有价值性质所作的划分如图 4A.1 所示。

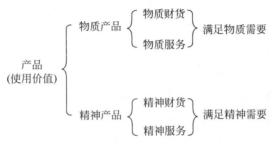

图 4A.1　按产品性质划分的使用价值

劳动产品也可以根据形态的不同，划分为有形产品（tangible product）和无形产品（intangible product）：有形产品即财货（goods），包括物质财货和精神财货；②无形产品即服务（services），包括物质服务和精神服务。

这种划分如图 4A.2 所示。

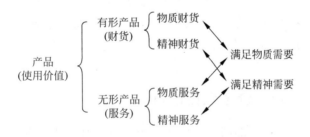

图 4A.2　按产品形态划分的使用价值

另一方面，从创造使用价值的劳动来看，人类的劳动有体力劳动与脑力劳动之分：物质生产领域以体力劳动为主，脑力劳动为辅；非物质生产领域以脑力劳动为主，体力劳动为辅。将以上三种划分综合起来，可图示如下（见图 4A.3）。

---

① 这种划分与传统的划分不同，主要是因为本文将服务包括在产品的外延中。至于哪些服务行业应该包括在物质生产部门，哪些不应该包括，这个问题可以讨论。

② 马克思曾指出："一切艺术和科学的产品，书籍、绘画、雕塑等等，只要它们表现为物，就都包括在这些物质产品中。"（马克思恩格斯，1972b，第 165 页）显然，马克思这里所说的"物质产品"是就其形态而不是性质而言的。

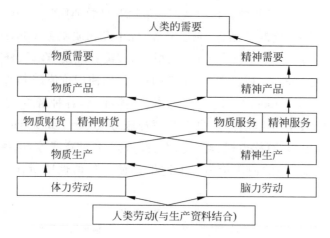

图 4A.3 生产劳动与使用价值

显然，前述有关劳动产品成为商品的条件，不仅适用于物质产品（包括物质财货和物质服务），而且适用于非物质产品（包括精神财货和精神服务）。只要非物质产品以及物质服务具有社会的使用价值，并通过交换转到把它当作使用价值的人手里，它们在交换中的比例即交换价值等于各自生产中所耗费的劳动的比例，这些非物质产品就具有了商品的属性，生产这些非物质产品的劳动也就创造了价值。这种非物质产品的商品化，早在前资本主义的商品经济中就已经发生了，只不过其进程比较缓慢，而在现代市场经济中，无论从广度上还是从深度上，都已经有了长足的发展。

以上，我们从商品的基本属性出发，论证了非物质生产领域的劳动同样创造价值，只要其产品具有社会的使用价值并通过交换使之转移到需要者手中。从生产劳动的角度看，这种生产非物质商品的劳动属于生产劳动特殊范畴。本书虽未专门探讨社会主义生产劳动的规定，但有一点可以肯定，既然社会主义经济是商品经济或市场经济，那么，无论对社会主义生产劳动还要加上什么样的更切近的规定，都必然是以前述生产劳动的特殊范畴为必要前提的。

4A.9 对相对剩余价值理论的再思考

按照马克思劳动价值论，部门劳动生产力与部门价值总量不相关，而与单位产品价值量成反比，如果一个部门劳动生产力提高 1 倍，部门价值总量不变，单位商品价值量则下降一半，以该原理为基础的相对剩余价值理论则得出全社会劳动生产力水平提高但价值总量不变，剩余价值的增加是以工人必要生活资料价值的缩小为前提的结论。下面试用我国改革开放 40 年国民财富的增长与劳动就业增长的经验数据，对这一理论进行检验。

根据国际货币基金组织 IMF 数据，如图 4A.4 所示，中国 1978 年至今的实际 GDP 保持了 9.6% 左右的年均增速。①

---

① 国际货币基金组织 IMF：https://www.imf.org/external/datamapper/NGDP_RPCH@WEO/CHN.

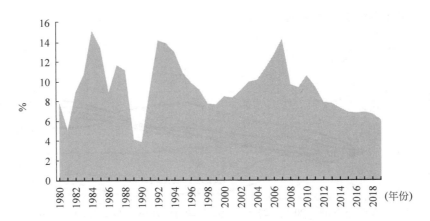

图 4A.4　中国改革开放 40 年实际 GDP 的增长率

而根据国家统计局数据(如图 4A.5 显示),①我国同期就业人口平均增长率仅 1.756%,总劳动(就业人口)保持稳健增长,失业率长期保持低位。

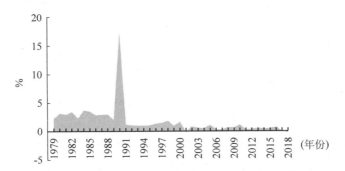

图 4A.5　中国改革开放 40 年总劳动(就业人口)增长率

对比上述两个增长率的巨大差距,不难推断正是由于各个部门内部单个企业的技术进步推动了各部门劳动生产力普遍提高,并导致各部门几何平均的总和生产力的提高,使得逐年创造的价值总量的增速超过劳动就业人口的增速。

再次,按照马克思的分析,在相对剩余价值生产过程中,虽然诸多部门劳动生产力提高使工人必要生活资料价值下降了,但由于全社会价值总量不变,资本家要增加剩余价值份额,就必须提高剩余价值率,而在货币价值保持不变的情况下,就只能通过压低工人的名义工资以保持工人的实际工资不变,从而使必要劳动时间缩短,剩余劳动时间相对延长。这意味着资本家相对剩余价值的增加是以工人实际生活水平长期保持不变为前提的。下面试以发达国家实际工资与劳动生产力的变化对以上这一假设进行经验检验。

根据国际劳工组织(International Labour Organization,ILO)2018—2019 年全球工资报告,发达国家实际工资和劳均效率在近 20 年间保持持续增长态势(见图 4A.6 和图 4A.7),这表明工人用货币工资所能购得的商品服务数量的增多,反映出当代资本主

---

① 国家统计局:http://data.stats.gov.cn/easyquery.htm?cn=C01.

义国家工人实际生活水平不断提高的事实。

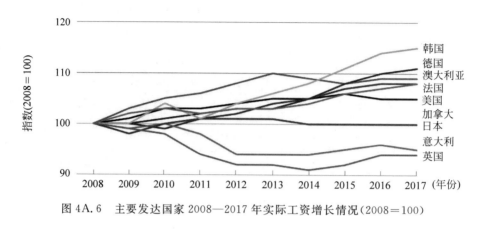

图 4A.6　主要发达国家 2008—2017 年实际工资增长情况（2008＝100）

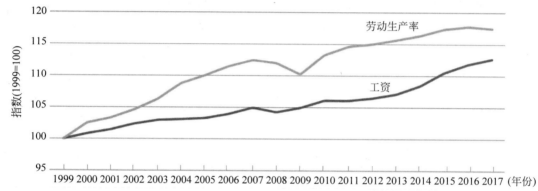

图 4A.7　主要发达国家 1999—2017 年实际工资与劳动生产率增长情况（1999＝100）

根据迈克尔·耶茨（2010）对"二战"结束后的美国工人实际工资进行的统计推断，1947—1973 年、1995—2000 年间美国工人实际工资显著增长，其余年份都在下跌，说明历史上的实际工资也是一个曲折上升的过程。Hercowitz & Sampson（1991）和 Johnm Abowd et al.（1999）认为这与资本家通过向工人提供效率工资让渡剩余价值，换取工人创造的更多剩余价值有关。总而言之，马克思所言在相对剩余价值生产过程中，工人的必要生活资料价值下降，必要劳动时间缩短，货币工资也要相应下降，显然是不现实的，后人研究补充都没有触及问题的实质所在。

最后，需要指出的是，相对剩余价值理论以劳动价值论为基础，强调劳动是价值决定的唯一因素，尽管作为相对剩余价值实现机制的差额剩余价值承认单个企业劳动生产力与其单位劳动创造的价值成正比，从而事实上承认了非劳动要素参与了价值决定，因为劳动生产力本身是由包括劳动、资本、技术、管理、土地等多种要素决定的，①但这是以部门

---

① 马克思非常明确地指出："劳动生产力是由多种情况决定的，其中包括：工人的平均熟练程度，科学的发展水平和它在工艺上应用的程度，生产过程的社会结合，生产资料的规模和效能，以及自然条件。"（马克思恩格斯，1972a，第 53 页）

价值总量等于部门劳动总量为前提的,在马克思看来,无论劳动生产力发生什么变化,同量劳动投入不同的部门所创造的价值总量相等,而在部门劳动总量即价值总量不变的前提下,剩余价值的增加必须以生产工人必要生活质量的必要劳动时间相对缩短为前提,由此得出无论是绝对剩余价值还是相对剩余价值乃至超额剩余价值,无一不是来自对雇佣劳动者剩余劳动所创造的价值的无偿占有,即所谓不劳而获的剥削收入。至于不同部门由于活劳动(表现为可变资本)与物化劳动(表现为不变资本)的比例不同(表现为资本有机构成不同)所引起的等量资本获得等量利润与等量劳动创造等量价值的矛盾,马克思是通过价值向生产价格的转化来解决的。这也是下一章所要讨论的问题。

然而根据广义价值论的研究结果,部门平均劳动生产力与单位商品价值负相关,但不成反比,个别生产者单位劳动生产力的提高不仅能创造超额价值(和超额剩余价值),而且能够通过部门加权平均的劳动生产力水平的提高以及部门综合生产力水平的提高而使同量部门劳动创造更多的价值,这就把马克思的劳动生产力与价值量正相关原理的适用性由单个生产者扩展到了整个部门,从而对现实提供了更强的解释力。(参见蔡继明,2021)

复习思考题

(1) 不变资本只是转移旧价值吗?
(2) 劳动者一无所有是否为劳动力成为商品的必要条件?
(3) 工作日的长度到底是如何确定的?
(4) 社会主义经济中是否还存在资本、剩余价值等范畴,如果存在,该如何界定?
(5) 非物质生产领域的劳动是否为生产劳动,是否创造价值?

课堂自测(第 4 章)

参考文献

Hercovitz Z, Sampson M, 1989. Output Growth, The Real Wage, And Employment Fluctuations [J]. American Economic Review, 81(5):1215-1237.

Johnm Abowd, Francisk Ramarz, David N Margolis, 1999. High Wage Workers and High Wage Firms [J]. Econometrica, (2).

蔡继明,1988. 非劳动收入的性质、来源及量的规定[J]. 理论内参,第 8 期.

蔡继明,1989. 论社会主义初级阶段收入分配的价值基础[J]. 中青年经济论坛,第 4 期.

蔡继明,2000. 论非劳动生产要素与价值决定的关系[M]. //王振中. 政治经济学研究报告

(1999). 北京:社会科学文献出版社.

蔡继明,2001. 关键是弄清非劳动生产要素的作用——也谈深化对劳动价值论的认识[J]. 学术月刊,10月号.

蔡继明,2021. 高级政治经济学[M]. 第2版. 北京:清华大学出版社.

蔡继明,2001. 再论非劳动要素参与价值创造[J]. 理论视野,第11期.

谷书堂,1989. 社会主义经济学通论[M]. 上海:上海人民出版社.

何炼成,1994. 也谈劳动价值论一元论[J]. 中国社会科学,第4期.

李嘉图,1962. 政治经济学及赋税原理[M]. 北京:商务印书馆.

马克思恩格斯,1956. 马克思恩格斯全集[M]. 第1卷. 北京:人民出版社.

马克思恩格斯,1960. 马克思恩格斯全集[M]. 第3卷. 北京:人民出版社.

马克思恩格斯,1962. 马克思恩格斯全集[M]. 第13卷. 北京:人民出版社.

马克思恩格斯,1972a. 马克思恩格斯全集[M]. 第23卷. 北京:人民出版社.

马克思恩格斯,1972b. 马克思恩格斯全集[M]. 第26卷第1册. 北京:人民出版社.

马克思恩格斯,1973. 马克思恩格斯全集[M]. 第26卷第2册. 北京:人民出版社.

马克思恩格斯,1974. 马克思恩格斯全集[M]. 第25卷. 北京:人民出版社.

马克思恩格斯,1979. 马克思恩格斯全集[M]. 第46卷上册. 北京:人民出版社.

马克思恩格斯,1982. 马克思恩格斯全集[M]. 第49卷. 北京:人民出版社.

马仁典,1993. 公本论[M]. 北京:人民出版社.

迈克尔·耶茨,2010. 从统计数字看当前美国工人阶级状况[J]. 国外理论动态,第8期.

萨伊,1963. 财富的生产、分配和消费[M]. 北京:商务印书馆.

斯密,1972. 国民财富的性质和原因的研究(上)[M]. 北京:商务印书馆.

王献立,1991. 支配价值论[M]. 郑州:河南大学出版社.

第 5 章

资本的流通过程

上一章暂时撇开了资本的流通过程和分配过程抽象地考察资本的生产过程，中心是分析剩余价值的生产。资本是自行增殖的价值，资本的自行增殖只有在不断运动中才能实现，这一过程就是资本的流通过程。本章研究的是广义的资本流通过程，是资本的直接生产过程和狭义流通过程的统一，中心是分析剩余价值的实现。本章 5.1 节研究单个资本的循环，阐明资本增殖和剩余价值实现的条件；5.2 节研究单个资本的周转，阐明周转时间和周转速度对资本增殖和剩余价值实现的影响；5.3 节研究社会总资本的再生产，阐明实现社会总资本再生产平衡的物质替换和价值补偿的条件。

5.1 资本循环

资本循环(circuit of capital)就是资本从一定形式出发，经过一系列形式变化，又回到原来出发点，从而实现自行增殖的运动。产业资本的循环是最典型、最完整的，要依次经过三个阶段。

5.1.1 产业资本循环的三阶段

1) 购买阶段：$G—W \begin{smallmatrix} A \\ Pm \end{smallmatrix}$

这是产业资本循环的起始阶段，预付资本表现为一定量的货币 G，资本家以购买者的身份出现在要素市场，用这些货币购买生产资料 Pm 和劳动力 A。这里所购买的生产资料和劳动力，必须在质的分割和数量比例上满足资本家生产剩余价值的需要。一旦资本家完成了购买行为，货币资本 G 便转化为生产资本 P，产业资本的循环便进入第二阶段。

2) 生产阶段：$\cdots P \cdots$

产业资本循环的第二阶段是生产阶段。在这一阶段，资本家把购买的生产资料与劳动力结合起来进行生产，其结果是包含了剩余价值的商品，由此生产资本就转化为商品资本 W'，产业资本循环进入第三阶段即出售阶段。

3) 出售阶段：$W'—G'$

在这一阶段，资本家以卖者的身份出现在产品市场上出售商品 W'，换回货币 G'，而这个货币 G' 大于最初预付的货币 G，它包含着预付资本价值和剩余价值。

至此，单个产业资本便完成了一次循环，我们把它完整地表示如下：

$$G-W{\begin{smallmatrix}A\\ \\Pm\end{smallmatrix}} \cdots P \cdots W'-G'$$

5.1.2 产业资本的三种职能形式

与上述产业资本循环的三阶段相适应，产业资本依次采取了三种形式并执行了三种职能：

（1）货币资本(money-capital)。这是以货币形式存在的资本，其职能是购买生产资料和劳动力，为剩余价值生产作准备。

（2）生产资本(productive capital)。这是以生产资料和劳动力形式存在的资本，其职能是生产出带有剩余价值的商品。

（3）商品资本(commodity-capital)。这是以商品形式存在的资本，其职能是实现预付资本的价值和剩余价值，把含有剩余价值的商品转化为货币。

5.1.3 产业资本的三种循环形式

产业资本的循环就其是连续的、不间断的过程来看，运动的每一个阶段，都既可能是循环的出发点，也可能是循环的中间环节，还可能是循环的终点。由于产业资本的每一种职能形式都要经过循环的三阶段回到原来的出发点，因此，产业资本的循环就有了货币资本循环、生产资本循环和商品资本循环三种不同的形式，参见图 5.1。

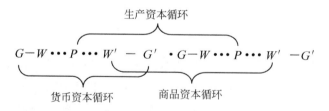

图 5.1 产业资本的三种循环形式

在货币资本循环($G-W \cdots P \cdots W'-G'$)中，货币是循环的起点和终点，资本家预付一定量的货币，取得了更多的货币，运动的过程最明白地表明资本主义生产的动机就是赚钱，即追逐剩余价值，生产过程不过表现为两个流通阶段的一个中间环节。从这里产生一种假象，仿佛价值增殖是货币本身所具有的一种能力，货币资本就像能孵出货币的货币。

在生产资本循环($P\cdots W'-G'-W\cdots P$)中,生产资本周期地反复地执行职能,体现着资本主义再生产即剩余价值的周期再生产,流通过程成为生产过程的媒介。在流通过程中,如果剩余价值全部作为资本家个人消费而同预付资本分离,进入一般流通过程,生产资本的运动就表现为简单再生产;如果剩余价值一部分转化为资本并同预付资本价值合并,作为货币资本继续运动,生产资本的运动就表现为扩大再生产。

在商品资本循环($W'-G'-W\cdots P\cdots W'$)中,包含着剩余价值的商品资本过程的起点和终点,流通过程在循环中占首要地位,产品被全部消费(包括生产消费和生活消费)是资本循环得以正常进行的首要条件。

5.1.4 产业资本循环的条件

产业资本的现实循环运动,既是流通过程和生产过程的统一,又是其三种循环的统一。产业资本只有把资本按照一定的比例同时分割为货币资本、生产资本和商品资本三种形式,使之在空间上并存,而每一种形式又都必须依次通过循环的三阶段,即做到时间上继起,资本的运动才能连续地不间断地进行。

如果全部资本都处在生产资本形式上,流通过程就会中断;如果全部资本都处在货币资本或商品资本形式上,生产过程就会中断。不仅如此,资本的任何一部分在循环的某一阶段发生停顿,都会使整个资本循环发生故障。只有资本的三种职能形式同时并存并依次转化,资本的运动过程才不会中断。

显然,资本各职能形式直接的继起性和并存性是互为前提、互为条件的。各个阶段的继起性以三种运动形态的并存性为条件,而并列存在的本身又只是相继运行的结果。没有并存性,就不会有继起性;同样,继起性受到阻碍,并存性也就不能保持。

5.1.5 流通时间

资本循环一次所经历的时间称作流通时间,它包括生产时间和买卖时间两部分。

1) 生产时间

资本在生产领域的时间即生产时间,根据劳动力与生产资料是否结合,分为劳动时间和非劳动时间。

劳动时间是生产一产品所经过的劳动过程的全部时间,是劳动力 A 与生产资料 Pm 结合在一起共同发挥作用的时间,也就是活劳动创造价值和剩余价值的时间。

非劳动时间是生产资料 Pm 虽然存在于生产领域,但没有和劳动力 A 结合在一起的时间,它包括备料、停工和自然作用的时间。在非劳动时间,生产资料的价值会按磨损和折旧率转移到产品中去。由于在非劳动时间,生产资料并不起劳动吸收器的作用,所以,资本主义生产的趋势是尽可能缩短非劳动时间,以增加劳动时间。生产时间的构成如表 5.1 所示。

表 5.1 生产时间表

非劳动时间			劳动时间
备料时间	停工时间	自然作用时间	劳动过程时间

（右侧标注，从右到左依次覆盖更宽范围：）
- Pm 与 A 结合的时间
- ⋯Pm 留在生产过程的时间⋯
- ⋯Pm 留在生产领域的时间（生产时间）⋯

2) 买卖时间

传统上习惯称之为狭义的流通时间,是资本作为商品资本和货币资本存在于流通领域的时间,包括购买时间和出售时间两部分。

购买即  的时间是资本价值转化为各种生产要素的时间;出售即 $W'(W+w)-G'(G+g)$ 的时间是资本价值与剩余价值实现的时间。相对于购买时间来说,出售时间在流通领域占较大部分,因为卖关系到剩余价值的实现,卖比买更为重要,也更为困难。

5.1.6 流通费用

资本循环在买卖阶段消耗的费用称作流通费用,分为纯粹流通费用、保管费用和运输费用。

1) 纯粹流通费用(genuine costs of circulation)

这是单纯为资本价值形式的转化而支付的费用,它不创造价值,是由剩余价值来补偿的,包括由买卖时间、簿记、货币所引起的费用。

如前所述,买卖时间是资本在流通领域由货币形式转化为商品形式,再由商品形式转化为货币形式所花费的时间。由于买卖行为只是使价值形式发生变化,并不能使价值本身增殖,因此,为此投下的劳动虽然必要,但不创造价值,属于纯粹流通费用。

簿记是以货币为主要计量单位,对企业经济活动进行的持续、系统的记录与核算。在簿记上所耗费的劳动与买卖时间一样,虽然必要,但不创造价值,也是纯粹流通费用。

对金银货币在流通中磨损部分以及纸币破损部分的补充和替换,以及广告支出、展品损害和推销活动,也都属于纯粹流通费用。

所有纯粹流通费用不创造价值,更不创造剩余价值,只能由剩余价值补偿。

2) 保管费用

产品作为商品资本停留在市场上的时间,形成商品储备。为储备商品从而为保管和保存商品所投下的费用,即保管费用,它是为生产过程在流通中继续进行而追加的费用,它会创造价值和剩余价值。但是因为这部分费用并不增加商品的使用价值，对社会来说，又是生产上的非生产费用。

3) 运输费用

为商品变换场所（使用价值在空间运动）而投入的费用，是具有生产性质的流通费用。投在运输业上的不变资本会转移或追加到被运输的商品中去；其可变资本会创造新的价值追加到被运输的商品中去。

企业内部的运输是生产过程的直接组成部分；企业外部的运输，是生产过程在流通过程的继续。

在其他条件不变的情况下，由运输追加到商品中去的绝对价值量与运输业的生产力成反比，与运输的距离成正比；在其他条件不变的情况下，由运输费用追加到商品价格中去的相对价值量，与商品的体积与重量成正比，与某些商品的自然属性（易碎、易爆）也成正比。

5.2 资本周转

资本循环作为周期性的循环，或者说作为不断反复的循环，就叫作资本周转（turnover of capital）。资本循环与资本周转既有联系又有区别：它们同是资本运动的形态，但对资本循环的研究着眼于资本在运动中所经历的各个阶段和所采取的职能形式，而对资本周转的研究则着眼于资本运动不断重复的性质，资本运动所经历的时间和速度对资本量及剩余价值量的影响。

5.2.1 周转速度

资本周转的快慢即周转速度可以用周转时间或周转次数来衡量。

资本周转时间是指一定量的资本价值完成从预付到如数流回的一次周转所需要的时间，它包含着总资本价值从一个循环周期到下一个循环周期的间隔时间。

不同部门的资本周转时间是不同的。为了比较不同部门资本周转时间的长短，通常以"年"作为资本周转的统一的自然计量单位。

资本周转次数是指预付资本在1年中周期循环的次数。如果用 U 表示年，u 表示一定量资本的周转时间，n 表示资本周转次数，则有

$$n = \frac{U}{u} \tag{5.1}$$

若部门1、2、3的资本周转时间分别为2、3、4个月，则它们的资本周转次数分别为 $n_1 = \frac{12}{2} = 6$、$n_2 = \frac{12}{3} = 4$、$n_3 = \frac{12}{4} = 3$。

显然，资本周转速度与周转时间成反比，与周转次数成正比；资本周转时间与周转次

数,只是同一周转速度的两种表示方法。

5.2.2 固定资本和流动资本

影响资本周转速度的主要因素是生产资本的构成,即固定资本与流动资本的比例。

1) 固定资本与流动资本的划分

生产资本中以劳动资料形式存在的不变资本,其价值是与使用价值磨损的程度成比例地转移到产品中去的,其使用价值虽然不断磨损,但总是基本保持其原有的形态,而未转移的价值则仍然固定在该劳动资料中。这部分资本为固定资本(fixed capital),具体形式为机器、厂房、设备、仓库等。

生产资本中以辅助材料与原料形式存在的不变资本,其使用价值在一次周转中全部被消费,其价值全部转移到产品中去。这部分资本为流动资本(circulating capital)。以劳动力形式存在的可变资本,虽然其价值不是转移到新产品中去,而是由工人在生产过程中重新创造出来的,但从价值周转方式上看,工人每次在劳动过程重新创造的劳动力价值,和原材料一样,也是一次性全部加入到新产品中去,并随着产品的销售而全部收回的,所以也列入流动资本。

总之,固定资本与流动资本的区别产生于生产资本不同组成部分的价值转移方式的不同,而价值转移方式不同产生于生产资本借以存在的物质形态是在一次生产过程中全部消费掉,还是在多次生产过程中逐渐消耗掉。

在第 4 章中,根据在剩余价值生产和价值增殖过程中的作用不同,资本划分为不变资本与可变资本;本章是根据资本周转过程中价值周转方式的不同而将资本划分为固定资本与流动资本,两种划分的标准不一样,但其物质形态有部分交叉,如表 5.2 所示。

表 5.2 生产资本的构成

按资本价值的周转方式划分	物质形态	按资本在价值增殖中的作用划分
固定资本	劳动资料	不变资本
流动资本	劳动对象	
	劳动力	可变资本

2) 固定资本与流动资本划分对周转速度的影响

由于固定资本与流动资本的价值周转方式不同,二者的周转速度也不同:固定资本周转速度慢,流动资本周转速度快;在固定资本全部价值周转一次的期间内,流动资本的价值会周转多次。正因为如此,在预付总资本中,固定资本比重越大,总资本周转速度越慢;流动资本比重越大,总资本周转速度越快。

3) 固定资本损耗和更新

固定资本损耗分为有形损耗和无形损耗。

有形损耗也叫物质损耗或物质磨损,指机器、厂房、建筑物等固定资本的物质形态由于使用以及自然力的作用而造成的损耗。固定资本的价值是根据其物质形态损耗程度逐渐转移到产品中去的。

为了保证再生产顺利进行,必须把固定资本转移的价值从产品的销售收入中提取出来,并以货币的形式逐渐积累起来,以备将来用于固定资本更新,即当固定资本实物形态报废必须进行实物替换时完成价值补偿。这种根据固定资本有形损耗程度进行补偿的办法称为折旧,逐年按损耗程度从产品销售收入中提取的金额称为折旧基金或折旧费,一年内提取的折旧费与固定资本原值的比率称为折旧率(depreciation rate)。

例如:一台价值 10 万元的机器使用期限为 10 年,每年提取 1 万元折旧费,年折旧率为 10%。这样到 10 年机器报废时,就可以利用提存的 10 万元购置新机器,完成固定资本更新。

固定资本的无形损耗(也称作精神损耗或精神磨损)是指机器设备在其有效使用期内(即物质形态完全损耗之前)由于生产技术的进步而引起贬值。其中一种情况是由于生产方法的改进和劳动生产力的提高使生产同样机器设备的社会必要劳动时间减少,从而使原有固定资本的价值相应降低,它虽然不影响现有机器设备的效能和使用期限,但会减少向产品转移的价值。另一种情况是由于出现了新的技术,发明了新的效能更高的机器设备,它常常使原有同类机器设备的继续使用不经济,因而必须缩短使用期限,提前报废。马克思指出:"在这两种情况下,即使原有的机器还十分年轻和富有生命力,它的价值也不再由实际对象化在其中的劳动时间来决定,而由它的本身的再生产或更好的机器的再生产的必要劳动时间来决定了。因此,它或多或少地贬值了。"(马克思恩格斯,1972,第443~444页)①

5.2.3 预付资本总周转

对于一个独立执行职能的资本来说,其周转是指包括固定资本和流动资本在内的预付资本总周转。由于固定资本周转速度慢,一年内周转的价值可能只是其全部价值的一部分,而流动资本周转速度快,一年内周转的价值可能是自身价值的几倍。所以,预付资本总周转的次数,是其不同组成部分周转次数的平均数。用公式表示如下:

$$\text{预付资本总周转次数} = \frac{\binom{1\text{年内固定资本}}{\text{周转价值总额}} + \binom{1\text{年内流动资本}}{\text{周转价值总额}}}{\text{预付总资本}} \tag{5.2}$$

---

① 在传统的计划经济体制下,经常看到一些破损不堪的机器仍然在使用中,企业管理者还往往自豪地说他们在用 20 世纪 50 年代的机器生产 80 年代的产品!他们实际上是把每年本该从产品销售收入中提取的固定资本转移的价值当作了活劳动的贡献(剩余价值)上交国家或挪作他用了,以至于固定资本到了该更新时没有充足的折旧基金。

其中,1年内固定资本周转价值总额＝固定资本原值×1年中固定资本周转次数;1年内流动资本周转价值总额＝固定资本原值×1年中流动资本周转次数。假定某企业预付资本额、生产资本构成及周转次数和年周转价值如表5.3所示。

表5.3 预付资本总周转

生产资本	预付额(镑)	比例	年周转次数	年周转价值(镑)
固定资本	80 000	80%	1/10	8 000
流动资本	20 000	20%	5	100 000
合 计	100 000	100%	$1\frac{2}{25}$	108 000

根据表5.3的数据计算如下:

$$\text{预付资本总周转次数} = \frac{8\,000 + 100\,000}{100\,000} = 1\frac{2}{25} \text{次}$$

或者

$$\text{预付资本总周转时间} = \frac{\text{预付资本总额}}{\text{年周转价值额}} = \frac{100\,000}{108\,000} = 0.926 \text{年}$$

5.2.4 周转周期

以上数例表明,预付资本的价值周转与各组成部分的现实周转在时间上是分离的:预付资本价值平均11个月周转1次,而流动资本2.4月就周转1次,固定资本10年才周转1次。我们把固定资本现实周转一次的时间称为周转周期(cycles of turnover)。如上例所示,固定资本周转一次需要10年,这10年就是该固定资本的周转周期。显然,固定资本的一个周转周期,往往要包含若干个预付资本的总周转。

5.2.5 可变资本周转与年剩余价值率

从价值周转方式来讲,可变资本与流动资本中的不变资本一样,都是一次全部周转,但与流动资本中的不变资本不同,可变资本在周转中要创造剩余价值;由流动资本中不变资本周转次数引起的预付资本量和实际使用的资本量的差别对剩余价值量没有任何影响,而由可变资本周转次数决定的预付可变资本与实际使用的可变资本的差别,却会影响年剩余价值率与剩余价值率的差别。

所谓年剩余价值率(annual rate of surplus-value)M'是指一年内生产的剩余价值总额M与预付可变资本v之比,它与本书第4章所定义的剩余价值率即剩余价值m与同期实际使用的可变资本v之比的关系如下:

$$M' = \frac{M}{v} = \frac{m' \cdot v \cdot n}{v} = m' \cdot n \qquad (5.3)$$

显然,当可变资本年周转次数$n>1$时(通常情况如此),即同期使用的可变资本量(vn)大于预付的可变资本量(v)时,$M'>m'$;只有当可变资本年周转次数$n\leqslant 1$时,$M'\leqslant$

m',但这是很少见的。

举例来说,甲乙两个部门预付可变资本数量一样,剩余价值率也一样,但甲部门可变资本年周转次数高于乙部门2倍,则在其他因素相同的条件下,甲部门的年剩余价值率会高于乙部门2倍,如表5.4所示。

表 5.4 年剩余价值率与剩余价值率

部门	预付可变资本(v)	周转时间(周)	年周转次数(n)	所用可变资本(vn)	年剩余价值(M)	剩余价值率(m')	年剩余价值率(M')
	(1)	(2)	(3)	(4)=(1)×(3)	(5)	(6)=(5)÷(4)	(7)=(5)÷(1)
甲	500	5	10	5 000	5 000	100%	1000%
乙	500	2.5	5	2 500	2 500	100%	500%

年剩余价值率给人一种印象,似乎剩余价值不仅是由生产过程创造的,而且还与流通过程中的资本周转次数有关,这就在一定程度上掩盖了剩余价值的真实来源。

5.2.6 加快资本周转速度的意义

资本周转速度的快慢,对于剩余价值生产有着重要影响。

首先,由于周转速度与预付资本量成反比,加快资本周转速度,可以在年周转价值总量给定的情况下节省预付资本量,一方面可以节省资本占用的成本(利息),另一方面也可以把由此节省的预付资本投入其他部门,寻找更多的赢利机会,提高资本利润率。

其次,由于周转速度与年剩余价值率成正比,加快可变资本周转速度,可以在年预付可变资本量给定的情况下,提高年剩余价值率,从而使资本家以同量的资本,榨取到较多的剩余价值。剩余价值率即实际的剩余价值率,表示一次生产过程所生产的剩余价值与所使用的可变资本的比率。年剩余价值率则等于一年内生产的剩余价值总额和预付可变资本额之比率。在使用的劳动力数量和剥削程度相同的情况下,可变资本周转速度越快,它在一年内所带来的剩余价值量就越多,从而年剩余价值量和年剩余价值率就越高;反之,可变资本周转速度越慢,它在一年内所带来的剩余价值量就越少,从而年剩余价值量和年剩余价值率就越低。这里讲的可变资本是指已经实际使用的可变资本,而不是预付的可变资本。实际使用可变资本和预付可变资本的区别,是由于资本的周转时间不同造成的。如果一年内预付可变资本周转若干次,那么实际使用可变资本就是预付可变资本的若干倍。只有实际使用的可变资本才是剩余价值的源泉。预付可变资本一年内执行职能的次数越多,则意味着实际使用的可变资本越多,从而创造的价值和剩余价值也就越多。总之,由资本运动速度而引起的资本增殖程度的差别并不神秘,从根本上说,剩余价值是可变资本所推动的工人的剩余劳动生产的,一年内实际使用的可变资本越大,推动的劳动和剩余劳动就越多,从而年剩余价值量就越多,年剩余价值率就越高。

最后,加快周转速度,可以使剩余价值更快地转化为资本家的生产资本和个人消费资料。

5.3 社会总资本的再生产

以上两节所考察的都只是单个资本的再生产和流通,这种单个资本只是社会总资本中的一个独立的部分。本节研究社会总资本的再生产和流通(reproduction and circulation of aggregate social capital)。当我们把个别资本运动当作独立的运动来考察时,它与其他资本的联系被舍象掉了;在考察社会总资本运动的时候,原来被舍象的东西正是这里需要研究的内容。因为社会总资本的再生产和流通,是在个别资本的相互联系中实现的。

5.3.1 社会总产品的构成和两大部类的划分

社会总资本的运动既包括资本流通,也包括一般商品流通以及生产消费和个人消费。所以,考察社会总资本的运动,必须从社会总产品即总商品资本出发。

1) 社会总产品的物质构成

所谓社会总产品就是社会在一定时期(通常为1年)内所生产的物质资料的总和。从物质形态或使用价值来看,社会总产品分为两大部类:第Ⅰ部类是生产生产资料的,包括土地、森林、矿藏、机器、厂房、设备、原材料等一切从事生产活动所必需的物质条件;第Ⅱ部类是生产消费资料的,包括衣食住行用等全部消费品。两大部类中,各自都包含若干子部类。

2) 社会总产品的价值构成

从价值构成看,社会总产品包括三部分:不变资本价值(c),即从上一生产周期消耗掉的生产资料中转移过来的旧价值,必须用来补偿在生产上消耗的预付不变资本;可变资本价值(v),是工人再生产出的劳动力价值,用来补偿在生产上消耗掉的预付可变资本;剩余价值(m)用于资本家个人消费或资本积累。则两大部类的价值构成分别表示为:第Ⅰ部类,即Ⅰ($c+v+m$);第Ⅱ部类,即Ⅱ($c+v+m$)。

5.3.2 社会总产品的实现:价值补偿和物质替换

我们在前两节假定个别资本可以通过出售自己的商品,把商品资本转化为货币资本,然后通过购买各种生产要素再把货币资本转化为生产资本。这种假定对于考察个别资本再生产来说是必要的、合理的,因为那是以个别资本之外还存在无数其他资本为前提的。但是在考察社会总资本再生产时,就不能满足于这种假定了,因为个别资本是社会总资本的组成部分,每个个别资本在生产上耗费的价值,都必须从社会总产品的价值中得到相应的补偿,所消耗掉的生产资料和消费资料,都必须从社会总产品中得到物质替换。所以说,考察社会总资本的再生产,核心是社会总产品的实现即价值补偿和实物补偿问题。社会总产品的价值补偿是要说明一定时期内已经消耗的资本价值如何补偿;社会总产品的实物补偿是要说明一定时期内已经在生产和生活中消耗掉的物质资料如何替换。

5.3.3 简单再生产

因为简单再生产是扩大再生产的逻辑起点和现实基础,按照从抽象上升到具体的方法,我们首先考察社会总资本的简单再生产。

1) 简单再生产的定义

所谓简单再生产(simple reproduction)是指再生产按原有规模进行,它是以剩余价值被资本家全部作为个人消费为假定前提的。简单再生产不仅是扩大再生产的基础和出发点,而且其本身就是扩大再生产的一个重要组成部分(扩大再生产本是由简单再生产和它的扩大部分构成的)。

2) 简单再生产的基本交换关系

假定社会总产品构成如下:

Ⅰ. $4\,000c + 1\,000v + 1\,000m = 6\,000$

Ⅱ. $2\,000c + 500v + 500m = 3\,000$

首先,第Ⅱ部类工人的工资 $500v$ 和资本家的剩余价值 $500m$ 不仅必须用于消费,而且其实物形态本身就是消费资料,所以,Ⅱ$(v+m)$可以通过第Ⅱ部类内部的交换得到实现。

其次,第Ⅰ部类的 $4\,000c$ 要用于补偿生产中消耗掉的生产资料,而其本身的实物形态也是生产资料,所以同样可以通过本部类内部的交换得以实现。

最后,第Ⅰ部类的 $1\,000v$ 和 $1\,000m$ 的实物形态是生产资料,但必须替换成消费资料,而第Ⅱ部类的 $2\,000c$ 的实物形态是消费资料,但必须替换成生产资料,所以,它们必须通过两大部类之间的交换才能实现。

3) 简单再生产的实现条件

如上所述,社会总产品的价值补偿和物质替换是通过两大部类之间和两大部类内部的交换实现的,所以,我们得到如下三个社会总资本简单再生产的实现条件或平衡条件:

首先,第Ⅰ部类的可变资本和剩余价值之和必须等于第Ⅱ部类的不变资本,这是确保简单再生产正常进行的两大部类相交换的平衡条件。用公式表示为

$$Ⅰ(v+m) = Ⅱc \tag{5.4}$$

其次,第Ⅰ部类全部产品的价值必须等于两大部类不变资本价值之和,这是确保简单再生产正常进行的生产资料供求平衡的条件。用公式表示为

$$Ⅰ(c+v+m) = Ⅰc + Ⅱc \tag{5.5}$$

最后,第Ⅱ部类全部产品价值必须等于两大部类可变资本与剩余价值之和,这是确保简单再生产正常进行的消费资料供求平衡的条件。用公式表示为

$$\text{I}(v+m) + \text{II}(v+m) = \text{II}(c+v+m) \tag{5.6}$$

不难看出,以上三个条件中,第一个是基本的,其他两个都是从第一个派生出来的。因为前述三个基本交换关系中,第一和第二种交换都分别在本部类内部各子部类之间进行,它们各自的物质形态和价值构成无论怎么变化,都不影响两大部类之间的关系。只有第三种交换发生在两大部类之间,要使简单再生产保持平衡,第I部类与第II部类相交换的产品必须在价值量上相等,在实物形态上能够互相替换。只要满足了第一个条件,其他发生在各部类内部的交换都相对容易实现。

5.3.4 扩大再生产

资本主义生产的典型特征是扩大再生产(expanded reproduction),即再生产以扩大的规模进行,它是以剩余价值的一部分转化为资本为前提的。为了扩大再生产规模,资本家必须把剩余价值分解为三部分,第一部分为 $\frac{v}{m}$,用于追加的可变资本;第二部分为 $\frac{c}{m}$,用于追加的不变资本;第三部分为 $\frac{x}{m}$,用于资本家本人的消费。

1) 扩大再生产的前提(必要)条件

扩大再生产无疑是以简单再生产为基础和起点的,但恰恰因为简单再生产的平衡条件是 $\text{I}(v+m) = \text{II}c$,这意味着在这种情况下,第I部类在扣除了自己简单再生产所必须补偿的生产资料后,所能提供的全部生产资料,仅仅能够维持第II部类的简单再生产,两大部类的扩大再生产都无法进行。所以,扩大再生产既要以简单再生产为基础和出发点,又必须以打破简单再生产平衡条件为前提,即第I部类所生产的生产资料在扣除了自身简单再生产所必须补偿的部分后,至少要大于 $\text{II}c$,即:

$$\text{I}(v+m) > \text{II}c \tag{5.7}$$

只有这样,第II部类才有可能通过和第I部类的交换在补偿了简单再生产消耗掉的生产资料后,再获得扩大再生产需要追加的部分生产资料,即 $\text{II}\frac{c}{m}$。

但是,如果 $\text{I}(v+m) > \text{II}c$ 的部分仅仅等于 $\text{II}\frac{c}{m}$,则第I部类本身扩大再生产所需追加的 $\text{I}\frac{c}{m}$ 仍得不到满足。所以,单纯从公式(5.7)本身,既看不出它一定能满足两大部类扩大再生产对追加的生产资料的需求,也看不出它一定能够满足两大部类扩大再生产对追加的消费资料的需求。因为 $\text{I}(v+m) > \text{II}c$ 既可能使第I部类追加的 $\text{I}\frac{v}{m}$ 得不到任何消费资料的补偿[当 $\text{I}(v+\frac{x}{m}) \geqslant \text{II}(c+\frac{c}{m})$ 时就是如此],也可能使第II部类得不到任何可追加的生产资料[当 $\text{I}(v+\frac{v}{m}+\frac{x}{m}) \leqslant \text{II}c$ 时,情况就是如此]。但是,只要有积累(扩大再生产)发生,就一定是以公式(5.7)为前提的,所以,公式(5.7)仅仅是扩大再生产的必要条件(即有后件一定有前件,但有前件不一定有后件),而不是充分条件。这一点以往研究马克思再生产理论的学者大都忽略了。

2) 扩大再生产的充分条件

扩大再生产要发生,必须具备如下充分条件(即有前件一定有后件,但有后件不一定有前件):

其一,第Ⅰ部类原有的可变资本价值和资本家用于个人消费的剩余价值等于第Ⅱ部类已消耗掉的不变资本价值。用公式表示为

$$\mathrm{I}\left(v+\frac{x}{m}\right)=\mathrm{II}\,c \tag{5.8}$$

这个条件表明,只要第Ⅰ部类原有的可变资本价值和资本家用于个人消费的剩余价值等于第Ⅱ部类已消耗掉的不变资本价值,则第Ⅰ部类资本家用于追加的可变资本$\mathrm{I}\frac{v}{m}$至少可以部分地满足第Ⅱ部类追加的不变资本$\mathrm{II}\frac{c}{m}$,从而使两大部类的扩大再生产成为可能。

其二,如果第Ⅰ部类原有的可变资本价值和资本家用于个人消费的剩余价值大于第Ⅱ部类已消耗掉的不变资本价值,则第Ⅰ部类原有的可变资本与资本家用于个人消费的剩余价值之和必须小于第Ⅱ部类原有不变资本与追加的不变资本之和。用公式表示为

$$\text{如果}\ \mathrm{I}\left(v+\frac{x}{m}\right)>\mathrm{II}\,c,\text{则}\ \mathrm{I}\left(v+\frac{x}{m}\right)<\mathrm{II}\left(c+\frac{c}{m}\right) \tag{5.9}$$

这个条件表明,只有当第Ⅰ部类原有的可变资本与资本家用于个人消费的剩余价值之和小于第Ⅱ部类原有的不变资本与追加的不变资本之和时,二者的差额才能补偿第Ⅰ部类追加的可变资本,扩大再生产才可能发生。

其三,如果第Ⅰ部类原有的可变资本和资本家用于个人消费的剩余价值之和小于第Ⅱ部类原有的不变资本,则第Ⅰ部类原有的可变资本与追加的可变资本以及资本家用于个人消费的剩余价值之和,必须大于第Ⅱ部类原有的不变资本,用公式表示为

$$\text{如果}\ \mathrm{I}\left(v+\frac{x}{m}\right)<\mathrm{II}\,c,\text{则}\ \mathrm{I}\left(v+\frac{v}{m}+\frac{m}{x}\right)>\mathrm{II}\,c \tag{5.10}$$

这个条件表明,只有当第Ⅰ部类原有的可变资本与追加的可变资本以及资本家用于个人消费的剩余价值之和大于第Ⅱ部类原有的不变资本时,第Ⅱ部类追加的不变资本才能得到补偿,扩大再生产才可能发生。

以上三个扩大再生产的充分条件,同时也是对公式(5.7)的限定条件。

3) 扩大再生产的平衡条件

以上三个充分条件只是保证扩大再生产能够发生,但不能保证扩大再生产一定能够

达到平衡。要使社会总资本的扩大再生产达到平衡,必须具备如下条件:

其一,第Ⅰ部类可变资本与追加的可变资本及资本家消费的剩余价值之和,必须等于第Ⅱ部类不变资本与追加的不变资本之和。用公式表示为

$$\text{I}\left(v+\frac{v}{m}+\frac{x}{m}\right) = \text{II}\left(c+\frac{c}{m}\right) \tag{5.11}$$

其二,第Ⅰ部类全部产品的价值必须等于两大部类原有不变资本与追加的不变资本之和。用公式表示为

$$\text{I}(c+v+m) = \text{I}\left(c+\frac{c}{m}\right) + \text{II}\left(c+\frac{c}{m}\right) \tag{5.12}$$

其三,第Ⅱ部类全部产品价值必须等于两大部类可变资本与追加的可变资本以及资本家个人消费的剩余价值之和。用公式表示为

$$\text{II}(c+v+m) = \text{I}\left(v+\frac{v}{m}+\frac{x}{m}\right) + \text{II}\left(v+\frac{v}{m}+\frac{x}{m}\right) \tag{5.13}$$

同样不难看出,上述三个平衡条件中,第一个是基本的,其余两个是从第一个派生出来的。

需要指出的是,以上分析两大部类之间的交换时,都是假定没有货币参与的物物交换。现实的社会总资本的再生产和流通,显然都是以货币为媒介的。读者可以自行引入货币因素,构建一个以货币为媒介的两大部类之间的交换模型。①

5.4 马克思资本流通理论的学术价值和现实意义

5.4.1 马克思资本流通理论的学术价值

马克思的资本流通理论是马克思在《资本论》第二卷中阐述的。恩格斯对《资本论》第二卷给予了极高的评价,认为《资本论》第二卷"是纯学术性的","会使庸俗的社会主义者大失所望",因为这一卷的内容,"几乎只是对资本家阶级内部发生的过程作了极其科学、非常精确的研究,没有任何东西可供编造空泛的字眼和响亮的词"。(马克思恩格斯,1976,第421~427页)

马克思的资本流通理论,的确如恩格斯所评价的,是纯学术性的。这一理论撇开了资本家阶级与工人阶级之间的社会生产关系,纯粹是从市场经济和社会化大生产的角度,研究资本内部运动的生理学。正因为马克思的资本流通理论抽象掉了意识形态的内容,所以对西方主流经济学特别是投入产出分析产生了重大影响。

里昂惕夫由于"提出了投入产出法,并建立了投入产出的理论体系"而获得了1973年的诺贝尔经济学奖。多尔夫曼认为,"当里昂惕夫于1933年左右开始研究投入—产出分

---

① 提示:两大部类,无论谁预付货币,都必须如数收回,预付与回流的渠道可能不同一。魏埙教授提供了一个以货币为媒介的两大部类交换示意图(见魏埙,1984,第319页),可供参考。

析法时,这种方法作为一种纯理论结构已有很长的历史",其一是魁奈的经济表,其二就是马克思的两大部类再生产图式。(转引自伊特维尔,1996,第177~180页)萨缪尔森则明确表示,"所有学派的经济学者都一致认为",马克思"对于今天的所谓诺伊曼-里昂惕夫投入-产出成长模型做出了重大贡献"。(萨缪尔森,1982,第326页)德赛也强调:"我们现在可以表明,由于某些方面的发展,例如投入-产出分析方法,许多比马克思做得更优雅的研究都是由马克思自身的观念开创的。"(德赛,2006,第68页)

5.4.2 马克思资本流通理论的现实意义

自1949年中华人民共和国成立至1978年改革开放前的30年中,高等院校主要学习的是《资本论》第一卷,因为如前所述,《资本论》第一卷相对独立地揭示了资本主义产生、发展、灭亡的规律,这对于刚刚摆脱了半殖民地、半封建和官僚资本主义统治的中国人民来说,其意识形态方面的教育意义大于学术研究的意义。改革开放后,面对长期计划经济过分强调生产资料优先增长所造成的农轻重乃至整个国民经济比例失调,政府和学界开始组织倡导社会各界学习《资本论》第二卷,并且为了配合广大经济工作者的学习,中国社会科学出版社特别组织编写了《资本论》第二卷简要本(见卫兴华等,1981)。

如前所述,正是因为《资本论》第二卷是纯学术的,所以,它所揭示的资本循环周转和再生产的规律,对于任何市场经济中的企业微观经济运行和国家的宏观经济活动来说,都是适用的。资本流通理论阐明了单个资本循环正常进行的条件,分析了影响资本周转速度的因素,揭示了社会总资本再生产的平衡规律,所有这些,对于我们充分发挥市场在资源配置中的决定性作用,改善企业管理,加快资本周转,保持消费资料生产与生产资料生产两大部类的平衡,妥善处理好简单再生产与扩大再生产的关系,积累和消费的关系,第一产业与第二、第三产业的关系,无疑都具有重要的现实意义。

附录 5A 有关资本流通理论的争论

虽然马克思的资本流通理论相对于其他理论来说,很少引起意识形态方面的争论,但即使从纯学术的角度来看,也有很多需要进一步研究的问题。

5A.1 关于狭义流通和广义流通概念

流通这个概念在马克思主义政治经济学中使用广泛。在商品货币理论中,以货币为媒介的商品交换被称作商品流通;把货币从一个商品所有者手里转到另一个商品所有者手里,叫作货币流通。在剩余价值生产理论中,以价值增殖为目的的货币流通即 $G-W-G'$ 被称作资本流通。所有这些流通概念其实都是狭义的流通,特指买卖交换过程,所涉及的仅仅是商品、货币或资本价值的形态变化。

而本章标题"资本的流通过程"则是指广义的流通,是包括前述狭义流通(即买卖两个环节)和生产过程的整个资本的运动。但是由于在使用流通这一概念时,并非总是加以狭义和广义的限定,所以往往出现逻辑混乱。比如说在最初讨论"流通时间"时,这里的流通显然是指广义的流通,是既包括生产时间又包括狭义流通时间的资本通过一次循环所需要的全部时间。但是马克思的《资本论》第二卷以及很多《资本论》注释及政治经济学教科书,当分析完生产时间后,立即就转入了"流通时间"的分析,虽然在行文中把这种"流通时间"定义为"出售时间"和"购买时间",但由于使用了与广义流通相同的流通概念,以至于就出现了"流通时间包括生产时间和流通时间"这样的概念混乱和逻辑矛盾。

比如,马克思《资本论》第二卷第五章和第十四章的标题都是"流通时间",但前者研究的是广义流通时间,后者研究的是狭义流通时间,而在同一个第五章中,又把狭义的"流通时间"与广义的"流通时间"概念混用在一起。

魏埙教授主编的《〈资本论〉的理解与启示》第三册(南开大学出版社1984年版)在第五章讨论"流通时间"时,开宗明义地指出,本章研究的流通时间,不是狭义的流通时间,即不是资本在流通领域两个阶段所经历的买卖时间之和,而是广义的流通时间,是资本完成它一次循环的全部时间,即既包括它的生产时间,也包括它在流通领域所经历的买卖时间。但是就在同一章讨论完"生产时间"后的第二节"流通时间"中,作者又首先把这里的"流通时间"定义为"资本在流通领域停留的时间是它的流通时间"。(见魏埙,1984,第111~114页)这里显然对同一个"流通时间"下了两个不同的定义。

有鉴于此,本章为了避免出现这种概念的混用,在讨论与广义流通并列的狭义流通时,我们把后者表述为"交换"或"买卖",如出售时间和购买时间,出售阶段和购买阶段。

5A.2　关于狭义流通领域的劳动是否创造价值

马克思认为,狭义流通领域的劳动,特别是用于商品买卖的时间,当作纯粹流通费用,并不创造价值和剩余价值,甚至也不转移价值。即使商品买卖的职能由商业资本家担任,独立化为商业部门,仍然被看作是非生产劳动。这显然和第4章按照一般、特殊、个别的辩证法所界定的生产劳动概念相矛盾(见第4章附录4A.5)。实际上,在现代市场经济和发达国家中,包括商业在内的第三产业所占比重越来越高,商业劳动的生产性以及创造价值和剩余价值的属性越来越凸显,恐怕我们需要运用马克思的方法论来正确地理解马克思有关商业劳动的个别结论。

5A.3　关于马克思扩大再生产的公式

我国经济学界自20世纪60年代起,围绕马克思扩大再生产公式就一直存在争论,争论的焦点是,除了 $Ⅰ(v+m) > Ⅱc$ 之外,马克思扩大再生产理论是否还有第二个基本公式。[①]多数学者认为,下列公式(5A.1)就是马克思扩大再生产的第二个基本公式。

[①] 参见宋则行,1961;刘国光,1962;雍文远,1962;张熏华,1979;魏埙,1984,第430页;魏埙,2002,第316页;张维达,1999,第290页;王慎之,1985。

$$\text{II}(c+m-\frac{x}{m}) > \text{I}(v+\frac{x}{m}) \tag{5A.1}$$

然而仔细分析会发现,上述公式作为马克思扩大再生产基本公式是不能成立的,因为资本积累时,两大部类的剩余价值 m 都要分割为 $\frac{c}{m}$、$\frac{v}{m}$ 和 $\frac{x}{m}$,它们分别表示追加的不变资本、追加的可变资本和资本家的消费基金。这样,公式(5A.1)的左边可写成 $\text{II}(c+\frac{c}{m}+\frac{v}{m})$,而其中的 $\text{II}(\frac{v}{m})$ 是在第 II 部类内实现的,并不参加两大部类之间的交换。由此看来,即使 $\text{II}(c+\frac{c}{m}+\frac{v}{m}) > \text{I}(v+\frac{x}{m})$,当去掉 $\text{II}(\frac{v}{m})$ 这一项后,$\text{II}(c+\frac{c}{m})$ 仍然可能小于等于 $\text{I}(v+\frac{x}{m})$:如果 $\text{II}(c+\frac{c}{m}) = \text{I}(v+\frac{x}{m})$,第 I 部类追加的可变资本 $\text{I}(\frac{v}{m})$ 就无法实现;如果 $\text{II}(c+\frac{c}{m}) < \text{I}(v+\frac{x}{m})$,那就连 $\text{I}(v+\frac{x}{m})$ 都不能保证全部实现了。相反,即使 $\text{II}(c+\frac{c}{m}+\frac{v}{m}) < \text{I}(v+\frac{x}{m})$,只要 $\text{II}(c+\frac{c}{m}) > \text{I}(v+\frac{x}{m})$,扩大再生产仍然可能发生。

由此可见,完全与提出上述公式的学者意愿相反,该公式并没有真正反映扩大再生产对消费资料的要求,而 20 世纪 60 年代以来我国围绕马克思扩大再生产基本公式争论的双方,谁也没有意识到作为争论焦点的公式(5A.1)本身,既不是反映扩大再生产必要条件的公式,也不是反映扩大再生产充分条件的公式,如本节提出的公式(5.8)~公式(5.10),当然也就更谈不上所谓扩大再生产的基本公式了。(参见蔡继明,1986)

5A.4 马克思社会总资本再生产理论的精神实质

记得 1982 年我参加河南大学政治经济学专业硕士生入学考试时,《资本论》试卷中有一道 80 分(总分 100)的大题:马克思《资本论》第二卷第三篇的基本内容和精神实质是什么?至今回想起来,我都由衷地钦佩我的硕士生导师,已故著名马克思主义政治经济学家周守正教授这种别具一格的命题风格。你可以想象,《资本论》理论部分一共 3 卷,若按篇算,第一卷 7 篇,第二卷共 3 篇,第三卷 7 篇,一共 17 篇,第二卷第三篇仅仅是该考试科目所涉及范围的 1/17,而在 100 分的试卷中居然占了 80%,考前又没有指定重点,如果没有全面的准备,一旦对这 1/17 的内容把握不到位,恐怕这门考试就难以及格了。到底该怎么回答这道试题呢?

其实,考题所问《资本论》第二卷第三篇的基本内容,就是马克思社会总资本再生产理论,也就是本章第 5.3 节的全部内容,你能把这一节的要点都准确地复述出来,这道题就应该及格了。而要想得高分,那就看你如何理解马克思社会总资本再生产理论的精神实质了。

我当时的理解是:马克思社会总资本的再生产理论,揭示了社会总资本再生产(特别是扩大再生产)要保持平衡必须具备的各种条件,但这并不意味着现实的资本主义经济能够实现这些条件。马克思社会总资本再生产理论恰恰是要告诉我们,由资本主义生产方式的基本矛盾所决定,整个社会的生产是无政府状态的,资本主义经济体系不可能保持社会总资本再生产的平衡,资本主义危机是不可避免的!

答案应该基本正确,否则我这门考试不会得了86分,在200多考生中是最高的。

复习思考题

(1) 简述产业资本循环的三阶段和三种职能形式。
(2) 简述产业资本的三种循环形式和循环的条件。
(3) 资本周转速度是如何决定的,加快资本周转的意义是什么?
(4) 固定资本与流动资本、不变资本与可变资本是根据什么划分的?
(5) 说明年剩余价值率与剩余价值率和利润率的关系。
(6) 简单再生产的平衡条件是什么?
(7) 扩大再生产的必要条件和充分条件是什么?
(8) 扩大再生产的平衡条件是什么?
(9) 论述马克思资本流通理论的学术价值和现实意义。

课堂自测(第5章)

参考文献

保罗·萨缪尔森,1982. 经济学[M]. 第10版. 下册. 北京:商务印书馆.

蔡继明,1986. $Ⅱ(c+m) > Ⅰ(v+\frac{m}{x}) + Ⅱ(\frac{m}{x})$ 不能作为扩大再生产的基本公式[J]. 中国社会科学,第1期.

刘国光,1962. 论所谓扩大再生产的"第二个基本公式"[J]. 学术月刊,2月号.

马克思恩格斯,1972. 马克思恩格斯全集[M]. 第24卷. 北京:人民出版社.

马克思恩格斯,1976. 马克思恩格斯《资本论》书信集[M]. 北京:人民出版社.

梅格纳德·德赛,2006. 马克思的复仇——资本主义的复苏和苏联集权社会主义的灭亡[M]. 北京:中国人民大学出版社.

宋则行,1961. 也谈关于扩大再生产公式[N]. 光明日报,12月25日.

王慎之,1985. 试论社会主义扩大再生产模式[J]. 中国社会科学,第3期.

卫兴华等,1981.《资本论》第二卷简要本[M]. 北京:中国社会科学出版社.

魏埙,1984.《资本论》的理解与启示[M]. 第三册. 天津:南开大学出版社.

魏埙,2002.政治经济学[M].资本主义部分.西安:陕西人民出版社.

雍文远,1962.关于扩大再生产公式[J].学术月刊,5月号.

约翰·伊特韦尔等,1996.新帕尔格雷夫经济学大辞典[M].第3卷.北京:经济科学出版社.

张维达,1999.政治经济学[M].北京:高等教育出版社.

张熏华,1979.论扩大再生产平衡条件的基本公式[J].经济研究,第10期.

第 6 章

资本主义的分配过程

6.1 马克思政治经济学的逻辑结构及本章的研究对象

马克思政治经济学的结构,是按照从抽象上升到具体的方法建立起来的。

本书第 4 章研究的是资本的生产过程,那里所谓的生产过程,是撇开了流通过程的狭义的生产过程,即与其他生产环节相对应的直接生产过程。本书第 5 章研究的是资本的流通过程,那里所说的流通过程则是既包括狭义生产过程又包括狭义流通过程的广义流通过程。

本章即第 6 章研究的是资本主义生产的总过程,这里所说的总过程,是既考虑到资本有机构成和周转速度的差别,又考虑到产业资本和商业资本以及职能资本和货币资本的独立化,同时也考虑到土地所有权和土地经营的垄断的生产过程与流通过程的现实具体的统一,这也就是资本主义的分配过程。

在不考虑生产资料和劳动力具体从何处购买以及产出品销往何处的前提下,我们可以抽象地揭示剩余价值的起源,而没有对剩余价值生产的抽象说明,则不可能阐释剩余价值的流通过程;同样地,在抽象掉资本有机构成差别和资本周转速度差别等因素的情况下,我们可以科学地阐明单个资本的循环周转和社会总资本的再生产规律,而如果不首先揭示资本有机构成和周转速度对单个资本剩余价值生产的影响,就无法说明剩余价值作为利润在不同部门之间的分配过程。

由此可见,第 5 章在第 4 章已有结论的基础上又考察了第 4 章所舍象掉的因素,因此它比第 4 章更加具体,内容更加丰富;而第 6 章则在前两章已有结论的基础上进一步考察了它们所舍象的因素,因此,它比第 5 章更加具体,更加接近资本在社会表面上所表现出来的形式。图 6.1 描绘了马克思政治经济学的逻辑结构。

本章第 6.1 节将首先分析平均利润的形成以及价值向生产价格的转化,旨在揭示

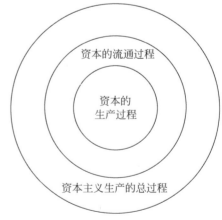

图 6.1 马克思政治经济学的逻辑结构

剩余价值在产业资本之间的分配。接下来在第6.2节分析商业资本和商业利润的来源，阐明剩余价值在产业资本与商业资本之间的分配。第6.3节分析借贷资本与利息，进一步阐明借贷资本职能与资本对利润的分割。第6.4节讨论土地所有权垄断与土地经营垄断，分析超额剩余价值向地租的转化。最后在第6.5节，通过对"三位一体"公式的讨论，完成对资本主义分配关系的本质分析。本章的附录将对相关问题展开进一步的讨论。

6.2 平均利润与生产价格

前面两章在分别抽象地考察资本的生产过程和流通过程时，是以不同部门等量劳动创造等量价值、等量剩余劳动创造等量剩余价值为假定前提的，不同部门之间的交换是以价值为基础的，剩余价值是在各产业部门内部分配的。然而资本在现实中的表现则是等量资本带来等量利润，资本的流通是以生产价格即成本价格加平均利润为基础的，剩余价值是在各产业部门之间分配的。本节的任务就是揭示剩余价值是如何转化为利润、利润是如何转化为平均利润以及价值是如何转化为生产价格的。

6.2.1 剩余价值转化为利润

1）劳动耗费转变成资本耗费

如前所述，商品作为资本主义生产方式的产物，其价值构成包括不变资本价值、可变资本价值和剩余价值，其中 c 是工人的具体劳动转移的生产资料的旧价值，$(v+m)$ 是工人的抽象劳动创造的新价值，其价值构成用公式可表示为 $W=c+(v+m)$。但是，资本主义商品生产耗费于资本家的东西与商品生产本身耗费的东西是两个完全不同的量：生产商品使资本家耗费的就是他的资本，即不变资本和可变资本的价值，至于商品中的剩余价值部分，只是耗费的工人的无酬劳动，并没有耗费资本家分文。所以，对于作为资本主义商品生产的主体或实际的商品生产者的资本家来说，商品的价值构成是 $W=(c+v)+m$，其中的 $(c+v)$ 就是商品的成本价格，若用 k 来表示，则 $W=(c+v)+m$ 这个公式就转化为 $W=k+m$。

2）剩余价值转化为利润

在成本价格 k 这个范畴中，不变资本与可变资本的差别消失了。在资本家看来，价值增殖即剩余价值 m 不仅来自可变资本，而且来自不变资本，不仅是已耗费资本的产物，而且是全部所用资本（即预付总资本）的产物，因为总预付资本中的固定资本虽然只有部分价值转移到产品中，但其物质形态整体上都是参与生产过程的，所以，全部预付资本，不管是作为不变资本（劳动对象和劳动资料）还是可变资本（劳动力），不管是作为流动资本还是固定资本，都参与了剩余价值的形成。当剩余价值被看作是全部预付资本价值的增加额，或作为全部预付资本观念上的产物时，剩余价值就转化为利润，或取得了利润（profit）

这个转化形式,我们用 p 来表示。而当剩余价值转化为利润时,商品的价值构成就变成了成本价格加利润,商品价值公式 $W=k+m$ 就进一步转化为 $W=k+p$ 了。

以上是从生产过程得出的结果。从流通过程来看,利润表现为出售价格超过成本价格的余额,这个余额可能大于、等于或小于实际剩余价值。对于资本家来说,即使出售价格在价值以下,只要超过成本价格就能获得利润,所以,他们宁可把成本价格看作是商品的真正的内在价值,而把流通中获得的剩余价值看作是商品销售价格超过价值的余额,好像这个余额并非是生产中形成的剩余价值的实现,而是由销售本身产生的。

3) 剩余价值率转化为利润率

剩余价值向利润的转化实际上是通过剩余价值率向利润率的转化实现的,因为,既然把剩余价值看作是全部预付资本的产物,剩余价值与全部预付资本之比,当然就成了利润率。我们用 p' 表示利润率,其公式如下:

$$p' = \frac{m}{c+v} \tag{6.1}$$

显然,由于剩余价值率是剩余价值与可变资本之比,而利润率是剩余价值与全部预付资本之比,所以,利润率总是会小于剩余价值率,即 $p'=\frac{m}{c+v}<m'=\frac{m}{v}$,这就在一定程度上掩盖了资本家真实的剥削程度。

如果以年为期计算年利润率(p'),以 n 表示预付可变资本的周转次数,则年利润率公式如下:

$$p' = \frac{m}{c+v} = \frac{m' \cdot v \cdot n}{c+v} = m' \frac{1}{\frac{c}{v}+1} \cdot n \tag{6.2}$$

由公式(6.2)可以看出,年利润率的高低取决于剩余价值率、资本构成(即不变资本与可变资本的比例)和资本周转速度。一般而言,在其他条件不变的情况下,年利润率与剩余价值率和资本周转速度成正比,与资本有机构成成反比。要提高年利润率,一是要提高剩余价值率,剩余价值率越高,年利润率就会越高;二是要降低资本构成,即提高可变资本在预付总资本中所占的比例;①三是要加速资本周转,从而提高年剩余价值总量;四是节约不变资本,从而减少预付资本总量;五是降低生产资料价格,从而在不变资本数量不变的情况下提高利润率。

6.2.2 平均利润率形成与价值向生产价格转化

前面的分析已经表明,在价值和剩余价值率给定的情况下,利润率会随着资本构成和

---

① 这里是就整个部门利润率而言的。在部门利润率给定以及市场价值给定的情况下,单个资本(或企业)劳动生产力的提高或许表现为资本构成的提高,虽然在预付资本总量中可变资本数量减少会相应地减少剩余价值量的生产,但劳动生产力的提高总体上会增加超额剩余价值。

周转速度的变化而变化。但这种变化仅仅是同一部门的资本在时间上相继发生的变化，下面考察不同部门由于资本构成和周转速度的不同而产生的空间上并存的利润率的差别。

1) 各部门资本有机构成不同造成各部门利润率不等

资本构成包括技术构成和价值构成。资本的技术构成是指资本在物质形态方面的构成，即构成资本的生产资料的数量同使用这些生产资料所必需的劳动力的数量之间的比率。资本技术构成的高低反映社会劳动生产力水平的高低：较高水平的劳动生产力往往表现为同一工人推动的生产资料数量较多。资本的价值构成是指资本在价值形态方面的构成，即以生产资料形式存在的不变资本 c 和以劳动力形式存在的可变资本 v 之间的比率（c/v）。马克思把由资本技术构成决定并且反映资本技术构成变化的资本价值构成称为资本有机构成（organic composition of capital）。[①]

由于各部门资本有机构成不同，同量预付资本中可变资本所占比例就不同，各自推动的活劳动数量就不同，而剩余价值是由活劳动创造的，这样，在周转速度相同、剩余价值率相等和商品按价值出售的情况下，各部门的个别利润率就会出现差别，如表 6.1 所示。

表 6.1 各部门资本有机构成不同导致各部门利润率不等

部门	预付资本	价值	个别利润率
Ⅰ	$70c+30v$	130	30%
Ⅱ	$80c+20v$	120	20%
Ⅲ	$90c+10v$	110	10%
总计	300	360	

注：假定各部门剩余价值率均等，$m'=100\%$。

2) 各部门周转速度不同造成各部门利润率不等

由公式(6.2)可以看出，在其他条件不变的情况下，部门年利润率与资本周转速度成正比，这一原理同样适用于不同部门。在其他条件相同的情况下，不同部门的等量资本，由于周转速度不同，年利润率会出现不等。如表 6.2 所示。

[①] 马克思之所以对资本有机构成下了这么一个严格的定义，原因在于，并非所有资本价值构成的变化都反映了资本技术构成的变化。比如，资本技术构成没变，但生产资料价值提高了，由此表现出来的资本价值构成的提高并不代表劳动生产力水平的提高，反之亦然。

表 6.2　各部门周转速度不同导致部门利润率不等

部门	预付资本 ($c:v$)	周转时间（月）	年周转次数 (n)	所用可变资本 (vn)	年剩余价值 (M)	剩余价值率 (m')	年利润率 (p')
	(1)	(2)	(3)	(4)=(1)÷(3)	(5)	(6)=(5)÷(4)	(7)=(5)÷(1)
Ⅰ	$500c:500v$	4	3	1 500	1 500	100%	150%
Ⅱ	$500c:500v$	6	2	1 000	1 000	100%	100%
Ⅲ	$500c:500v$	12	1	500	500	100%	50%

表 6.2 说明，部门Ⅰ和部门Ⅱ尽管预付资本数量、资本有机构成、剩余价值率都相同，仅仅因为部门Ⅰ的周转次数 3 倍于部门Ⅲ，在商品按价值出售的前提下，部门Ⅰ的年利润率 3 倍于部门Ⅲ。

3) 部门间的竞争使个别利润率转化为平均利润率，价值转化为生产价格

以上的分析表明，由于资本有机构成和周转速度不同，如果商品按价值交换，不同部门的等量资本在其他条件相同的情况下，所获得的利润是不等的，或不同部门的利润率是不同的。然而资本是天生的平等派，既然在资本家看来，以利润形式存在的剩余价值是全部预付资本的产物，那么，等量资本就应该带来等量利润，它们不会默认单纯由于资本有机构成和周转速度的差别所造成的部门利润率的差别。① 部门之间的竞争，会导致全社会的剩余价值在所有产业资本之间平均分配，从而使个别利润率转化成全社会统一的一般利润率或平均利润率（general rate of profit，or average rate of profit）。设平均利润率为 $\overline{P}_a{}'$（下标 a 表示产业资本），产业总资本为 $C=c+v$，社会预付总资本平均周转速度为 N，则公式表示如下：

$$\overline{P}_a{}' = \frac{M}{C} = \frac{m' \cdot v \cdot N}{c+v} = m' \frac{1}{\frac{c}{v}+1} N \tag{6.3}$$

个别利润率的平均化，是通过价值转化为生产价格实现的。在现实资本主义经济中，那些资本有机构成高、周转速度慢，从而年利润率偏低的部门的资本，会转移到资本有机构成低、周转速度快，从而年利润率偏高的部门。随着资本在部门之间的转移，资本有机构成高的部门或资本周转速度慢的部门产品会出现供不应求，其产品的市场价格会提高到价值以上，从而使利润率提高；而资本有机构成低的部门或资本周转速度快的部门产品会出现供过于求，其产品的市场价格会降到价值以下，从而使其利润率下降。这种由部门间的竞争所引起的资本转移和利润率的调整会持续下去，直到每个部门产品的价格能保证其等量预付资本获得等量利润，这种价格就是所谓生产价格 PP（price of production）。我们用 PP_i 表示第 i 部门的生产价格，k_i 表示第 i 部门的预付资本，n_i 表示第 i 部门的周

---

① 因为在以分工交换为基础的社会化大生产中，一定时期内不同部门之间资本有机构成和周转速度的差别，是由各部门生产的技术性质所决定的，并非资本的力量所能消除。

转次数，则生产价格的公式为

$$PP_i = k_i \cdot \frac{1}{n_i} \cdot (1 + \overline{P}_a')^{①} \tag{6.4}$$

下面以表 6.3 为例说明价值向生产价格的转化。

表 6.3 价值向生产价格的转化

部门	预付资本	价 值	个别利润率	平均利润率	生产价格
Ⅰ	$70c+30v$	130	30%		120
Ⅱ	$80c+20v$	120	20%	$\overline{P}_a' = \dfrac{60}{300} = 20\%$	120
Ⅲ	$90c+10v$	110	10%		120
总计	300	360	—	—	360

注：假定各部门剩余价值率相等，$m'=100\%$。

4) 生产价格规律的作用

随着剩余价值率依次转化为利润率和平均利润率以及价值转化为生产价格，平均利润率与生产价格规律便成为价值规律在资本主义商品经济中借以实现的形式，成为调节资本主义经济运行的基本规律，其具体作用如下：

首先，在资本主义商品经济中，价值规律调节社会总劳动按比例分配的作用具体表现为生产价格规律按等量资本获得等量利润的原则调节社会总资本按比例分配给各生产部门。当一个部门利润率高于平均水平时，会吸引过多资本投入该部门，以致出现产品供过于求，产品市场价格下降到生产价格以下，并导致利润率下跌到平均水平以下，其结果会迫使多余的资本转移到其他部门。生产价格规律的这一作用使资本资源（劳动力作为商品成为可变资本）在各部门之间得以有效配置。②

其次，在资本主义商品经济中，价值规律促进劳动者提高劳动生产力的作用具体表现为生产价格规律敦促个别资本以追求超额利润为目的不断提高资本有机构成、加快资本周转、节约不变资本。因为即使在平均利润率形成之后，部门内周转速度快、有机构成高的单个资本仍然能够通过使个别成本价格低于部门平均成本价格而获得超额利润。

5) 生产价格与价值的关系

马克思认为他借助于价值向生产价格的转化，解决了等量劳动创造等量价值与等量资本获得等量利润之间的矛盾，从而解开了困扰古典经济学家优秀代表大卫·李嘉图多

---

① 生产价格公式(6.4)中之所以将 k_i 乘以 n_i 的倒数，因为平均利润率是以年计算的，等量预付资本获得等量利润也是指 1 年内预付的等量资本获得等量利润。所以，每次周转作为加价基础的成本价格与周转次数成反比：如果 $n_i > 1$，每次周转作为加价基础的成本价格就会小于预付资本，反之，如果 $n_i < 1$，每次周转作为加价基础的成本价格就会大于预付资本，只有当 $n_i = 1$ 时，每次周转作为加价基础的成本价格才能与预付资本相等。

② 有关土地资源的配置，还必须借助于本章附录中阐述的垄断足够价格规律加以调节。

年的难题。然而,资产阶级经济学家大都认为马克思的生产价格理论与劳动价值论是相互矛盾的,甚至认为阐述这一理论的《资本论》第三卷的出版标志着马克思经济学体系的崩溃。(见庞巴维克,1936)

对于资产阶级经济学家可能的责难,马克思生前早有预感,并在《资本论》第三卷手稿中预先从以下三个方面做出了回答。

首先,平均利润是以剩余价值为基础的。虽然从个别部门来看,一些部门的利润会高于或低于本部门创造的剩余价值,但从全社会来看,总利润与总剩余价值是相等的,平均利润只不过是剩余价值在各个部门的资本家之间重新分配的结果。

其次,生产价格是以价值为基础的。虽然从个别部门来看,一些部门的生产价格高于或低于产品的价值,但从全社会来看,总生产价格与总价值是相等的,生产价格不过是价值的转化形式。

以上两方面概括起来就是两总计相等:总价值=总生产价格;总剩余价值=总利润。

最后,生产价格的变动,取决于价值的变动。一方面,就成本价格来说,其变化归根结底是因为生产要素的价值发生了变化;另一方面,平均利润率的变动也是价值变动的结果。从平均利润率公式 $\bar{P}_a' = \dfrac{M}{C} = m' \dfrac{1}{\frac{c}{v}+1} N$ 来看,在 m' 不变时,利润率就只能在劳动过程已经发生技术变化从而资本价值构成 c/v 发生变动时才变动。这些技术变化必然总是表现在商品价值变化上。

根据以上理由,价值转化为生产价格并不违反劳动价值论。[①]

6.3 商业资本和商业利润

以上分析的是剩余价值在产业资本内部的分配,那里假定产业资本在循环中,其剩余价值的实现即商品的销售,是由产业资本的特殊形式商品资本的职能完成的。下面分析商业资本的独立化以及剩余价值在产业资本和商业资本之间的分配。

6.3.1 商业资本的独立化及其作用

1)商业资本的独立化

随着产业部门不断增多和产业资本的规模不断扩大,商品资本要求转化为货币资本的数量和迫切性也日益增大。为了节省流通费用,缩短资本在流通环节的时间,加快资本周转,产业资本家逐渐把商品销售的职能转让给专门从事商品买卖的商业资本家,这样,商业资本(commercial capital)就从产业资本中通过商品资本的独立化而分离出来。商业资本独立化的标志是商品资本的职能由产业资本之外专事流通的当事人来承担,其资本

---

① 关于转形问题的争论,参见本章附录6A.1。

是独立于产业资本的。

2) 商业资本的运动形式

商业资本的运动形式是货币—商品—货币,即 $G—W—G'$,其中商业资本的购买阶段 $G—W$ 同时也是产业资本的出售阶段 $W'—G'$,这个阶段对于产业资本来说,其商品资本完成了向货币资本的转化,实现了产品中包含的剩余价值,可以开始新的循环了;但对于商业资本来说,商品从产业资本家手中转移到商业资本家手中,只是商品所有权的转移,其价值和剩余价值并没有真正实现。所以,商业资本的职能,就是用商业资本的货币资本代替产业资本的商品资本而独立地实现商品资本向货币资本的转化,最终完成产业资本的循环,如下列图式所示:

$$G-W\genfrac{}{}{0pt}{}{A}{Pm} \cdots P \cdots W'-G' \text{(产业资本)}$$
$$\Downarrow$$
$$G-W'-G' \text{(商业资本)}$$

3) 商业资本的作用

只要商业资本不超过在社会总资本所占的必要比例,①就会有如下结果:

其一,由于分工,社会总资本中专门用在买卖上的资本,会比产业资本家亲自买卖时少,从而会有更多资本用于生产剩余价值。

其二,商业资本独立化会缩短产业资本流通过程,从而提高利润率。

其三,就全部商业资本对产业资本的关系来看,商业资本的一次周转不仅可以代表一个生产部门内许多资本的周转,而且可以代表不同部门若干资本的周转。

6.3.2 商业资本的构成和产商平均利润率的形成

设投在商业部门商品购买价格上的资本为 B,必要纯粹流通费用为 D。第 5 章曾指出,在马克思看来,纯粹流通费用(包括由买卖时间、簿记、货币所引起的费用)是单纯为资本价值形式的转化而支付的费用,它不创造价值,是由剩余价值来补偿的,必须在总剩余价值中扣除。另一方面,既然从全社会的角度看这部分费用是资本流通所必需的,所以,无论是 B 还是 D,都要参与剩余价值的分配即产商平均利润率的形成。产业部门与商业部门之间的竞争以及各产业部门之间的竞争和各商业部门之间的竞争,将使产业部门的平均利润率 $\overline{P}_a' = \dfrac{M}{C}$ 转化为产商平均利润率 $\overline{P}_b'$,其公式如下:

$$\overline{P}_b' = \frac{M-D}{C+(B+D)} \tag{6.5}$$

---

① 商业资本的必要量与其周转速度成反比:商业资本周转速度越快,总货币资本中当作商业资本的部分就会越少,反之就会越大。

6.3.3 商业利润的实现和纯粹流通费用补偿

商业利润的实现和纯粹流通费用的补偿是通过产商差价机制实现的。

随着原始平均利润率 $\bar{P}_a{'}$ 转化为产商平均利润率 $\bar{P}_b{'}$，生产价格 $PP=C(1+\bar{P}_a{'})$ 则转化为出厂价格 FP(factory price)，其公式 $FP=C(1+\bar{P}_b{'})$。产业资本家首先以总出厂价格 $FP=C(1+\bar{P}_b{'})$ 把商品卖给商业资本家，商业资本家再以商业价格 CP(commercial price)把商品卖给消费者，CP 的公式如下：

$$CP = C(1+\bar{P}_b{'}) + [D+(B+D)\bar{P}_b{'}] \tag{6.6}$$

CP 与 EP 之间的差额为商业加价或产商差价 PD(price difference)，其公式为

$$PD = D+(B+D)\bar{P}_b{'} \tag{6.7}$$

其中的 D_i 补偿必要的纯粹流通费用，而 $(B_i+D_i)\bar{P}_b{'}$ 则转化为商业平均利润。

以上的分析表明，由于商业资本和商业部门的独立化，产业资本家实际上是以低于生产价格的出厂价格将商品卖给商业资本家，而商业资本家则按照相当于生产价格的商业价格把商品出售给消费者，商业利润和纯粹流通费用的补偿，就是通过这种商业加价或产商差价而实现的。从表面上看，由于商业利润的分割和纯粹流通费用的扣除，产业利润的水平会有所降低，但实际上，由于商业资本的独立化，从整个社会来看，用于商品买卖的资本和总的纯粹流通费用会大大减少，用于生产剩余价值的产业资本的数量会大大增加，所以平均利润率的水平反而会进一步提高。当然，这要以商业资本（包括纯粹流通费用）不超过社会所必需的数量为前提。产业部门与商业部门之间的竞争，总会使商业资本的数量符合社会所必需的数量要求。

以上是把商业部门作为一个整体加以分析的。现实经济中存在多个商业部门，商业部门之间和商业部门内部的周转速度与纯粹流通费用各不相同。一般而言，在其他条件相同时，单个商业部门周转速度与该部门商业利润总额无关，与该部门平均每次周转实现的商业利润成反比；单个商业企业的个别周转速度与该企业实现的商业利润成正比。单个商业部门必要的纯粹流通费用与该部门的商业利润总额无关，单个商业企业个别纯粹流通费用与该企业实现的商业利润成反比。[①]

6.4 借贷资本和利息

以上分析的产业资本和商业资本都是职能资本，即执行剩余价值生产和剩余价值实现职能的资本。与职能资本相对应的是借贷资本，即为了获取利息(interests)而暂时借贷给职能资本家使用的货币资本。借贷资本是生息资本(money-dealing capital)的现代形式[②]，是职能资本的货币资本的独立化形式，它除了具有货币本身的使用价值外，还具

---

① 有关商业资本周转速度、纯粹流通费用与商业利润的相关分析，参见本书附录。
② 生息资本的古老形式是高利贷资本。

有执行资本职能即生产利润的使用价值,因此成为特殊商品即资本商品,其价格就是借贷资本的增殖部分即利息。①

假如年平均利润率为20%,任何拥有100元货币的资本家就等于拥有一个使100元变成120元的权利,如果他自己不使用这一权利而是让渡(借)给职能资本家,后者在年终归还100元本金时,必须从使用这100元获得的20元利润中,分割出一部分比如说5元,作为利息支付给借贷资本家。这5%的利息,实际上就是职能资本家为购买借贷资本家20%增殖能力所支付的价格。由此可见,借贷资本的形成从而利润的分割,是资本使用权与所有权分离的结果。

6.4.1 借贷资本的运动形式

借贷资本的特殊流通形式是$G—G'$,表面上看是一个货币自行增殖的过程,实际上它是以职能资本的运动为前提和中介的。如果借入的主体是商业资本,借贷资本的流通就是以商业资本的运动为中介的,其完整的运动过程是:$G—G—W—G_1'—G_2'$,但如前所述,商业资本的流通本身又是以产业资本流通为前提的。如果借入资本的主体是产业资本,借贷资本的流通就是直接以产业资本的运动为中介的,其完整的运动过程是:$G—G—W\cdots P\cdots W'—G_1'—G_2'$,当然,如前所述,其间产业资本循环中商品资本的职能是由商业资本独立完成的。

6.4.2 利息率的决定

利息率是一定时期内利息额与贷出资本额(本金)之比。因为利息不过是职能资本家因使用贷款而付给借贷资本家的一部分利润,所以利息率的最高限一般不能超过平均利润率。利息率的高低主要取决于如下几个因素:

(1)平均利润率的水平。在其他条件不变时,平均利润率越高,利息率就会越高。利息率通常要小于平均利润率,否则职能资本家无利可图;利息率无论如何要大于零,否则货币资本家宁可把钱攥在手里也不会无偿贷出。

(2)借贷资本的供求关系。当借贷资本的供给大于需求时,利息率会下降;相反,借贷资本供不应求时,利息率会上升。这种由借贷资本市场供求关系决定的利息率纯粹是偶然的,经验性的,并没有必然的规律性。不存在所谓"自然利息率"。

(3)习惯和法律传统。当借贷资本市场供求平衡时,利息率就只能由习惯和法律的传统决定了。

总之,由于利息纯粹是资本所有权对利润的一个分割,其本身并没有内在的标准。在一个国家的一定时期里有一个平均利润率,但它是按整个产业周期平均计算的利息率,所以,马克思认为,利息率虽然是可以确定的,但利息率本身是不确定的。平均利息率"不能

---

① 商品资本是当作商品的资本,其职能是完成向货币资本的转化,实现其自身已经包含的价值增殖;资本商品是当作资本的商品,其职能是让渡其自行增殖的使用价值并从可能的增殖中获得一定量回报。

由任何规律决定"(马克思恩格斯,1974,第406页),利润在职能资本家和货币资本家之间怎样分配,"纯粹是经验的、属于偶然性王国的事情"。(同上书,第406页)

6.4.3 利润由量的分割转化为质的分割

随着利润的一部分被分割为利息,剩余的部分则成为执行资本职能的企业主收入。总利润分成利息和企业主收入原本是一种量的分割,但在这种分割中,利息对于借入资本经营的职能资本家来说,是根据一般利息率在生产过程开始之前已经预先确定的,是借贷资本家根据资本所有权取得的,它表现为资本所有权的果实;而企业主收入作为总利润扣除利息后剩余的部分,则表现为资本执行职能的果实,是处在生产过程中发挥作用的资本的果实。这样一来,原本是职能资本家与借贷资本家对利润进行的一种数量分割,现在却表现为来源于两个性质不同的资本的产物。一旦这种分割独立化普遍化后,即使使用自有资本经营的职能资本家,也会把总利润分成利息和企业主收入两部分,并使自己具有了双重身份:一方面以单纯的资本所有者的身份取得利息,另一方面以资本使用者的身份获得企业主收入。

随着上述利润由量的分割转化为质的分割,不仅在借贷资本家的意识中,利息是货币自然增殖的结果,而且在职能资本家观念中,企业主收入完全是他使用资本进行经营的结果,是一种监督工资。这就完全掩盖了利息和利润的真实来源即工人的无偿劳动所创造的剩余价值。

6.4.4 银行资本与银行利润

随着货币资本的借入和贷出成为一项专门的业务,银行就成了专门经营货币资本业务的资本主义企业,银行资本即资本家为经营银行业获取利润而投入的自有资本以及通过各种途径集中到银行的货币资本。同职能资本家一样,资本家投资于银行的目的也是要获取利润,而且不能低于社会平均水平。

银行利润是通过存贷款利差实现的。一般而言,银行贷款利率要高于存款利率,在所获得的贷款利息中,扣除存款利息和银行经营成本(包括银行雇员工资、固定资本利息和折旧等)后,就是银行利润。这种银行利润与银行预付资本之比,就是银行利润率。银行资本并不直接独立地参与利润平均化过程,而是通过调整存贷款利差使其银行利润率达到前述产商平均利润率水平。银行资本的进入,原则上并不会降低产商平均利润率,银行的利润只是借助于存贷款利差从职能资本的平均利润中瓜分而来的。与职能资本一样,不管银行资本是自有的还是借入的抑或是二者混合的,银行利润也分成利息和企业主收入两部分,银行资本家也具有双重身份:一方面作为资本所有者获得利息,另一方面作为资本使用者获得企业主收入或所谓监督劳动工资。

6.5 土地所有权与地租

到目前为止我们所分析的都是剩余价值在资本内部的分配。按照以往的分析,总剩余价值转化为总利润,总利润首先在产商资本家之间平均分配,然后又在职能资本家与借贷资本家之间分割为利息和企业主收入。至此,剩余价值被全部瓜分殆尽,没有留下任何残羹剩饭。然而,一个不容忽略的事实是,无论产业资本还是商业资本抑或是银行资本,它们的资本投入都不可能悬在空中,而必须脚踏实地,更何况农业这个特殊的生产部门,其主要生产资料就是土地。土地所有权在经济上的实现形式就是地租(ground-rent),也就是说,只要存在土地所有权的垄断,使用土地就必须交租(即绝对地租),使用优等的土地还必须多交租(即级差地租)。本节着重分析土地所有权是如何参与剩余价值分配或再分配的,阐明地租的来源及其量的规定。

6.5.1 预先说明的几个概念

(1) 土地。经济学中的土地是所有自然资源的统称,从空间看,它是一个立体概念,不仅包括地表,而且包括地下和地表以上的空间;从物质形态看,不仅包括农地和建设用地,江河胡泊,而且包括矿产资源、森林、草地和沼泽。

(2) 地租。经济学意义上的地租是纯粹为使用土地而支付的费用。这里所说的土地是指没有打上任何人类劳动印记的自然资源,如未开垦的处女地、原始森林、地下矿产资源,等等。现实中的大量土地都已经过人类千百万年的开发,其中凝结了大量物化劳动或固定资本,土地使用者为这些固定资本的折旧和利息支付的费用严格地说不属于真正的地租范畴。

(3) 租金。租地农场主为取得土地的经营权而必须向土地所有者支付的一切报酬的总称。它除了上述真正的地租之外,还包括投入土地的固定资本的折旧和利息以及一部分平均利润和正常工资的扣除。

(4) 土地价格。土地的买卖价格,是地租(或租金)的资本化,等于地租(租金)除以平均利息率。用公式表示为

$$\text{土地价格} = \frac{\text{地租(或租金)}}{\text{平均利息率}} \tag{6.8}$$

在资本主义条件下,任何能够定期带给其所有者一定量收入的物品,都可以看作相当于一定数量的资本,其收入也都可以看作是按照一定市场利息率由一定量的资本所带来的利息。土地的价格,正是地租(租金)收入资本化的结果。比如,1亩地1年的地租10万元,这亩地的价格就相当于按5%的年利率能提供10万元利息的本金,即:土地价格=$\frac{\text{地租}}{\text{平均利息率}}=\frac{10 \text{万元}}{5\%}=200 \text{万元}$。

6.5.2 级差地租

我们首先考察级差地租。所谓级差地租(differentiate ground-rent)是指由于等量资本投在面积相等但等级不同的土地上的产量不同而产生的超额利润转化成的地租。

1) 级差地租的产生

土地有优劣之分，以农业生产为例，租种较优等土地的农业资本家或租地农场主，在其他条件相同时，其产品的个别生产价格会低于市场生产价格，由此会产生超额利润(extra profit)。在工业生产中，劳动生产力较高的企业也会产生超额利润，但部门内的竞争会使这种超额利润很快消失。而单纯由自然条件所产生的劳动的自然生产力的差别非资本和人力所能消除。由于土地优劣不等，数量有限，谁使用较优等土地，谁就垄断了一种自然力，由此产生的超额利润不会通过竞争而消失。然而资本是天生的平等派，它们不会默认这种单纯由土地的优劣不等所造成的生产力的差别。租地农场主之间的竞争以及租地农场主与地主之间的竞争，最终会使较优等土地产生的差额利润转化为级差地租，而租地农场主无论使用何等土地都只能获得平均利润。以表6.4为例。

表6.4 级差地租的产生

土地等级	预付资本（先令）	耗费劳动（小时）	产量（夸脱）	个别生产价格（先令）	实际生产价格（先令）	市场生产价格（先令）	利润（先令）	级差地租（先令）	虚假社会价值（先令）
A	$40c+10v$	60	1	60	24	60	10	—	—
B	$40c+10v$	60	2	60	48	120	10	60	60
C	$40c+10v$	60	3	60	72	180	10	120	120
D	$40c+10v$	60	4	60	96	240	10	180	180
合计	200	240	10	240	240	600	40	360	360

注：假定剩余价值率 $m'=100\%$。

2) 虚假社会价值之谜

马克思在研究价值与生产价格的一般规定时，所依据的是平均数原理，即认为价值决定于加权平均的社会必要劳动，生产价格则等于部门平均成本加平均利润。按照平均数原理，社会总价值必然等于社会总劳动，总生产价格必然等于个别生产价格之和，并且与总价值相等。然而，马克思在研究地租问题时，则转而采用了边际分析方法，认为农产品的价值或生产价格决定于最劣等土地产品的个别劳动耗费或个别生产价格（个别成本+平均利润），这样，就产生了所谓"虚假的社会价值"(false social value)。马克思指出："关于级差地租，一般应当指出：市场价值始终超过产品总量的总生产价格……这是由于在资本主义生产方式基础上通过竞争而实现的市场价值所决定的；这种决定产生了一个虚假的社会价值。"(马克思恩格斯，1974，第744～745、716页)

从20世纪20年代末至今，日本、苏联和中国经济学界，围绕着虚假社会价值的来源问题，曾多次进行争论，其中有代表性的观点主要有两个：

第一种观点是所谓"生产说"。这种观点认为，级差地租不外是农业部门生产的平均利润以上的超额利润，它和工业部门的超额利润在本质上是一样的，只不过前者是稳定的，经常存在的。这种观点乍一看似乎是合理的。但只要对工业部门和农业部门进行整体的和统一的考察,上述观点的错误就明显暴露出来。假定工农业资本有机构成、资本周转速度以及剩余价值率都相等,这样,工农业产品的价值与生产价格也就相等了。如果按照"生产说"的观点,把虚假的社会价值看作是由农业部门创造的(具体说,是由投在较优等土地上,从而具有较高生产力的劳动创造的),那么,同量劳动投入农业所创造的价值就会比投入工业所创造的价值多,这就等于承认"同一劳动量在不同的生产领域表现为不同的价值,从而不是劳动量本身决定价值,包含等量劳动的产品(在价值上)彼此也就不等","这就意味着取消价值概念本身"。这样一来,政治经济学的整个基础就被推翻了。(马克思恩格斯,1973,第140、269页,第139页)可见,"生产说"表面上看似乎是在坚持劳动价值论,实际上却不由自主地否定了劳动价值论。

第二种观点是所谓"流通说"。这种观点认为高产田农产品市场价值超过实际生产价格的差额即虚假的社会价值,是由工业部门创造的,是通过工农业产品之间的不等价交换从工业部门转移过来的。"流通说"的确坚持了价值决定于社会必要劳动时间这一规定,把农产品和工业品的价值规定统一起来,这是它的正确之处。但是,由于它把级差地租量和虚假的社会价值直接等同,把农业级差地租的来源完全归结为由工业部门所创造的剩余价值,这就违背了平均利润率规律。因为既然同量劳动投入农业与投入工业都只能创造同量的价值,在资本有机构成、周转速度以及剩余价值率均相等的情况下,若由工业部门支付全部级差地租,它就不能获得与农业部门相等的利润了。

综观国内外经济学界关于级差地租和虚假的社会价值的性质及来源的争论,无论是"生产说"还是"流通说",都面临着如下两难境地:如果认为虚假的社会价值是由农业部门创造的,虽然坚持了平均利润规律,却违背了马克思的劳动价值论;如果认为级差地租是由工业部门转移过来的,虽然坚持了马克思的劳动价值论,却违背了平均利润率规律。[①]

迄今为止马克思政治经济学教科书大都回避了上述矛盾。本章附录将在劳动价值论和平均利润理论基础上,重新阐释级差地租的来源及其量的规定,揭示虚假社会价值与级差地租的关系。

3) 级差地租的两种形式

根据形成的原因不同,级差地租有两种形式。级差地租Ⅰ是指等量资本投在不同等级的同量土地上,由于不同等级土地的劳动生产力不同所产生的级差地租。以上我们所分析的就是级差地租Ⅰ。

级差地租Ⅱ是指等量资本连续追加投入同一等级的同量土地上,由于各次投资的劳动生产力不同所产生的级差地租。

6.5.3 绝对地租

以上分析的级差地租,是以最劣等土地的个别生产价格等于市场生产价格,从而只能

[①] 关于日本学者的争论,参见佐藤金三郎等(1977);苏联学者的争论见刘震等(1964);中国"生产说"的代表是卫兴华(1962);"流通说"的代表是骆耕漠(1964)。

补偿资本家的成本价格并提供平均利润,而不支付任何地租。这一假定显然不符合资本主义实际。由于土地所有权的垄断,租用任何等级的土地,包括最劣等土地,都必须支付地租,否则,要么土地所有者宁可让土地闲置,要么等于土地所有权被废除,即使不是法律上的废除,也是事实上的废除。这种无论租用何种土地都必须支付的地租就是绝对地租(absolute ground-rent)。那么,绝对地租来自何方,其数量又是如何决定的呢?

马克思认为,在资本主义发展的一定阶段,农业生产力相对落后,其资本有机构成低于工业或社会平均资本有机构成,在其他条件相同时,同量资本创造的价值和剩余价值高于工业部门,而土地所有权的垄断阻碍了农业部门超额剩余价值参与利润的平均化,农产品不是按生产价格而是按价值出售,其价值与生产价格的差额便转化为农业绝对地租。以表 6.5 和图 6.2 为例。

表 6.5 绝对地租的来源及其量的规定

部门	投资	资本有机构成	价值	生产价格	价值—生产价格
工业	100	$80c:20v$	120	120	0
农业	100	$60c:40v$	140	120	20

假定剩余价值率 $m'=100\%$。

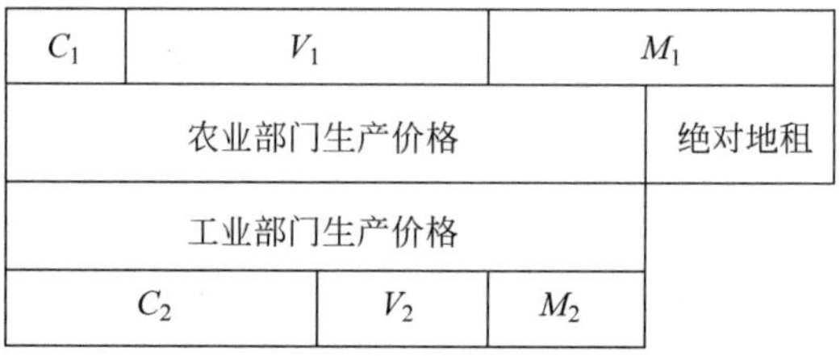

C_1	V_1		M_1
农业部门生产价格			绝对地租
工业部门生产价格			
C_2	V_2	M_2	

图 6.2 绝对地租来源和农产品价值与生产价格的差额

但问题在于,农业资本有机构成低于工业资本有机构成,这仅仅是一个历史现象。随着农业生产技术的改进和机械化水平的提高,农业资本有机构成会不断提高,其价值与生产价格的差额也就会不断缩小。当代发达国家农业资本有机构成已经赶上甚至超过工业资本有机构成,在这种情况下,农业绝对地租是否还存在呢?如果不存在,那就意味着土地所有权已经废除,这显然不是事实。如果还存在,其来源是什么,其数量如何规定?

不仅如此,即使在马克思所处的时代,农业资本有机构成的确低于工业资本有机构成,但工业资本也要使用土地,也要交纳绝对地租,如果农产品按价值出售,工业品按生产价格出售,虽然保证了农业部门支付绝对地租,但工业部门的绝对地租却不知来自何方?这个问题同样留在本章附录进行讨论,在那里,我们将对绝对地租的来源及其量的规定作出全新的解释。

6.5.4 对级差地租和绝对地租的综合考察

下面我们把级差地租和绝对地租综合起来进行考察,重点说明地租量的计算。我们以表 6.6 为例。

表 6.6　级差地租与绝对地租总表（$m'=100\%$）

土地等级	预付资本（先令）	耗费劳动（小时）	产量（夸脱）	个别价值（先令）	个别生产价格(先令)	市场价值（先令）	利润（先令）	级差地租（先令）	绝对地租（先令）
A	$35c+15v$	65	1	65	60	65	10	—	5
B	$35c+15v$	65	2	65	60	130	10	65	5
C	$35c+15v$	65	3	65	60	195	10	130	5
D	$35c+15v$	65	4	65	60	260	10	195	5
合计	200	260	10	260	240	650	40	390	20

当我们对级差地租和绝对地租进行综合考察时，因为调节市场价格的不再是生产价格而是市场价值，不仅最劣等地需要交纳绝对地租，其他等级的土地也必须交纳绝对地租，所以，根据级差地租和绝对地租的定义，级差地租等于各级土地产品的市场价值与个别价值的差额，绝对地租等于个别价值与个别生产价格的差额。

6.6　"三位一体"公式

以上我们依次分析了剩余价值在产业资本家内部、产业资本家与商业资本家之间、职能资本家与借贷资本家之间以及整个资本家阶级与地主阶级之间的分配，从而依次揭示了剩余价值向利润的转化、利润向平均利润的转化、平均利润分割为利息和企业主收入，以及超额利润和超额剩余价值向地租的转化。但在资本主义现实经济生活中，资本主义的分配关系并非如马克思所分析的那样一目了然，而是扭曲地表现为三位一体公式。

6.6.1　公式本身

所谓"三位一体"公式（trinity formula）是法国古典经济学家萨伊对资本主义分配方式的概括，具体形式如下：

（1）劳动—工资

（2）土地—地租

（3）资本—（利息＋企业主收入）

这个公式似乎告诉人们，现实的资本主义收入来源各不相同：工资是劳动的报酬，地租是土地的报酬，利息是资本所有权的产物，企业主收入则是职能资本的果实。[①]

[①] "三位一体"这个用语本身来源于基督教教义。据《新约全书》说，约瑟之妻马利亚在结婚之前就由于被圣灵所感而怀孕，她生的儿子就是耶稣。圣灵为上帝意志的化身即父父，而耶稣是上帝之子即子子，同时他又是圣灵的化身。所以，圣父、圣子、圣灵是"三位一体"的东西，它们都是上帝的化身。马克思借用基督教的这个说教，来讽刺资产阶级经济学家有关资本主义分配方式的观点。本来，资本主义的利润（或利息）、地租、工资均为一个来源：雇佣工人的劳动。可是，萨伊则认为，利润（利息）、地租、工资这三种收入形式，分别由资本（生产资料）、土地和劳动这三个要素创造，这同基督教把同一个上帝区分为"圣父、圣子、圣灵"的"三位一体"的说教是一样的。

6.6.2 本质与现象

马克思认为,萨伊的"三位一体"公式所描述的不过是资本主义生产关系的假象,它在把劳动力的价值扭曲地表现为劳动的价格或报酬的同时,也就掩盖了利润、利息、地租等非劳动收入的真实来源即工人的剩余劳动所创造的剩余价值。马克思运用唯物辩证法和中介分析方法,首先分析了劳动力商品的特殊属性,从而揭示了货币向资本的转化;分析了成本价格与年剩余价值率的属性,揭示了劳动耗费向资本耗费以及剩余价值向利润的转化;分析了部门之间的竞争,揭示了个别利润率向平均利润率的转化以及价值向生产价格的转化;分析了商业资本的独立化,揭示了产商平均利润率的形成;分析了土地所有权与土地经营的垄断,揭示了超额利润和超额剩余价值向级差地租和绝对地租的转化;分析了资本所有权与使用权的分离,揭示了利息与企业主收入从量的分割到质的分割。总之,马克思通过一系列中介环节的分析,依次揭示了货币向资本的转化以及剩余价值向各种特殊形式的转化。如图 6.3 所示。

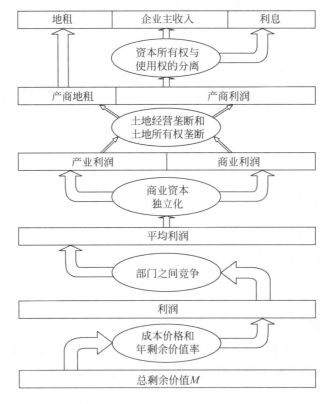

图 6.3 剩余价值一般形式向特殊形式的转化

但是,资产阶级经济学家不屑于通过资本主义社会的表面现象去揭示其生产关系的本质,而仅仅在这些现象上兜圈子,企图对资本主义生产关系做出从现象形态上看能够自圆其说的合理的解释。正因为如此,马克思把所有那些只看现象不看本质,只不过是将资本主义生产当事人的动机、观念翻译成学理主义的语言,热衷于为资本主义生产关系进行辩护,而不去揭示其本质的资产阶级经济学家,统称为庸俗经济学家。

附录 6A 有关剩余价值分配理论的争论

6A.1 关于价值向生产价格的转化

自马克思《资本论》第三卷发表以来,西方经济学界围绕价值向生产价格的转化即所谓"转形"问题展开了长达一个世纪的争论。

庞巴维克(1936)虽然是挑起转形论战的第一人,但他只是强调马克思整个体系存在矛盾,而没有考察马克思在把价值转化为生产价格时所运用的实际程序,即只是把产出品转化为生产价格。鲍特凯维兹(1906—1907)试图同时转换投入品和产出品的价值,但最终得出两总计相等不能同时成立的结论。斯威齐宣布他的解能使两总计相等同时成立,但必须以两个限制性很强的假定为前提:(1)假定奢侈品部门的价值单位为 1;(2)假定奢侈品部门具有平均的资本有机构成。温特尼兹借助线性模型研究再生产图式,由简单再生产发展到扩大再生产,但假定总价格等于总价值。森岛通夫和塞顿从 n 种商品的角度给出了完全一般的解;罗默放弃线性假定,运用阿罗-德布鲁语言得到一般解。利皮茨(Lipietz)对马克思的两个假设做了重新规定:假定净产品价格总和等于净产品价值总和;工资以分配后所购买的消费品包含的价值来衡量。谢赫(Shaikh)等采用平衡增长和迭代法求解转形问题。琼·罗宾逊认为:只有在特殊情况下,马克思所说的产品价值与价格才能相等。马克思为什么在《资本论》第一卷会说正常价格等于价值呢?马克思依据抽象的逻辑推理得出的劳动价值论,仅仅是为了争辩而提出的一种论断。萨缪尔逊认为,转形是不必要的:除原始经济外,可以容易证明价值与价格的非一致性;马克思的转形计算只适用于各部门有机构成都相等的情形;即使为了证明剥削存在,价值计算也是多余的。森嶋通夫(毛利西马)运用马尔可夫过程证明了马克思的价值体系和价格体系是相容的,从而回应了萨缪尔森对马克思理论的攻击。

有关"转形"的文献可以说浩如烟海,其中也不乏中国学者的参与。[①]我们无意在这里进行详细的评论,只是就转形问题的实质指出如下几点:

首先,马克思的价值转形理论旨在一方面以劳动价值论为基础,否定非劳动生产要素对价值决定的影响,另一方面又要解释等量资本获得等量利润的现实。如果劳动价值论本身不仅存在逻辑矛盾,而且难以解释现实的交换行为,[②]那么即使从数学上证明了两个总计同时相等可以成立,也仅仅是一种数学游戏,并不能证明劳动价值论本身的科学性。同样地,如果承认各种生产要素都参与价值的决定,即使从逻辑上揭示出边际生产力价值

---

① 关于西方学者的研究,参见谢富胜(2000)。
② 马克思曾经感叹:"直接的价值规定在资产阶级社会中的作用是多么小。"(马克思恩格斯,1974b,第 12 页)

论的矛盾,正像新剑桥学派对新古典经济学所提出的批评,也不能否认价值是多种要素决定的。

其次,商品的价值反映的是商品生产者分工交换的生产关系,在商品进入交换之前乃至成交之前,其生产中所耗费的东西包括劳动仅仅是一种生产成本或生产费用(二者意思相同,英文都是 production cost),它们是决定价值的因素,但本身并不直接就是价值。价值转形理论首先假定商品的价值已经在生产过程中形成了,但商品进入交换过程后,市场价格并不是按照等量劳动创造等量价值的原则决定的,而是按照等量资本提供等量利润的原则确定的。由此可见,所谓生产中形成的价值,仅仅是一种劳动耗费,这种抽象规定的价值并不是现实商品交换过程中实际调节价格运动的价值。按照第 3 章有关价值的定义,在资本主义商品经济中,生产价格作为实际调节价格运动的规律,本身就是价值,而不是由抽象规定的"价值"即劳动耗费转化而来的。

最后,分配关系与生产关系不过是同一硬币的两个面,价值的决定与价值(剩余价值)的分配也同样是在生产和交换相统一的过程中实现的。在这方面,斯拉法(1962)用商品生产商品的具有剩余的模型提供了强有力的逻辑证明:

假定有小麦、铁和猪三个生产部门,每个部门的投入品和产出品如下所示:

$$240 \text{ 担小麦} + 12 \text{ 吨铁} + 18 \text{ 头猪} \rightarrow 600 \text{ 担小麦}$$
$$90 \text{ 担小麦} + 6 \text{ 吨铁} + 12 \text{ 头猪} \rightarrow 31 \text{ 吨铁}$$
$$120 \text{ 担小麦} + 3 \text{ 吨铁} + 30 \text{ 头猪} \rightarrow 80 \text{ 头猪}$$

在这个例子中,三个部门的投入品总量是 450 担小麦、21 吨铁和 60 头猪,但产出品总量是 600 担小麦、31 吨铁和 80 头猪,剩余产品即产出品减去投入品分别为 150 担小麦、10 吨铁和 20 头猪。

斯拉法指出,剩余出现以后,它就"必须按照每一生产部门垫支的生产资料的比例进行分配",即按照平均利润率进行分配。但是,在知道商品价格以前,是不能决定平均利润率的,因为每一部门垫支的生产资料在物质项上都是一堆异质商品,根据这些混杂的异质商品是不能确定利润率的。另一方面,在平均利润率被确定以前,商品价格也不能决定,因为商品价格由生产成本加平均利润组成。因此,"剩余分配的决定,必须和商品价格的决定,通过相同的机制同时进行"。

我们用 P_w、P_i、P_p 分别表示小麦、铁、猪的价格,r 表示平均利润率,并假定 $P_i=1$,求解如下联立方程:

$$(240P_w + 12P_i + 12P_i + 18P_p)(1+r) = 600P_w$$
$$(90P_w + 6P_i + 12P_p)(1+r) = 31P_i$$
$$(120P_w + 3P_i + 30P_p)(1+r) = 80P_p$$

则:$P_i=1, P_w=0.11, P_p=0.56, r=0.36=36\%$。

根据斯拉法的理论,剩余价值的分配与生产价格的形成是在同一个过程实现的,不可能先有一个价值(剩余价值留在本部门),然后再通过交换形成生产价格,使剩余价值重新在各部门之间平均分配。

正是由于斯拉法的研究，使有关价值转型的世纪之争似乎最终有了结论。斯蒂德曼（1991）按照斯拉法开创的新李嘉图主义的研究方法，从强调商品之间由一定的技术条件所决定的投入产出数量关系和工资水平出发，来解出商品的相对价格与社会平均利润，认为价值在价格的这个决定过程中成了多余的中间环节和范畴。

6A.2　关于级差地租与虚假的社会价值

1) 首先抽象地考察农业级差地租

我们认为，要想在《资本论》体系内解决级差地租的来源及数量规定问题，必须坚持等量劳动投入不同的部门创造的价值相等和等量资本投入不同的部门获得等量的利润这两个基本原理，在此基础上揭示出生产价格本身的进一步变形。

实际上，马克思用边际方法（即用劣等产品的个别生产价格）所规定的并不是一般的生产价格，而是一种垄断生产价格，这是因为土地的数量是有限的，质量是不等的，等量资本投入不同等级的土地上，在其他条件都相同的情况下，个别利润率是不同的，土地经营的垄断和平均利润率规律的作用，必然使一般生产价格转化为由劣等地的个别生产价格 IPP（individual price of production）所决定的垄断生产价格 MPP（monopolistic price of production）。而在较优等土地的 MPP 和 IPP 的差额作为级差超额利润转化为级差地租。由于级差超额利润并非单纯的来自某一个部门的超额剩余价值，而是来自对全社会总剩余价值的扣除，所以，原始的平均利润率会转为新的较低水平的平均利润率。

设总剩余价值为 M，社会总资本为 C，则原始的平均利润率 $\bar{P}_0' = \dfrac{M}{C}$；再设新的平均利润率为 $\bar{P}_1'$，投入农业部门第 h 级土地的资本或个别成本为 $K_h(h=1,2,3,\cdots,w)$。因为要抽象地考察级差地租，这里要假定 $K_1=K_2=\cdots=K_w$，第 h 级土地的产量为 q_h，并假定 q_1 为劣等地的产量。这样，农业部门单位产品的 $\text{MPP}=(K_h/q_1)\cdot(1+\bar{P}_1')$，总级差超额利润就等于 $\sum\limits_{h=1}^{w}\left(\dfrac{q_h}{q_1}-1\right)\cdot K_h(1+\bar{P}_1')$。如果将 $\sum\limits_{h=1}^{w}\left(\dfrac{q_h}{q_1}-1\right)$ 定义为农业部门的级差产量系数，并用 Q 来表示，则农业部门的级差超额利润就可以简写为 $QK(1+\bar{P}_1')$。很显然，级差超额利润的扣除和新的利润率 $\bar{P}_1'$ 的形成，必须在同一个过程中实现，所以我们要求解下列方程式：

$$\bar{P}_1' = \frac{M - QK(1+\bar{P}_1')}{C}$$

经过整理，上述公式可转换为下列形式：

$$\bar{P}_1' = \frac{M - QK}{C + QK} \tag{6A.1}$$

随着 $\bar{P}_0'$ 转化为 $\bar{P}_1'$，原来意义的生产价格即 $\text{PP}=K\cdot(1+\bar{P}_0')$ 则转化为由劣等地个别成本或个别生产价格决定的垄断生产价格 MPP，其公式为

$$\text{MPP} = \frac{K}{q_1}(1+\bar{P}_1') \qquad (6A.2a)$$

$$\text{MPP}_h = \frac{q_h}{q_1} \cdot K(1+\bar{P}_1') \qquad (6A.2b)$$

公式(6A.2a)和(6A.2b)分别为单个产品和单个资本的垄断生产价格,其中的 $K(1+\bar{P}_1')$ 为各级土地投资的个别的生产价格 IPP。农业部门土地所有权的垄断,使较优等土地的垄断生产价格与其个别生产价格的差额(类似于马克思所说的市场生产价格与个别价格的差额)转化为级差地租。试用表 6A.1 来具体说明这一转化过程。

表 6A.1 级差地租与生产价格向垄断生产价格的转化

生产部门	土地等级	预付资本	产量	价值		个别生产价格		垄断生产价格		虚假社会价值	级差地租	利润
				个量	总量	个量	总量	个量	总量			
农业	A	50	1	28	28	60	60	60	60	32	—	10
	B	50	2	28	56	30	60	60	120	64	60	10
	C	50	3	28	84	20	60	60	180	96	120	10
	D	50	4	28	112	15	60	60	240	128	180	10
合计		200	10	—	280	—	240	—	600	320	360	40
工业		1600	—		2240		1920					320
总计		1800	—		2520		2160		600	320	360	360

表 6A.1 中的工业部门作为一个整体,其内部生产条件的差别被舍象掉了,工农业资本有机构成均为 4∶1,剩余价值率 $m'=200\%$,$C=1800$,$M=720$,$K=50$,$Q=[(2-1)+(3-1)+(4-1)]\div 1=16$,由此我们可以求出平均利润率 $\bar{P}_1'$ 和垄断生产价格 MPP:

$$\bar{P}_1' = \frac{720-(6\times 50)}{1\,800+(6\times 50)} = 20\%$$

$$\text{MPP}_h = \frac{q_h}{q_1}50(1+20\%)$$

从表 6A.1 中可以看出:

其一,农产品 MPP 总量既大于农产品个别生产价格总量,又大于农产品价值总量。

其二,总级差地租=总 MPP(600)-农产品个别生产价格总量(240)=360,其中 320 是总 MPP 与农产品总价值(280)之间的差额,即所谓虚假的社会价值,它来自对工业部门剩余价值的扣除,另外 40 是农产品总价值与个别生产价格总和之间的差额,它来自农业部门剩余价值的扣除。

其三,农业部门投入的总劳动=$160c+40v+80m=280$,创造的总价值为 280,总劳动与总价值之比为 1,工业部门投入的总劳动=$1\,280c+320v+640m=2\,240$,创造的总价值为 $2\,240$,总价值与总劳动之比亦为 1,这表明等量劳动投入工业和农业两个不同的部门,所创造的价值是相等的。

其四,农产品总 MPP(600)+工业总生产价格($1\,920$)=总价值=总劳动(物化劳动+活劳动)＝2 520；总级差地租(360)＋总利润(360)＝总剩余价值(720)；农业部门利润率＝工业部门利润率＝新的平均利润率 $\bar{P}'=20\%$。

这就完全在马克思的劳动价值论和平均利润理论的基础上，说明了农业级差地租的来源及其量的规定。

垄断生产价格是生产价格的一种转化形式或变形，它与生产价格既有质的区别，又有量的不同。生产价格是在没有任何垄断的条件下平均利润率规律发生作用的形式，而垄断生产价格则是平均利润率规律和土地经营的垄断共同发生作用的结果；生产价格是按平均数原则确定的，垄断生产价格则是按边际方法确定的。

农产品垄断生产价格高于其价值的差额，就是所谓"虚假的社会价值"。虚假的社会价值当然是相对于真实的社会价值而言的。它虽然是由另一个部门创造并通过交换转移过来，但它又不同于供求不平衡时市场价格或市场价值高于价值的余额(这种余额只能在短期内存在，在长期内，很可能被相反的差额所抵销)，而是与真实的社会价值一起，构成调节市场价格或市场价格运动的稳定的中心，从而取得了社会价值的虚假外观，好像它本身就是商品中所包含的价值。

但是，虚假的社会价值仅仅是级差地租的一部分。级差地租的另一部分来自农产品价值与个别生产价格的差额，它是由农业部门的劳动创造的。全部级差地租从总体上看，来自对全社会剩余价值的扣除，具体来说，则是按照资本的比例，对各部门的价值或剩余价值的平均扣除。

2) 对工农业级差地租进行综合考察

由于工业生产同样离不开土地这种生产要素，而工业部门土地的优劣不等和供给量的有限性也同样会导致土地经营的垄断，所以，工业品的生产价格也同样会转化为垄断生产价格。这就要求我们还必须对农业级差地租进行综合的考察。

设工农业部门各级土地的个别成本分别为 K_1 和 K_2(同时假定各部门内各级土地的投资或个别成本相等)，级差系数分别为 Q_1 和 Q_2，劣等地的产量分别为 q_{11} 和 q_{21}。由于工农业部门同时存在着土地经营的垄断，工农业部门之间的竞争使平均利润率 $\bar{P}_1'$ 转化为 $\bar{P}_2'$。用公式表示如下：

经整理为：
$$\bar{P}_2' = \frac{M - Q_1 K_1 (1+\bar{P}_2') - Q_2 K_2 (\bar{P}_2')}{C}$$

$$\bar{P}_2' = \frac{M - Q_1 K_1 - Q_2 K_2}{C + Q_1 K_1 + Q_2 K_2} \tag{6A.3}$$

工农业产品的生产价格则同时转化为由各自的劣等地产品的个别生产价格决定的垄断生产价格，它们分别为：

$$\mathrm{MPP}_{1h} = \frac{q_{1h}}{q_{11}}(1+\bar{P}_2') \tag{6A.4a}$$

$$\mathrm{MPP}_{2h} = \frac{q_{2h}}{q_{21}}(1+\bar{P}_2') \tag{6A.4b}$$

工农业产品垄断生产价格与各自的个别生产价格之差额，分别转化为工农业级差地租，其总计分别为 $Q_1 K_1 (1+\bar{P}_2')$ 和 $Q_2 K_2 (1+\bar{P}_2')$。以表 6A.2 为例。

这里假定工农业资本有机构成均为 $3:1$，剩余价值率为 200%，$C=240$，$M=120$，$K_1=K_2=40$，$Q_1=1/2$，$Q_2=1$，根据公式(6A.3)，可求出 $\bar{P}_2'=20\%$。从表 6A.2 中可以看出，当把工农业级差地租综合起来进行考察时，农产品 MPP_2 中仍然包含着一部分虚假的社会价值，这是因为假定 $Q_2>Q_1$，农业部门内部各级土地之间的生产力的差别大于工业部门内各级土地之间生产力的差别，所以，由劣等地产品的个别生产价格所决定的垄断生产价格会高于价值，从而使农产品总垄断生产价格高于其总价值。这表明，即使工业品以低于其价值的价格出售，从而工业部门根本不存在虚假的社会价值，工业级差地租仍然存在。虚假的社会价值与级差地租，二者既不在量上等同，又没有本质的联系。传统的地租理论把虚假的社会价值与级差地租直接等同起来，这显然是由于仅仅孤立地考察农业部门，忽略了工农业部门之间的交换关系和工业土地经营的垄断所造成的。

如果工业部门的级差系数大于农业部门的级差系数，即 $Q_1>Q_2$，情况则会相反，即工业品垄断生产价格会高于其价值，从而在工业部门也会存在一部分虚假的社会价值。例如，只要把表 6A.2 中工农业部门的位置互换一下，情况就是如此。

表 6A.2 对工农业部门的综合考察

生产部门	土地等级	预付资本	劳动量	产量	价值	IPP	MPP	虚假价值	级差地租	利润
农业	A	40	60	4	45	48	48	3	0	8
	B	40	60	5.5	$61\frac{7}{8}$	48	66	$4\frac{1}{8}$	18	8
	C	40	60	6.5	$73\frac{1}{8}$	48	78	$4\frac{7}{8}$	30	8
	合计	120	180	16	180	144	192	12	48	24
工业	A	40	60	4	$51\frac{3}{7}$	48	48	$-3\frac{3}{7}$	0	8
	B	40	60	4.5	$57\frac{6}{7}$	48	54	$-3\frac{6}{7}$	6	8
	C	40	60	5.5	$70\frac{5}{7}$	48	66	$-4\frac{5}{7}$	18	8
	合计	120	180	14	180	144	168	-12	24	24
总计		240	360	—	360	288	360	0	72	48

而当工农业部门的级差系数相等，即 $Q_1=Q_2$ 时，工农业产品的垄断生产价格就会与各自的价值相等，虚假的社会价值就会完全消失。以表 6A.3 为例。

也仅仅是在表 6A.3 所表明的情况下，作为工农业级差地租实体的超额级差利润才分别是由工农业部门投入较优等土地的劳动创造的，但是，这些级差地租里面不包含任何虚假的社会价值的成分，因为这时劣等地产品的个别生产价格与价值是相等的，垄断生产价格与价值也是相等的。

表 6A.3　没有虚假社会价值的级差地租

生产部门	土地等级	预付资本	产量	个别价值	价值	个别生产价格	垄断生产价格	级差地租	利润
农业	A	40	9	60	54	54	54	0	14
	B	40	10	60	60	54	60	6	14
	C	40	11	60	66	54	66	18	14
	合计	120	30	180	180	162	180	18	42
工业	A	40	9	60	54	54	54	0	14
	B	40	10	60	60	54	60	6	14
	C	40	11	60	66	54	66	12	14
	合计	120	30	180	180	162	180	18	42
合计		240	—	360	360	324	360	36	84

3) 由两个部门向 n 个部门的扩展

以上关于工农业两个部门所说的,同样适用于 n 个部门。

如果用 M 表示全社会的总剩余价值,C_i 表示第 i 部门的总资本($i=1,2,3,\cdots,n$),投入第 i 部门第 h 级土地的资本或个别成本为 K_{ih}($h=1,2,3,\cdots,w$)。因为要抽象地考察级差地租,这里要假定 $K_{i1}=K_{i2}\cdots=K_{iw}$,第 ih 级土地的产量为 q_{ih},并假定 q_{i1} 为劣等地的产量,Q_i 表示第 i 部门的级差系数,$Q_i=\sum_{h=1}^{w}\left(\dfrac{q_{ih}}{q_{i1}}-1\right)$。设新的平均利润率为 $\overline{P}_3{}'$,这样,第 i 部门的单位产品的生产价格,便转化为由部门内劣等土地产品的个别生产价格决定的垄断生产价格:

$$\mathrm{MPP}_i=\dfrac{K_i}{Q_{i1}}\cdot(1+\overline{P}_3{}') \tag{6A.5}$$

总级差超额利润就等于 $Q_iK_i(1+\overline{P}_3{}')$。在存在土地经营垄断的情况下,由 n 个部门之间竞争所形成的全社会的平均利润率 $\overline{P}_3{}'$ 的公式如下:

$$\overline{P}_3{}'=\dfrac{M-\sum\limits_{i=1}^{n}Q_iK_i}{\sum\limits_{i=1}^{n}(C_i+Q_iK_i)} \tag{6A.6}$$

正如一个部门的生产价格与价值是否一致,在其他初始条件都相同的情况下,取决于该部门的资本有机构成与社会平均资本有机构成是否一致一样,在由 n 个部门所组成的经济中,一个部门的垄断生产价格与价值是否一致,在其他一切条件都相同的情况下,将取决于该部门的级差系数是否与全社会的平均级差系数一致。我们用 $\overline{Q}$ 表示平均级差系数,则其公式如下:

$$\overline{Q}=\dfrac{\sum\limits_{i=1}^{n}Q_i}{n} \tag{6A.7}$$

如果 $Q_i > \bar{Q}$，则该部门的垄断生产价格会高于价值，二者的差额即虚假的社会价值，是从那些系数低于 $\bar{Q}$ 水平的部门转移过来的，它构成第 1 部门级差地租的一部分。

如果 $Q_i < \bar{Q}$，则该部门的垄断生产价格会低于其价值，在这种情况下，全部剩余价值在扣除了本部门的级差地租和平均利润后，还有一部分剩余，这部分剩余就是其垄断生产价格与价值的差额，亦即转移到其他部门的虚假的社会价值。

如果 $Q_i = \bar{Q}$，则该部门的垄断生产的价格与价值相等，全部剩余价值正好分解为本部门的平均利润和级差地租，既不多，也不少。

由于级差系数低于 $\bar{Q}$ 和高于 $\bar{Q}$ 的部门能够互相抵消，所以，全社会的总垄断生产价格与总价值是相等的。

6A.3　绝对地租存在的条件、来源和量的规定

1) 绝对地租存在的唯一条件是土地所有权的垄断

传统的地租理论一方面认为，绝对出租是由于土地所有权的垄断而产生的，另一方面又认为，绝对地租来源于农产品价值与生产价格的差额，它的存在，仅仅以农业资本有机构成低于工业资本有机构成为前提。当农业资本有机构成等于或高于工业资本有机构成时，绝对地租就不存在了。很明显，这种长期以来广为流行的观点本身包含着无法解释的矛盾。

如果认为农业绝对地租的存在仅仅以农业有机构成低于工业有机构成为前提，那就必然得出这样的结论，即随着农业有机构成的不断提高，农业绝对地租就会逐渐减少以至接近于零，这不仅在理论上否定了土地所有权的存在，而且不符合资本主义国家农业发展的现实。当代一些资本主义国家的农业有机构成已经等于甚至超过工业有机构成，但只要存在着土地所有权，使用劣等土地也必须支付地租，这是一个不容否认的事实。

面对上述矛盾，学术界有一种观点认为，当农业有机构成等于工业有机构成时，虽然租种土地还必须支付租金，但它已不是范畴意义上的绝对地租了，它来自利润和工资的扣除(卫兴华，1980)。另一种观点认为，农业有机构成等于工业有机构成后，存在的仅仅是垄断地租，它来自农产品价格超过其价值或生产价格的余额(罗节礼，1980)。如果说前一种观点把租金说成是对农业部门平均利润和工资的扣除，那么后一种观点则把垄断地租说成是对工业部门平均利润和工资的扣除。这两种观点都没有说明当代资本主义农业中存在的正常的绝对地租的来源。还有一种观点基本上与上述第二种观点相同，只不过它把其中的垄断地租叫作第二种意义的绝对地租，而把随着农业有机构成的提高而消失的地租称为第一种意义的绝对地租(陈征，1982)。这三种观点都没有解决传统地租理论的矛盾。

其实，即使在农业有机构成低于工业有机构成的情况下，如果考虑到工业部门为使用土地(即使是劣等地)也必须支付地租，那么，农业绝对地租同样不能来源于农产品价值与生产价格的差额，除非平均利润率本身进一步下降，从而使工业品生产价格也低于其价

值,否则,工业绝对地租将无从实现。

我们认为,农业有机构成的高低与绝对地租是否存在两者之间没有本质的联系,绝对地租存在的唯一条件是土地所有权的垄断。只要存在着土地所有权的垄断(不论这种所有权是私人的还是集体的或国家的),在土地所有权与土地经营发生分离的情况下,使用土地就必须支付地租。正如马克思所说的,"如果我们考察一下在一个实行资本主义生产的国家中,可以把资本投在土地上面不付地租的各种情况,那么,我们就会发现,所有这些情况都意味着土地所有权的废除,即使不是法律上的废除,也是事实上的废除。但是,这种废除只有在非常有限的、按其性质来说只是偶然的情况下才会发生"。(马克思恩格斯,1974a,第 846 页)

无论土地所有权最初是怎样产生的,它的存在总是以下述事实作为前提条件:(1)土地是人类一切活动的空间;(2)作为生产要素之一,土地的边际收益在递增到一定点后,会发生递减的变化;(3)土地的数量是有限的,其供给量主要不由经济制度本身所决定。正是由于土地的有用性和稀缺性,才使土地所有权的垄断成为可能;而为了使土地这种有限的自然资源得到合理有效的利用,就必须对土地的使用者收取费用即地租。无论是农业部门还是工业部门,土地所有权都必须借助于地租这种形式才能在经济上得以实现。

以上的分析,完全适合我国目前的情况。随着经济体制改革的不断深入,农村集体土地所有权和城市国家土地所有权都与土地的使用权或经营权发生了分离。在这种情况下,无论是承包集体土地的农户,还是实行承包、租赁和资产经营责任制的企业或个人,都必须向各自的土地所有者支付地租。这部分费用既不同于农业税,也不同于工业部门上缴利税,它是专门为使用土地而支付的,是集体土地的所有权和国家土地所有权在经济上的实现。

2) 绝对地租的量是由土地的边际收益决定的

既然绝对地租的存在与农业有机构成之间没有本质的关系,绝对地租的量也就与农产品价值和生产价格的差额之间,没有必然的联系。实际上,绝对地租的数量,完全是由土地本身的边际收益决定的。当与土地相关的产品的社会需求一定、土地的供给量一定时,绝对地租便等于土地的边际收益,如图 6A.1 所示。

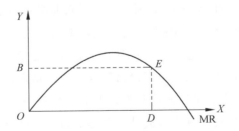

图 6A.1 绝对地租量的决定

图 6A.1 中横轴 OX 表示土地投入量,纵轴 OY 表示土地收益,MR 表示在其他条件

不变的情况下连续追加投入土地所产生的边际收益,OD 表示该部门土地的供给量。从图中可以看出,只有实行土地的有偿使用,使土地使用费即绝对地租等于 D 点土地的边际收益,该部门既定数量的土地才能得到有效的利用,土地的供给与需求也才能达到平衡。一般地说,劣等土地(不仅从土地肥力方面,而且从地理位置上看)总是最后投入使用的,所以,绝对地租也就等于劣等地的边际收益。

由于土地本身质量的差别,同一块土地投入各种可供选择的使用中,会得到不等的收益。

但竞争总是促使土地所有者把自己特定的土地投入能够取得最大收益的用途。这样,虽然就全社会来说可以形成一个从优到劣等依次排列的土地级差序列,从而以最劣等地的地租为绝对地租,按照其超过绝对地租量的程度依次排列,形成一个统一的级差地租序列。但各个部门也都会形成自己的绝对地租量,即相对于本部门投入的土地来说,最劣等地提供的最低地租量。本章仅仅在后一种意义上使用绝对地租概念,这就意味着不同部门的绝对地租率(一定量资本所提供的绝对地租与该数量资本的比率)可以是不等的。

3) 绝对地租来源于对总剩余价值的扣除

按照马克思的劳动价值论,土地的生产力应归结为劳动的自然生产力。[①]因此,由土地的边际收益决定的绝对地租,实质上是由劳动的边际自然生产力所创造的超额剩余价值,在平均利润率规律普遍发生作用的情况下,绝对地租最终要成为对全社会剩余价值的扣除。

这里暂时舍象掉级差地租,抽象地考察绝对地租。

设工农业资本分别为 C_1 和 C_2,工农业剩余价值分别为 M_1 和 M_2,工农业绝对地租分别为 R_1 和 R_2,其绝对地租率分别为 $r_1 = \dfrac{R_1}{C_1}$ 和 $r_2 = \dfrac{R_2}{C_2}$,工农业产品的平均成本分别为 K_1 和 K_2。由于土地所有权对剩余价值的扣除和工农业部门之间的竞争,原始平均利润率 $\bar{P}_0{}'$ 转化为 $\bar{P}_4{}' = \dfrac{M_1 + M_2 - R_1 - R_2}{C_1 + C_2}$,工农业产品的价值则相应地转化为足够价格:工业品足够价格 $= K_1(1 + \bar{P}_4{}' + r_1)$;农产品足够价格 $= K_2(1 + \bar{P}_4{}' + r_2)$。工农业产品足够价格与生产价格的差额 $K_1 \cdot r_1$ 和 $K_2 \cdot r_2$ 分别转化为工农业绝对地租。

斯密最先使用"足够价格"这一概念,原指"足够补还产物上市所需要垫付的资本,并提代供普通利润"的价格。马克思认为,斯密的"足够价格是使商品进入市场,也就是使商品生产出来所必需的价格,即商品的生产价格"(马克思恩格斯,1973,第 398 页)。但生产价格对于必须支付地租的产品来说显然并不足够。我们这里之所以把 $K(1 + \bar{P}_4{}' + r)$ 称之为足够价格,是因为无论农业有机构成是高还是低,也不论农产品价值与生产价格是否

[①] 马克思认为,生产力只能是劳动的生产力。劳动生产力可以体现为劳动的社会生产力和劳动的自然生产力(马克思恩格斯,1972,第 53 页;马克思恩格斯,1974a,第 725~726 页)。

相等,这种价格都足够使土地使用者在补偿了成本并获得平均利润的同时,还能支付绝对地租。

足够价格既不同于商品的价值或生产价格,也不同于马克思所说的那种单纯地由消费者的购买欲和支付能力决定的真正的垄断价格,而是价值或生产价格的一种转化形式,是土地所有权的垄断与平均利润率规律共同作用的结果。我国经济学界长期以来只讲生产价格是价值的转化形式,而对于马克思所说的"价值或生产价格的变形"却很少研究,这不能不说是一个缺陷。

4) 农业有机构成的高低只影响绝对地租价值构成的变化

正是由于绝对地租量的决定有其自身的规律,所以,农业资本有机构成的高低所影响的只能是绝对地租价值构成的变化,而不是绝对地租本身的存在和数量的变化。

6A.4 对级差地租与绝对地租的综合考察

现在我们把级差地租和绝对地租综合起来进行具体的考察。既然从劳动价值论的角度来看,全部价值都是由劳动创造的,一切非劳动的收入形式,都来自对剩余劳动所创造的剩余价值的分解,所以,前述抽象考察的绝对地租不过是投入劣等土地的劳动的边际自然生产力所创造的超额利润的转化形式,在平均利润率规律普遍发生作用的情况下,全部绝对地租最终都要成为对全社会总剩余价值的扣除,这种扣除,是通过一种新的价格机制实现的。

设总绝对地租为 R,第 i 部门的绝对地租为 R_i,则第 i 部门的平均绝对地租率为

$$r_i = R_i/C_i \tag{6A.8}$$

公式(6A.8)表示每单位资本必须支付的绝对地租的数量。

由于总绝对地租 R 对 M 的扣除,平均利润率 $\bar{P}_4'$ 转化为 $\bar{P}_5'$;又由于劣等地的投资也必须支付绝对地租,所以,垄断生产价格便转化为由劣等地的个别足够价格 IEP (individual enough price) 所决定的垄断足够价格 MEP (monopolistic enough price)。所谓个别足够价格,就是除了保证个别资本获得平均利润外,还能足够支付绝对地租的价格,其公式如下:

$$\text{IEP}_i = K_i(1 + \bar{P}_5' + r_i) \tag{6A.9}$$

由于 IPP_i 转化成了 IEP_i,第 i 部门的级差超额利润等于 $Q_iK_i(1+\bar{P}_5'+r_i)$。很显然,新的平均利润率 $\bar{P}_5'$ 的形成和绝对地租 R 与 $\sum_{i=1}^{n}Q_iK_i(1+\bar{P}_5'+r_i)$ 的扣除,必须是在同一个过程中实现的,所以,我们求解下列方程:

$$\bar{P}_5' = \frac{M - R - \sum_{i=1}^{n}Q_iK_i(1+\bar{P}_5'+r_i)}{\sum_{i=1}^{n}C_i}$$

经过运算,我们便得到新的平均利润率公式如下:

$$\bar{P}_5' = \frac{M - R - \sum_{i=1}^{n} Q_i K_i (1 + r_i)}{\sum_{i=1}^{n} C_i + Q_i K_i} \qquad (6A.10)$$

随着 $\bar{P}_4'$ 转化为 $\bar{P}_5'$,所有产品的 MPP 则转化 MEP,其公式为

$$\text{MEP}_i = \frac{k_i}{q_{i1}} (1 + \bar{P}_5' + r_i) \qquad (6A.11a)$$

$$\text{MEP}_{ih} = \frac{q_{ih}}{q_{i1}} \cdot (K_{ih} + \bar{P}_5' + r_i) \qquad (6A.11b)$$

公式(6A.11a)和公式(6A.11b)分别表示单位产品和单个资本的垄断足够价格。单个资本的级差地租 DR(differentiate rent)等于其垄断足够价格 MEP_{ih} 与个别足够价格 IEP_i 的差额;单个资本的绝对地租 AR_i(absolute rent)则等于个别足够价格 IEP_i 与个别生产价格 IPP_i 的差额,用公式表示就是:

$$\text{DR}_i = \text{MEP}_{ih} - \text{IEP}_i \qquad (6A.12)$$

$$\text{AR}_i = \text{IEP}_i - \text{IPP}_i \qquad (6A.13)$$

垄断足够价格既不同于一般的生产价格,也不同于前述的垄断生产价格,它是在平均利润率规律和土地所有权与土地经营的垄断共同作用下产生的一种特殊的价值形态,是垄断生产价格的进一步变形。之所以叫它垄断足够价格,这是因为它与生产价格不同,它除了提供平均利润外,还能足够支付绝对地租;但它又不是按照平均数原则确定的一般足够价格,而是由劣等地的个别足够价格决定的,从而能够使较优等地投资提供级差地租的足够价格,故曰垄断足够价格。下面列出级差地租和绝对地租总表:

在表 6A.4 中, $C_1 = C_2 = 120$, $M = 120$, $R = 19\frac{31}{71}$, $r_1 = r_2 = \frac{19\frac{31}{71}}{240}$, $K_1 = K_2 = 40$, $Q_1 = \frac{3}{7}$, $Q_2 = \frac{1}{3}$,根据公式(6A.10),

$$\bar{P}_5' = \frac{120 - 19\frac{31}{71} - 40\left(\frac{3}{7} + \frac{1}{3}\right)\left[1 + \frac{19\frac{31}{71}}{240}\right]}{240 + 40\left(\frac{3}{7} + \frac{1}{3}\right)} = 25\%$$

这样,根据公式(6A.11a)、(6A.11b)、(6A.12)和(6A.13),可分别计算出工农业产品的垄断足够价格和个别足够价格以及工农业级差地租和绝对地租,其结果如表 6A.4 相应栏目数字所示,这里不再复述计算过程。

表 6A.4　工农业级差地租和绝对地租总表

生产部门	生产单位	土地等级	投资	产量	价值	个别生产价格	个别足够价格	垄断足够价格	级差地租	绝对地租	平均利润
农业	丙	劣	40	7	$52\frac{1}{2}$	50	$53\frac{17}{71}$	$53\frac{17}{71}$	0	$3\frac{17}{71}$	10
	乙	中	40	8	60	50	$53\frac{17}{71}$	$60\frac{60}{71}$	$7\frac{43}{71}$	$3\frac{17}{71}$	10
	甲	优	40	9	$67\frac{1}{2}$	50	$53\frac{17}{71}$	$68\frac{32}{71}$	$15\frac{15}{71}$	$3\frac{17}{71}$	10
	合计		120	24	180	150	$159\frac{51}{71}$	$182\frac{32}{71}$	$22\frac{58}{71}$	$9\frac{51}{71}$	30
工业	丙	劣	40	9	54	50	$53\frac{17}{71}$	$53\frac{17}{71}$	0	$3\frac{17}{71}$	10
	乙	中	40	10	60	50	$53\frac{17}{71}$	$59\frac{1}{71}$	$5\frac{65}{71}$	$3\frac{17}{71}$	10
	甲	优	40	11	66	50	$53\frac{17}{71}$	$65\frac{5}{71}$	$11\frac{59}{71}$	$3\frac{17}{71}$	10
	合计		120	30	180	150	$159\frac{51}{71}$	$177\frac{33}{71}$	$17\frac{53}{71}$	$9\frac{51}{71}$	30
总计			240	—	360	300	$319\frac{31}{71}$	360	$40\frac{40}{71}$	$19\frac{31}{71}$	60

以上所揭示的垄断足够价格规律不仅适用于种植业和加工工业部门,而且适用于包括畜牧业、林业、渔业、副业、建筑业、采掘业,交通运输和邮电业以及服务业等在内的所有产业部门。当然,由于各个部门的生产性质不同,对土地优劣的判断标准不同,所使用的土地数量不同,资本的集约化程度也不同,所以各部门的平均绝对地租(按每单位土地平均支付的 AR)和平均绝对地租率(即按每单位资本平均支付的 AR)都可能是不同的,这样就很难说非农业部门的地租都是由农业部门特别是粮食种植业地租调节的。[①]

6A.5　纯粹流通费用量的最优解[②]

商业资本独立化之后,产商平均利润率公式如下:

$$\overline{P}' = \frac{M - \sum_{i=1}^{m} D_i}{\sum_{i=1}^{n} C_i + \sum_{j=1}^{m}(B_j + D_i)} \quad (6A.14)$$

商业资本 B 与其平均周转速度 N 成反比:

$$\sum_{i=1}^{m} B_j = \frac{\sum_{i=1}^{n} C_i (1 + \overline{P}')}{N} \quad (6A.15)$$

根据商业资本 B 的周转速度与纯粹流通费用的支出正相关定理,可以将商业资本周

---

① 认为非农业地租是由农业地租调节的,这实际上是一个斯密-马克思的教条(马克思恩格斯,1974,第694、871页)。关于商业地租、采掘业地租、银行地租和住宅地租的探讨,参见蔡继明(2015/2021)。

② 这部分是高宏博士根据我的一篇论文(蔡继明,1991)扩展而成的。

转速度 N 写成流通费用的函数：$N = N(\sum D), N' > 0$。而根据公式(6A.14)，平均利润率关于流通费用的一阶偏导大于 0，二阶偏导小于 0。由此，公式(6A.15)写成如下形式：

$$N\sum B_j = (1+\bar{P}')\sum C_i \Rightarrow N(\sum D_j)\frac{\sum B_j}{\sum C_i} = 1 + \bar{P}'(\sum D_j) \quad (6A.16)$$

如果社会现存的商业资本 B（用于商品买卖的商业资本）和产业资本既定，那么可以由公式(6A.16)得到满足"既定时期内实现产业部门全部待售商品价格"的最低流通费用支出规模 $\sum D_j$。不同的商/产资本比对应不同的最低流通费用支出规模。在一些必要假定下，这个"最优解"是社会必要限度的商业资本数量下对应的最低流通费用。以下是具体的求解过程：

由于"商业资本 B 的周转速度，又与纯粹流通费用的支出成正比"，因此可得 $N = N(\sum D_j), N'>0$。同时，假定 $N''<0$，总纯粹流通费用的支出 $\sum D_j$ 独立于总产业和商业资本 $\sum C_i$ 和 $\sum B_j$。公式(6A.16)可以写成：

$$N\sum B_j = (1+P')\sum C_i \Rightarrow N(\sum D_j)\frac{\sum B_j}{\sum C_i} = 1 + P'(\sum D_j) \quad (6A.17)$$

定义 $Y = N(\sum D_j)\frac{\sum B_j}{\sum C_i}$，所以 $\partial Y/\partial \sum D_j > 0, \partial^2 Y/\partial(\sum D_j)^2 < 0$，$\partial Y/\partial\left(\frac{\sum B_j}{\sum C_i}\right) > 0$。由公式(6A.14)可得 $\partial P'/\partial \sum D_j < 0, \partial^2 P'/\partial(\sum D_j)^2 > 0$，因此，在 $\frac{\sum B_j}{\sum C_i}$ 既定下，最低流通费用 $\sum D_j$ 可以由公式(6A.15)得出，如图 6A.2 所示。

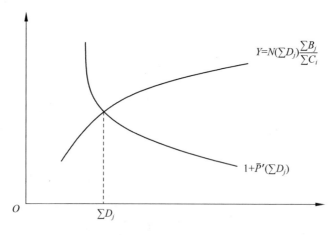

图 6A.2　最低纯粹流通费用

下面再分析商/产资本比变动对最低流通费用 $\sum D_j$ 的影响，由于最低流通费用是一种虚费，因此能达到 $\sum D_j$ 最小值的状态即是最优解。

由于 $\partial Y/\partial\left(\dfrac{\sum B_j}{\sum C_i}\right)>0$，$\partial \bar{P}'/\partial\left(\dfrac{\sum B_j}{\sum C_i}\right)$ 大于 0 还是小于 0 是不确定的，因此需要增加额外的假定：

（1）在社会生产正常运转的情况下，假定总剩余价值不变，产业和商业资本存量都在增加，因此，无论商/产资本比如何变动，$\bar{P}'$ 都是递减的。因此，

（1.1）如果商/产资本比提高，则如图 6A.3 所示。

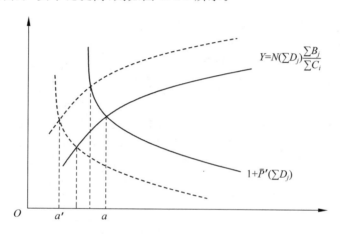

图 6A.3　最低流通费用与商/产资本比呈反比例变动

最低流通费用 $\sum D_j$ 由 a 点变动到 a' 点，它是在 Y 和 $\bar{P}'$ 变动的综合影响下得到的。因此，可以看出，最低流通费用与商/产资本比呈反比例变动。由于商/产资本比不能无限制地扩大，当商业资本规模扩大到社会必要限度时，$\sum D_j$ 达到最小规模，即为最优解。

（1.2）如果商/产资本比降低，则如图 6A.4 所示。

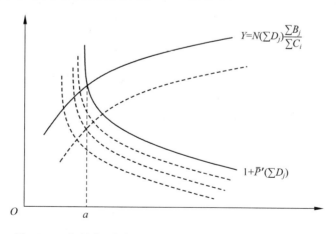

图 6A.4　如果商/产资本比降低，最低流通费用必将会提高

最低流通费用 $\sum D_j$ 提高、降低还是不变,取决于 Y 和 $\bar{P}'$ 变动的关系,这种影响是不确定的。但由于初始的商/产资本比是任意给定的,由(1.1)的结论可以推知,最低流通费用 $\sum D_j$ 必将会提高。

(2) 然而,总剩余价值不会不变,随着产业和商业资本存量都在增加,总剩余价值也会增加,$\bar{P}'$ 也不必然是递减的。因此,仅由公式(6A.14)不能判断出商/产资本比变动对 $\bar{P}'$ 的影响。但是,换个角度,从现实出发,在一系列因素作用下,平均利润率下降的趋势被阻碍、延缓、部分地抵消,因此,现实中平均利润率并未显著下降而呈波动趋势(如图 6A.5所示)。

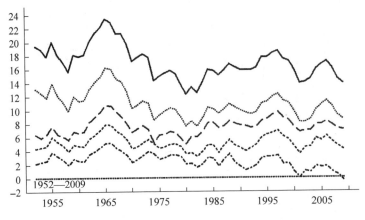

图 6A.5　各种利润率的变动

说明:从上至下五条曲线分别为:马克思意义上的利润率;扣除生产税后的利润率;扣除全部税收的利润率;进一步扣除了利息支付,并以净资产为分母的利润率;支付完红利之后的利润率(自留利润率)。资料来源:Dumenil, G. et al. (2011),"The Crisis of the Early 21st Century: A Critical Review of Alternative Interpretations", unpublished manuscript.

因此,可以假定 $\bar{P}'$ 对商/产资本比的偏导为零。随着商/产资本比的变动,如图 6A.6 所示。

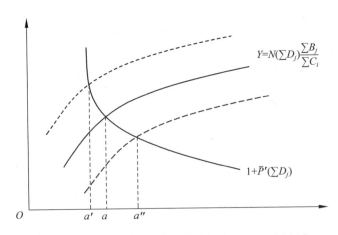

图 6A.6　最低流通费用与商/产资本比呈反比例变动

最低流通费用与商/产资本比呈反比例变动。由于商/产资本比不能无限制地扩大，当商业资本规模扩大到社会必要限度时，$\sum D_j$ 达到最小规模，即为最优解。

复习思考题

（1）剩余价值是如何通过成本价格转化为利润的？
（2）利润率是如何平均化的？
（3）如何看待价值向生产价格的转化？
（4）阐述虚假社会价值的来源及其与级差地租的关系。
（5）阐述绝对地租存在的条件、来源及其量的规定。
（6）试析"三位一体"公式。

课堂自测（第6章）

参考文献

蔡继明,1991. 周转速度、流通费用与商业利润的相关分析[J]. 中国经济问题,第5期.
蔡继明,2021. 高级政治经济学[M]. 第2版. 北京:清华大学出版社.
陈征,1982. 要区分两种不同意义上的绝对地租[J]. 学术月刊,第6期.
刘震等,1964. 苏联经济学界论社会主义制度下的级差地租[M]. 北京:农业出版社.
罗节礼,1980. 当代资本主义农业中的非级差地租[J]. 教学与研究,第1期.
骆耕漠,1964. 关于如何正确理解"虚假的社会价值"问题[J]. 经济研究,第6期.
马克思恩格斯,1972. 马克思恩格斯全集[M]. 第23卷,北京:人民出版社.
马克思恩格斯,1973. 马克思恩格斯全集[M]. 第26卷第2册,北京:人民出版社.
马克思恩格斯,1974a. 马克思恩格斯全集[M]. 第25卷,北京:人民出版社.
马克思恩格斯,1974b. 马克思恩格斯全集[M]. 第32卷,北京:人民出版社.
庞巴维克,1936. 马克思主义体系之崩溃[M]. 北京:商务印书馆.
斯蒂德曼,1991. 按照斯拉法思想研究马克思[M]. 北京:商务印书馆.
斯拉法,1962. 用商品生产商品[M]. 北京:商务印书馆.
卫兴华,1962. 关于价值与"虚假的社会价值"[J]. 新建设,第4期.
卫兴华,1980. 当代资本主义农业中的绝对地租问题[J]. 教学与研究,第5期.
谢富胜,2000. 西方学者关于马克思"价值转形"理论研究述评[J]. 教学与研究,第10期.
张朝尊,1987. 试论农业中的绝对地租规律和土地社会主义国有化[J]. 中国社会科学,第2期.
佐藤金藤三郎等,1977. 学习资本论[M]. 日本有斐阁书第五册.

第 7 章

资本积累的规律和历史趋势

如本书第 2 章所述,马克思政治经济学(《资本论》)的最终目的是"揭示现代社会的经济规律"。马克思把当时所谓现代社会的经济规律分为经济运行规律和经济发展规律:前者是指经济现象具有完成形式和处于一定时期内可见到的联系中支配其运动的规律,后者是指这些现象变化的规律,这些现象发展的规律,即它们由一种形式过渡到另一种形式,由一种联系秩序过渡到另一种联系秩序的规律,或者说是支配着一定社会机体的产生、生存、发展和死亡以及为另一更高的机体所代替的特殊规律。在马克思看来,与前一种规律相比,对后一种规律的研究更重要。[①]一个社会的经济运行规律可以比作该社会的生理学,一个社会的经济发展规律可以比作该社会的病理学。运行规律好比描述的是一个人的日常饮食起居;发展规律好比描述的是一个人的生老病死。[②]本书第 3~6 章所研究的就是资本主义经济运行规律,其中包括资本(剩余价值)的生产过程、流通过程和分配过程。本章则在资本主义运行规律研究的基础上,进一步分析资本主义发展规律。因为资本主义的发展是通过资本积累实现的,研究资本主义发展规律也就是要揭示资本主义积累的历史趋势。

应该指出的是,马克思在其政治经济学巨著《资本论》中,有关资本主义运行规律和发展规律的研究并不是孤立的截然分开的。虽然整个《资本论》三卷构成一个"完整的艺术整体",但由于马克思急于在社会革命的洪水期到来之前为无产阶级提供完整的思想武器,率先出版的《资本论》第一卷实际具有相对独立的价值,它不仅包括资本主义运行规律的研究,也涉及资本主义发展规律的研究,可以说是在极其抽象的层面上,阐述了资本主义产生、发展和灭亡的规律。如果把《资本论》第一卷比作一棵独木成林的参天大树,劳动价值理论(第 1 篇)就是其树根(其中所阐述的商品、货币和价值规律构成资本主义由以产生的基础),剩余价值(生产)理论(第 2~第 6 篇)就是其树干(由此阐明资本主义运行规律),资本积累理论(第 7 篇)则是其果实(用以揭示资本主义发展灭亡的规律)。所以,资

[①] 这里引述的是俄国学者考夫曼对马克思研究方法的描述,这一描述得到了马克思本人的高度认可。(参见马克思恩格斯,1972a,第 22~23 页)

[②] 考夫曼当年并没有对上述两种规律做出明确定义,而是把与发展规律相对应的另一种规律称为"那种规律"(同上书,第 22 页)。后来的列宁把"那种规律"定义为"活动规律"(参见列宁,1984a,第 112 页)。苏联学者罗任(1982,第 52 页)则把"那种规律"更准确地定义为"功能规律"。从此,"社会功能规律"和"社会发展规律"的划分广为哲学、社会学以及社会管理、行政管理研究者使用(参见 В. П. 库兹明,1988,178 页;B. A. 巴加图里亚,1982,第 186 页;阿法纳西耶夫,1988,第 148 页)。

本积累规律(包括"资本主义积累的一般规律"和"资本主义积累的历史趋势")首先是在《资本论》第一卷第 7 篇中加以研究的。不过在《资本论》第一卷第 7 篇,有关资本积累规律的研究是从直接生产过程的角度展开的,在那里仅仅抽象地揭示了资本积累的一般规律和历史趋势,而在《资本论》第二卷第 3 篇,则进一步从流通过程社会总资本扩大再生产的价值补偿和物质替换的角度,阐述了资本积累所必要的前提条件与平衡条件;在《资本论》第三卷第 3 篇,则从资本主义生产的总过程即生产过程与流通过程现实具体统一的角度,通过分析平均利润率趋向下降规律及其内部矛盾的展开,对资本积累规律即资本主义发展规律做出更加具体的分析。

本章实际上是由《资本论》第一卷第 7 篇"资本的积累过程"、《资本论》第二卷第 3 篇"社会总资本的再生产和流通"以及《资本论》第三卷第 3 篇"利润率趋向下降的规律"的相关内容综合而成的。

7.1 资本积累:资本有机构成不变

所谓资本积累(capital accumulation),就是剩余价值转化为资本。资本主义生产的特点是扩大再生产。资本家为了追求更多的剩余价值,会把已经获得的剩余价值在扣除了个人消费之后,再转化为资本,用于购买追加的生产资料和劳动力,使再生产在扩大的基础上继续进行。我们首先分析,在假定资本有机构成保持不变,即资本家追加的生产资料和劳动力即不变资本 c 与可变资本 v 保持原有的比例的情况下,资本积累对工人阶级的影响。

7.1.1 资本对劳动力的需求增加

在资本积累过程中,如果资本有机构成保持不变,在其他条件相同的情况下,所追加的劳动力数量会和资本总量保持同比例的增长,这也就意味着伴随着剩余价值资本化即资本主义生产规模的扩大,资本对劳动力的需求会同等地增加。比如存量资本 1000 亿元,资本有机构成 1∶1,则其中 500 亿元为可变资本。若资本有机构成不变,资本增加 10%,其中追加不变资本 50 亿元,追加可变资本 50 亿元,则可变资本亦增加 10%。这也就意味着对劳动力的需求按照与资本扩大相同的比例增加了 10%。

7.1.2 劳动者的生活状况会有所改进

随着资本对劳动力需求的增加,在其他条件不变的情况下,特别是在劳动力供给保持不变或增加幅度小于 10%时,劳动力市场就会出现供不应求,劳动力的价格也就会暂时提高到劳动力价值以上,从而使工人的生活状况有所改善。但是,随着资本积累而来的工资上涨的现象,实际上不过表示"雇佣工人为自己铸造的金锁链已经足够重,容许把它略微放松一点"而已。(马克思恩格斯,1972a,第 678 页)工资的增加至多表明工人必须提供的无酬劳动量的减少,这种减少永远不会达到威胁资本主义生存与发展的程度。(马克思恩格斯,1972a,第679页)因为积累本身会由于劳动价格的提高而削弱,而随着积累的减少,资本和可供剥削的劳动力之间的不平衡也就消失了。所以,资本主义生产过程的机构会自行排除它暂时造成的障碍,劳动价格会重新降到适合资本增殖需要的水平。

7.2 资本积累:资本有机构成提高

在资本积累过程中,资本家为了追求超额剩余价值,会不断采用新技术,提高劳动生产力。因为社会劳动生产力的水平就表现为一个工人在一定时间内,以同样的劳动强度使之转化为产品的生产资料的相对量,所以,只要生产资料的量相对并入生产资料的劳动力增长,这就表示劳动生产力的增长。在资本主义生产方式中,社会劳动生产力的提高,即资本技术构成的提高,反映在资本的价值构成上,即不变资本增加而可变资本减少,最终表现为资本有机构成的提高。一般而言,只代表所耗费的生产资料价值或不变资本部分的那个价格要素的相对量,同积累的增进成正比;用来支付劳动或代表可变资本的另一个价格要素相对量,同积累的增进成反比。资本有机构成不断提高,是资本主义发展的一种客观趋势,它既是资本竞争的必然结果,也是资本积累的必然结果。

7.2.1 对劳动力的需求相对减少,出现相对人口过剩

资本有机构成提高,可变资本在预付总资本中所占的比例相对减少,意味着在资本积累过程中,资本对劳动力的需求会相对减少,从而出现相对过剩人口。

所谓相对过剩人口(relative excess of population),是指劳动力的供给超过了资本对它的需求,也即相对于资本的需求来说,这部分劳动力成为"多余"的人了。仍以前述例子来分析。假定资本有机构成由原来的1∶1提高到3∶2,则新增的100亿元资本中,只有40亿元用于购买追加的劳动力,这样,相对于1∶1的资本有机构成,可变资本即就业人口只增加了8%,低于10%的总资本增长率,从而相对于1∶1的资本有机构成,对劳动力的需求规模来说,就出现了2%的相对过剩人口。

可见,这种过剩人口之所以是相对的,因为并非社会生产的发展绝对不需要他们,并非他们已经超出了社会生产的生活资料所能养活的限度,真的成为社会上多余的人了,而是因为他们不为资本价值的增殖所需要,才成为"过剩"人口。事实是,资本主义积累不断地并且同它的能力和规模成比例地生产出相对的,即超过资本增殖的平均需要的,因而是过剩的或追加的工人人口。

相对过剩人口具有三种形式。

一是流动的过剩人口,主要指城市和工业中心临时失业的工人。这些工人时而就业、时而失业,具有流动性。这是由于有的部门和企业因生产萎缩,或因采用新技术,或因资本转移,随时都要解雇工人。与此同时,另一些部门和企业却因生产发展需要吸收一部分工人。这种流动过剩人口还随着资本主义再生产周期的循环而表现为,在危机阶段,失业人口增加,到复苏高涨阶段,许多失业人口又被资本所吸收。

二是潜在的过剩人口,是指农业过剩人口。资本主义农业的发展,使越来越多的个体农民破产;同时,随着农业资本有机构成的提高,机器的广泛使用,对农业劳动力的需求也相对地甚至绝对地减少。这就在农村中形成了大量的相对过剩人口。他们和城市工业中的流动过剩人口不同,通常还守着一小块土地,一年中只有很少一部分时间从事农业劳动,经常处于半失业状态,生活也极端贫困,是一种潜在形式的相对过剩人口。他们一有机会就流入城市、矿山、铁路、建设工地,从事劳动条件差、工资低的工作。这部分过剩人口,是资本主义企业大量廉价劳动力的重要来源。

三是停滞的过剩人口。停滞的过剩人口是由于过度劳动而早衰,或者是缺少资本家所需要的文化技术,往往经过多次失业以后,很难再找到正式的工作。他们没有固定的职业,只有依靠从事家内劳动和打零工等勉强维持生活。他们的劳动很重。"它的特点是劳动时间最长而工资最低。"(马克思恩格斯,1972a,第705页)

此外,还有一部分人处于相对过剩人口的最低层,他们是需要救济的贫民及其子女、孤儿及丧失劳动力和各种迫于生计的流浪者。

7.2.2 相对过剩人口的作用

相对过剩人口既是资本积累的必然产物,又是资本主义生产方式存在的一个条件。

首先,相对过剩人口是一支可以随时调节和满足不同时期资本对劳动力需要的产业后备军,以适应经济复苏和高涨时增加工人,经济萧条和衰退时减少工人的需要。

其次,相对过剩人口的大量存在,有利于资本家加强对在业工人的剥削,迫使工人接受较低的工资和忍受较差的劳动条件,或者强迫工人提高劳动强度和延长劳动时间。

最后,相对过剩人口的大量存在,使工人不得不主动地接受新技术培训,以适应资本有机构成提高对工人技术水平的更高要求,有利于资本家提高劳动生产力和产业结构调整的需要。

7.2.3 资本主义人口规律

以上分析表明,工人人口本身在生产出资本积累的同时,也以日益扩大的规模生产出使他们自身成为相对过剩人口的手段。这就是资本主义生产方式所特有的人口规律,事实上,每一种特殊的、历史的生产方式都有其特殊的、历史地起作用的人口规律。抽象的人口规律只存在于历史上还没有受过人干涉的动植物界。(马克思恩格斯,1972a,第692页)[①]

7.3 平均利润率趋向下降规律

随着剩余价值率经利润率转化为平均利润率,资本主义生产方式的内在矛盾即剩余价值的生产与剩余价值的实现之间的矛盾就通过平均利润率趋向下降规律(the law of

---

① 关于是否存在一般人口规律,我们将在本章附录进行讨论。

tendency of the average rate of profit to fall)展现出来。我们首先分析平均利润率趋向下降规律的形成,然后再分析规律的内部矛盾的展开。

7.3.1 规律的形成

首先,资本有机构成提高必然导致平均利润率下降。在资本积累过程中,资本家为了追逐超额利润,会不断采用新技术,提高劳动生产力,从而使各个企业、部门的资本有机构成不断提高。从平均利润率公式(6.3)中可以看出,资本有机构成的提高,意味着同量资本推动的活劳动数量相对减少,从而在其他条件不变的情况下,必然导致平均利润率下降。

但是,利润率不断下降规律,并不排斥总资本所吸收的剩余劳动的绝对增加,利润率下降与利润量的增加是同一资本积累过程的两种表现。平均利润率的下降并不是因为可变资本及其所推动的活劳动量和剩余价值量的绝对减少,而是由于它们对不变资本量和总资本量的相对减少。在实际的资本积累过程中,随着社会生产力的发展和社会总资本的不断扩大,即使可变资本的相对量在减少,其绝对量也会增长,所以,即使在剩余价值率保持不变的情况下,剩余价值的绝对量以及利润量也会增加。正因为如此,马克思把"利润率的下降和绝对利润量的同时增加"看作是一个"二重性的规律"。(马克思恩格斯,1974,第245页)

然而,平均利润率并不是直线下降的。在资本积累过程中,存在着各种阻碍平均利润率下降的因素从而会延缓平均利润率下降的速度。这些因素包括:

(1)剩余价值率的提高。资本家可以通过延长工作日、提高劳动强度、提高劳动生产力、缩短必要劳动时间(降低劳动力价值),提高剩余价值率,增加剩余价值,从而阻碍平均利润率下降。

(2)不变资本各要素变得便宜。随着科学技术的发展和社会劳动生产力的提高,体现为生产资料的不变资本价值相应降低,这有助于减缓资本有机构成提高的速度,同时使重置资本量减少,从而延缓平均利润率的下降。

(3)工资被压低到劳动力价值以下。这样一方面可以增加剩余价值,另一方面又减少了预付可变资本从而减少总资本,所以是阻碍平均利润率下降的最显著的因素之一。[①]

(4)对外贸易。对外贸易一方面通过进口廉价的生活资料和生产资料使可变资本减少,使不变资本各要素变得便宜,从而提高剩余价值率和平均利润率;另一方面通过向发展中国家倾销商品和直接投资,利用当地廉价的劳动力、原材料,就地生产和销售商品,获得更多剩余价值,从而阻碍平均利润率下降。

(5)股份资本的增加。股份公司只提供股息和低于平均利润率的个别利润率,股份资本又是资本有机构成较高的资本,它一般不参与利润率的平均化过程,因此也会阻碍平

---

① 严格地说,按照马克思的逻辑,工资虽然可能被降到劳动力价值以下,但不是资本主义生产方式的常态,理论上不能作为障碍平均利润率下降的因素,正如不能以工资低于劳动力价值来解释剩余价值产生一样。

均利润率下降。

上述起相反作用的因素虽然不会最终阻止平均利润率的下降,但会减缓其下降的速度,因此,平均利润率下降规律只能作为一种趋势发挥作用,这种作用只有在一定情况下,并且经过一个长的时期,才会清楚地显示出来。所以,确切地说,这一规律应该表述为"平均利润率趋向下降规律"。

7.3.2 规律的内部矛盾的展开

利润率下降和利润量增加是平均利润率趋向下降规律的内部矛盾,其具体展开形式如下:

(1) 生产扩大和价值增殖之间的矛盾。资本主义生产的目的和动力是追逐尽可能多的利润和尽可能高的利润率,其手段是扩大生产规模和提高劳动生产力,这种手段又必然导致平均利润率下降和资本贬值,周期性地引起社会生产的突然停滞和危机。"总的说来,矛盾在于:资本主义生产方式包含着绝对发展生产力的趋势,而不管价值及其中包含的剩余价值如何,也不管资本主义生产借以进行的社会关系如何;而另一方面,它的目的是保存现有资本价值和最大限度地增殖资本价值……。它用来达到这个目的的方法包含着:降低利润率,使现有资本贬值,靠牺牲已经生产出来的生产力发展劳动生产力。"(马克思恩格斯,1974,第278页)

(2) 剩余价值生产与剩余价值实现的矛盾。生产扩大与价值增殖的冲突,实质上是资本主义生产手段和生产目的的冲突。无限制地发展生产力是手段,保存和增殖资本价值是目的。但剩余价值的生产和剩余价值的实现有矛盾。资本主义生产本质上是剩余价值生产,它所需要的条件即足够的生产资料、一定水平的剩余价值率及必要的劳动人口,在资本积累过程中都已经具备,因而剩余价值被不断地再生产出来。但是,剩余价值生产的条件与剩余价值实现的条件并不相同,二者不仅在时间和空间上是分开的,而且在概念上也是分开的。前者只受社会生产力的限制,后者受不同部门的比例和社会消费力的限制。正如本书第5章所论述的,如果社会总资本扩大再生产的必要条件、充分条件以及平衡条件不能满足,社会总产品的价值补偿和物质替换就不能实现,已经生产出来的包含剩余价值的商品资本也就不能转化为货币,资本主义危机就会发生。

(3) 相对人口过剩与相对资本过剩的矛盾。前面已经分析过,伴随资本有机构成提高的资本积累,必然造成大量相对过剩人口。而伴随资本积累和资本有机构成的提高,单个资本家为保持正常经营所必需的最低资本额也在不断提高,从而使众多分散的中小资本达不到获取正常利润所必需的最低资本额,无力参与资本竞争,难以独立经营,形成过剩资本。"所谓过剩资本,实质上总是指那种利润率的下降不会由利润量的增加得到补偿的资本。"这种资本过剩与人口过剩都是由资本积累引起的,二者处在对立的两极:一极是失业的资本,另一极是失业的人口。

平均利润率趋向下降规律及其内部矛盾的展开,深刻地揭示了资本主义生产的历史局限性和暂时性。资本主义生产的手段为了目的而破坏目的,目的依赖手段又限制手段。

"手段——社会生产力的无条件发展——不断地和现有资本的增殖这个有限的目的发生冲突。……资本主义生产的真正限制是资本本身。"(马克思恩格斯,1974,第278~279页)这表明,"资本主义生产不是绝对的生产方式,而只是一种历史的、和物质生产条件的某个有限的发展时期相适应的生产方式"。(同上书,第289页)

7.4 资本主义积累的一般规律

资本积累一方面使社会财富越来越集中在少数资本家的手中,另一方面造成机器排斥工人,形成产业后备军,从而使创造社会财富的无产阶级反而陷于贫困,这是资本主义积累必然导致的两个结果。

7.4.1 规律本身:一极是财富的积累;一极是贫困的积累

"社会的财富即执行职能的资本越大,它的增长的规模和能力越大,从而无产阶级的绝对数量和他们的劳动生产力越大,产业后备军也就越大。可供支配的劳动力同资本的膨胀力一样,是由同一些原因发展起来的。因此,产业后备军的相对量和财富的力量一同增长。但是同现役劳动军相比,这种后备军越大,常备的过剩人口也就越多,他们的贫困同他们所受的劳动折磨成反比[①]。最后,工人阶级中贫苦阶层和产业后备军越大,官方认为需要救济的贫民也就越多。这就是资本主义积累的绝对的、一般的规律。"(马克思恩格斯,1972a,第707页)

一极是财富的积累,一极是贫困的积累,这就是马克思对资本主义积累的一般规律(the general law of capitalist accumulation)的高度概括。

7.4.2 无产阶级贫困化的表现

马克思曾引证英国《皇家国内税务委员报告》《人口调查》《公共卫生报告》等资料,发现1853—1864年,在不列颠应纳税的利润增长50.47%,平均年增长4.58%;而工人阶级劳动时间长,收入水平低,增长幅度小,营养状况差,住宅拥挤,生存条件极差,在经济危机时更是雪上加霜,需要救济的贫民的人数不断增加:1855年是85.136 9万人;1856年是87.776 7万人;1865年是97.143 3万人。资产阶级财富的积累与无产阶级贫困的积累形成巨大的反差。(参见马克思恩格斯,1972a,第711~738页)。

7.5 资本主义积累的历史趋势

资本榨取剩余价值,剩余价值再转化为资本,规模扩大的资本主义再生产又会带来更

[①] 在马克思亲自校译的《资本论》第一卷法文版中是"成正比"。(参见马克思,1983,第687页)如果注意到马克思这里讲的是产业后备军即失业人口的状况,所谓"成反比"是指他们的贫困与他们就业所受的劳动折磨之间的负相关关系,也就是说,他们越是处在失业状态,越不受就业的"劳动折磨",就会越贫困,这里并没有什么逻辑矛盾。

多的剩余价值,如此循环往复,资本主义积累的历史趋势必然导致资本主义基本矛盾的激化,从而被一种新的社会形态所取代。

7.5.1 资本的积聚与集中

资本规模的扩大是通过积聚和集中两种方式实现的。

资本积聚(concentration of capital)是指个别资本通过剩余价值的资本化而实现的资本规模的扩张,它是直接以资本积累为基础的。社会资本的增长是通过许多个别资本的增长实现的。如果其他条件不变,个别资本的积聚会按照各自在社会总资本中所占的比例而增长。由于社会资本分布在许多生产部门的许多资本家手中,这种通过自身积累实现的资本规模扩张会受到新资本的形成和旧资本的分裂的阻碍,"因此,积累一方面表现为生产资料和对劳动的支配权的不断增长的积聚,另一方面,表现为许多单个资本的互相排斥"(马克思恩格斯,1972a,第 686 页)。

资本集中(centralization of capital)是指通过若干分散的小资本合并为少数大资本或大资本兼并小资本而实现的资本规模的扩张。资本集中与资本积聚不同:其一,资本积聚以积累为基础,会使社会总资本增大;资本集中则是原有资本之间的兼并重组,并不会增大社会总资本。其二,资本积聚会受到社会财富绝对增长的限制,速度相对缓慢;资本集中并不受社会总资本增长的限制,它可以通过单个资本的重组并在较短时间内迅速扩张。

资本积聚与资本集中是相互影响相互渗透的。一方面,随着个别资本通过积聚成为规模较大的资本,它们在竞争中就有可能处于有利地位从而击败中小资本,加快资本集中的过程;另一方面,资本集中的加快,使集中起来的资本更有条件利用新技术、采用新机器,获得更多的超额利润,从而有助于加快资本积聚的过程。

资本集中在提高生产社会化程度的同时,又使生产资料越来越集中在少数大资本家手中,这就必然激化资本主义生产方式的基本矛盾,加深无产阶级与资产阶级之间的对立。

7.5.2 资本主义社会基本矛盾

平均利润率趋向下降规律和资本主义积累的一般规律,归根结底是由资本主义社会基本矛盾决定的。

1) 资本主义社会基本矛盾是生产社会化与生产资料私人占有之间的矛盾

生产社会化表现为由于社会分工的发展,各生产部门之间的相互依存日益紧密,生产者之间的交换更加频繁,生产资料的规模和使用范围越来越大,迂回生产的模式越来越广泛,一些部门的生产周期越来越长,随着国内统一市场的形成,商品交换跨越了国界,形成了世界市场。这种社会化大生产要求整个社会的生产应该有组织按比例地进行,要求生产资料和劳动力在全社会范围内实现自觉的合理的配置。然而,在资本主义生产方式中,伴随着生产的社会化程度的不断提高,生产资料的私人占有越来越强化,资本、土地等重要的生产要素的所有权越来越集中到少数人手中,生产的私人属性与社会属性之间的矛盾越来越尖锐。

2) 资本主义社会基本矛盾表现为个别企业生产的有组织性和整个社会生产的无政府状态之间的矛盾

由于资本主义私有制只能使生产在个别企业内部是有组织、有计划的,而整个社会的生产却是无组织、无政府状态的,生产什么,生产多少,何时生产,用什么方式生产,所有这些决策都是由分散的私人企业各自独立做出的,所以社会化大生产所要求的两大部类之间以及各部类内部各子部类之间和各个部门之间的比例关系,以及总供给与总需求之间的平衡都难以实现,由此必然引发资本主义经济危机周期性发生,从而导致社会生产力受到严重破坏。

3) 资本主义社会基本矛盾必然导致周期性经济危机

任何社会的生产都需要把全社会的经济资源按照一定的比例配置到各个生产部门,以满足社会全体成员的不同需要。在以生产资料私有制为基础的资本主义生产方式中,由于资本、劳动、土地等经济资源是在平均利润率和工资率、利息率以及地租率的自发调节下在各部门进行配置的,所以,社会总资本再生产所要求的比例关系以及社会总产品实现所要求的各种条件,只能通过市场的自发调节和周期性经济危机强制地破坏性地实现。在危机期间,商品滞销、企业倒闭、工厂停工、大量资源闲置,社会生产力遭到严重破坏。在社会生产的各种比例关系通过危机强制地得到恢复后,社会生产经过萧条、复苏再进入高涨,接踵而来的是又一次危机。

从 1825 年英国爆发第一次经济危机开始,到 20 世纪初(1907 年),共发生了 10 次经济危机,平均每 10 年左右发生一次。"二战"以后,从 1948 年到 1989 年,资本主义世界共发生了 8 次危机,缩短为平均 5 年左右一次。资本主义生产方式正是通过经济危机对生产力的严重破坏来调节社会资源配置的。

7.5.3 资本主义生产方式的否定之否定

资本主义社会基本矛盾的运动,以及由基本矛盾所决定的资本主义积累的一般规律的作用和平均利润率趋向下降规律内部矛盾的展开,表明资本主义生产方式已经成为阻碍社会生产力发展的桎梏,它的历史使命已经完结,必将被一种新的生产方式所代替。正如马克思所指出的:"资本的垄断成了与这种垄断一起并在这种垄断之下繁盛起来的生产方式的桎梏。生产资料的社会化,达到了同它们的资本主义外壳不能相容的地步。这个外壳就要炸毁了。资本主义私有制的丧钟就要敲响了。剥夺者就要被剥夺了。"(马克思恩格斯,1972a,第 831~832 页)

资本主义生产方式的产生、发展和灭亡,是一个否定之否定的过程。资本主义私有制是对以个人劳动为基础的小私有制的第一个否定,资本主义生产方式由于其内在矛盾所造成的对自身的否定,是否定之否定。但是,马克思指出,"这种否定不是重建私有制,而是在资本主义时代的成就的基础上,也就是说,在协作和对土地及靠劳动本身生产的生产资料的共同占有的基础上,重建个人所有制"。(马克思恩格斯,1972a,第 832 页)①这就是马克思向人们解释的资本主义积累的历史趋势(historical tendency of capitalist accumulation)。

至此,我们就结束了对资本主义发展规律的分析。需要指出的是,这些分析是严格地按照马克思《资本论》的逻辑推演的。关于当代资本主义的发展和社会主义的实践,我们将在后面三章进行探讨。

附录 7A 关于资本积累理论的讨论

7A.1 关于人口规律和相对人口过剩

马克思在分析资本积累时指出,在剩余价值再转化为资本的过程中,由于资本有机构成不断提高,同量资本所雇用的劳动力越来越少,由此必然产生相对人口过剩。马克思指出:"工人人口本身在生产出资本积累的同时,也以日益扩大的规模生产出使他们自身成为相对过剩人口的手段。这就是资本主义生产方式所特有的人口规律,事实上,每一种特殊的、历史的生产方式都有其特殊的、历史地起作用的人口规律。抽象的人口规律只存在于历史上还没有受过人干涉的动植物界。"(马克思恩格斯,1972a,第 692 页)

然而,随着技术水平的不断提高,不同社会生产方式下的物化劳动与活劳动的比例都会不断提高,仅从这一点来看,资本有机构成不断提高就并非资本主义生产方式所特有的规律,至少在我们同样引入资本概念的社会主义市场经济中也是适用的。同样地,所谓相对人口过剩也并非资本主义生产方式所特有的人口规律,在中国特色社会主义生产方式中,恐怕也是存在的。

不仅如此,按照马克思一般特殊个别的辩证法,有特殊的人口规律,就一定有一般人口规律,一般人口规律不过是特殊人口规律的共性和抽象,而特殊人口规律自然是一般人口规律的具体表现。但是无论人口规律多么特殊,都不应该违反人口规律的一般属性。比如,即使并非像马尔萨斯所断言的人口是按几何级数增长的,食品是按算术级数增长的,但人口的增长一定要与食品的增长乃至一般生活资料的增长相适应,人口、资源、环境要统筹发展,人与自然要和谐相处,这些至少应该是任何社会都普遍存在的一般人口规律吧?②

---

① 1875 年,马克思在亲自修订过的法文版《资本论》中又补充说,历史上存在过的劳动者的私有制,被资本主义私有制否定了;共产主义所要重新建立的,不是"劳动者的私有制",而是"劳动者的个人所有制"。

② 原北京大学校长马寅初因发表《新人口论》于 1960 年 1 月 4 日被迫辞去北大校长职务。马寅初为了强调其"新人口论"的特殊性,曾声明他的人口论也姓"马",但不是马尔萨斯的"马",而是马克思的"马"。其实,无论是马尔萨斯的人口论还是马克思的相对过剩人口论,抑或是马寅初的新人口论,都不能违反一般、特殊和个别的辩证法:就马尔萨斯人口论的内容来看,实际要讨论的是一般人口规律,尽管两个"级数"的假说有待于经验验证;马克思的相对过剩人口论,其初衷是要探讨资本主义特殊人口规律,但从阐述的内容看,至少是一般社会化大生产(包括资本主义和社会主义)都适用的;至于马寅初的新人口论,就其强调人口增长与土地、粮食、工业原料、劳动生产力以及资金积累的关系而言,实在很难与马尔萨斯的人口论划清界限,也看不出新在哪里。(参见马寅初,1975)

进一步说，即使在资本有机构成提高的情况下，如果资本积累（剩余价值转化为资本）的绝对量增加得足够快，对劳动力的绝对需求量也会增加。比如，即使当资本有机构成由原来的 5∶5 提高到 6∶4 时，只要剩余价值转化为资本的绝对量大于 125，所雇用的劳动力就会超过原来资本有机构成为 5∶5 条件下 100 单位资本所雇用的劳动力。① 只要资本积累不导致绝对过剩人口，在其他条件不变的情况下，即使存在相对人口过剩，也不必然导致无产阶级的贫困化。

7A.2　关于无产阶级的贫困化

马克思似乎并没有明确无产阶级的贫困化是绝对贫困化还是相对贫困化。但根据马克思"劳动力价值是为维持劳动力再生产所必要的生活资料的价值"这一定义，以及马克思把相对剩余价值生产看作是资本主义生产的主要方式，马克思所说的贫困化，应该是指相对贫困化。因为根据马克思的观点，在正常情况下劳动力是按价值出售的，工资低于劳动力价值的现象被舍象掉了，而整个社会劳动生产力提高的结果是，劳动力的价值会降低，从而再生产劳动力价值的必要劳动时间会缩短，剩余劳动时间从而剩余价值量会相应地增加，但工人的实际工资并没有减少，实际生活水平也就没有下降，只是相对于资本家来说，工人的收入降低了，因此工人的贫困化只是相对的。问题是，任何社会都存在相对收入差别，无产阶级与资产阶级之间的相对收入差别和资产阶级内部以及无产阶级内部的相对收入差别相比，到底是质的差别呢，抑或仅仅是量的差别？另一方面，这种无产阶级的相对贫困化的差距能否缩小，也就是说，工人阶级的实际收入或生活状况能否得到改善？

列宁认为，无产阶级的相对贫困化就是"他们在社会收入中所得份额的减少"（列宁，1984b，第 430～431 页）；列宁根据 19 世纪 80 年代之后 30 年德国工人的生活状况，指出这一时期"工人的贫困化是绝对的，就是说，他们简直愈来愈穷，生活更坏，吃得更差，更吃不饱，更要挤在地窖和阁楼里"（同上书，第 430 页）。伯恩斯坦否认贫困化理论，认为应该把贫困化解释为一种发展趋势，这种趋势是资本主义积累所固有的，但在实践中不可能不折不扣地贯彻，因此也不一定促使马克思所描绘的对立尖锐化。由于贫困化只不过是一种趋势，所以通过工人运动的发展和作为其成果的社会政策的改良，这种趋势被阻挡住了，现实中工人的状况在改善，我们能看到的只不过是劳动所得与财产所得的差额不断扩大的"相对贫困化"。而考茨基则反击伯恩斯坦，认为马克思所讲的"贫困、压迫、奴役、退化和剥削程度的不断加深"，不仅是生理意义上的贫困，而且是社会意义上的贫困。（参见佐藤金三郎，1993，第 508～509 页）

7A.3　关于平均利润率趋向下降规律

马克思认为，随着资本有机构成不断提高，同量资本推动的活劳动越来越少，在其他

---

① 其实，马克思也承认，利润率的下降和利润量的增长是并行不悖的，是平均利润率趋向下降规律的二重性。

条件不变的情况下,平均利润率会不断下降。但由于存在着若干起相反作用的因素,如剩余价值率提高,不变资本的节约等,平均利润率不会直线下降,而是仅仅呈现出下降的趋势,即趋向下降。(马克思恩格斯,1974,第258页)但问题是,马克思从来没有从数量上证明:这些起相反作用的因素不会抵消资本有机构成提高所引起的平均利润率的下降。因此,从逻辑上完全可以假设,平均利润率趋向下降,仅仅是一种可能,相反的趋势,即平均利润率趋向上升,也同样是可能的。至于马克思时代以及后马克思时代资本主义国家的平均利润率是否出现了下降趋势,抑制平均利润率下降的因素是否会抵消资本有机构成提高所造成的影响,这些都只能通过经验验证才能证明。

7A.4　关于剩余价值生产与剩余价值实现之间的矛盾

马克思认为,平均利润率趋向下降规律的内部矛盾的表现之一是"剩余价值生产与剩余价值实现之间的矛盾",并指出,"前者只受社会生产力的限制,后者受不同部门的比例和社会消费力的限制。但是社会消费力既不是取决于绝对的生产力,也不是取决于绝对的消费力,而是取决于以对抗性的分配关系为基础的消费力;这种分配关系使社会上大多数人的消费缩小到只能在相当狭小的界限以内变动的最低限度"。

但是,从社会总资本再生产图式中可以看出,工人的消费只能由工人的工资即可变资本支付,而且在假定工资只是劳动力价值或价格的转化形式,劳动力价值仅仅是维持劳动力再生产所必要的生活资料的价值的条件下,工人的边际消费倾向只会大于等于1,不会出现消费不足的情况。

至于剩余价值或者被资本家全部用于消费(假定再生产在原有规模基础上进行),或者在扩大再生产的情况下一分为三,即用于追加可变资本的 $\frac{v}{m}$,用于追加不变资本的 $\frac{c}{m}$,用于资本家个人消费的 $\frac{x}{m}$,其中除了第一部分 $\frac{v}{m}$ 转变为可变资本后通过工人的消费来实现,其他两部分都是由资本家自己实现的。由此说来,剩余价值的实现与无产阶级的贫困化以及社会消费力之间没有直接的关系,完全是资本家阶级内部的事:即一方面要满足公式(5.8)所表示的两大部类扩大再生产平衡条件 $\mathrm{I}(v+\frac{v}{m}+\frac{x}{m}) = \mathrm{II}(c+\frac{c}{m})$;另一方面第Ⅰ部类内部要保证 $\mathrm{I}(c+\frac{c}{m})$ 的实现,第Ⅱ部类内部要保证 $\mathrm{II}(v+\frac{v}{m})$ 的实现。如果这些条件不能满足,剩余价值的确就不能完全实现,但这和工人的收入高低和消费多少都没有关系。

当然,除了上述两大部类之间以及各部类内部子部类之间的比例关系,如果资本家的剩余价值用于储蓄和投资的数量不一致,剩余价值的实现也会遇到障碍,但仍然与工人的收入、消费乃至贫困化没有直接的关系。

进一步说,如果无产阶级的贫困化与平均利润率趋向下降规律以及剩余价值的实现乃至社会总资本再生产的平衡都没有直接的联系,那么,资本主义积累的一般规律与资本主义基本矛盾之间也就没有必然的联系。

7A.5　关于资本主义基本矛盾

生产的社会化与生产资料私人占有之间是否存在不可调和的矛盾？危机与经济增长之间是否一定是负相关？

所谓生产的社会化和生产资料的私人占有之间的矛盾是指，前者要求整个社会生产要置于计划控制之下，而后者则导致生产者各行其是，整个社会生产处在无政府状态，由此必然导致一次又一次的经济危机，使社会生产力遭到极大破坏，从而最终导致资本主义灭亡。这就是所谓资本主义社会的基本矛盾，如图 7A.1a 所示。

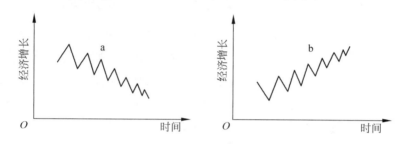

图 7A.1　经济危机的正负反馈

但自罗斯福新政和凯恩斯革命以来，资本主义国家的这一矛盾不是在加剧，而是在缓解，资本主义仍以顽强的生命力在发展。这是因为，生产的社会化包括两方面：一是指生产资料的规模越来越大，越来越社会化；二是指社会分工的广度和深度越来越扩大，产业链条越来越长，不同部门之间的联系越来越紧密。前者可以通过扩大企业的规模来适应，资金的短缺可以通过资本市场融资来解决，风险可以通过股份有限公司来分摊；后者可以通过看不见的手——市场机制和看得见的手——政府的宏观经济政策来调节。这样一来，资本主义经济危机与经济增长之间就有可能出现正反馈，如图 7A.1b 所示。

进一步说，社会主义是否就没有生产的社会化和生产资料的多元占有之间的矛盾？计划经济时期，虽然实行了公有制，但经济危机（或称波动）仍然存在，大量的产品积压和百姓生活用品的短缺并存。今天我们实行了生产资料占有多元化，甚至非公经济已经超过了公有制经济，这种情况下是否也存在类似于资本主义社会的基本矛盾呢？

事实上，计划经济体制下的短缺，重工业优先发展所造成的农轻重比例失调，产品积压等，社会主义市场经济体制下的生产过剩，经济过热，不都是经济危机的表现吗？

7A.6　关于重建个人所有制

马克思在 1867 年出版的《资本论》第一卷中所说的重新建立的"个人所有制"到底指什么？

一种观点认为是指"生活资料的个人所有制"。这种意见的主要依据是恩格斯在《反杜林论》中的解释。恩格斯说："靠剥夺剥夺者而建立起来的状态，被称为以土地和靠劳动本身生产的生产资料的社会所有制为基础的个人所有制的恢复,对任何一个懂德语的人来说,这也就是说,社会所有制涉及土地和其他生产资料,个人所有制涉及产品,那就是涉及消费品。"持这种意见的同志强调,恩格斯在《反杜林论》中对"个人所有制"的解释是得到马克思的赞同的,而且马克思自己在《哥达纲领批判》中也认为,在未来社会"除了个人的消费资料,没有任何东西可以转为个人的财产"(马克思恩格斯,1972c,第170页)。这种观点显然站不住脚,因为一方面消费资料即使在资本主义社会也是归个人所有的(人们只能消费归自己所有的生活资料),难道在消灭了资本主义制度后还需要费神重建什么消费资料个人所有制吗?另一方面,马克思在此明显是在谈论与生产资料占有制属于同一层面的问题,不会扯到生活资料上。

另一种观点认为,马克思要重新建立的"个人所有制"是指生产资料"人人皆有的私有制",即社会的生产资料归每个社会成员私有,不存在有些社会成员有生产资料,有些社会成员没有生产资料的现象。这种意见认为,私有制有两种类型,一是"部分人的私有制",即社会生产资料只被社会上的一部分人所有;二是"人人皆有的私有制",即"个人所有制"。马克思批判的是第一类型的私有制,并不反对人人皆有的个人所有制。这种观点没有说明这种"人人皆有的私有制"与生产资料共同占有制是什么关系。

还有一种观点认为,马克思要重新建立的"个人所有制"指的是生产资料公有制。理由是:马克思提出的"个人所有制",是与协作和对土地及靠劳动本身生产的生产资料的"共同占有"联系在一起的。因此,它与社会主义公有制应当是同一概念,二者无论是在内涵上,还是在外延上都是一致的。但是,这种公有制不能认为就是我们曾实践过的社会主义公有制,因为后者并不能使社会每个劳动者切实地感受到他是生产资料的所有者。持这种观点的人也没有描述出我们未曾实践过的社会主义公有制到底和马克思已经明确的生产资料共同占有制有什么不同,否则不就是同义反复了吗?(以上观点参见张燕喜,2008)

本书认为,马克思所要重建的"个人所有制"既不是生产资料公有制,也不是生产资料私有制,当然更不是生活资料个人所有制,而是公私融合的生产资料混合所有制,也就是股份制。一方面,在否定了资本主义生产方式之后,为了适应社会化大生产的客观要求,土地和生产资料必须由全社会共同占有,就其整体上和外部不能分割而言,具有公有产权的属性;另一方面,在劳动者自由独立的联合体内,每个劳动者都拥有自己一份财产权或股份,从而在按劳分配的同时,获得均等的股权收入,从而使这种自由人联合体具有一定的私人产权属性。这种公私产权融合的混合所有制,就是马克思所说的,在协作和对土地及靠劳动本身生产的生产资料的共同占有的基础上,重新建立的个人所有制。本书第8章第8.6.2节、第10章第10.3.4节将对股份制的混合产权性质做进一步分析。

复习思考题

(1) 解释资本积累与相对过剩人口。
(2) 什么是资本主义人口规律,是否存在一般人口规律?

(3) 阐述平均利润率趋向下降规律及内部矛盾的展开。

(4) 如何理解资本主义积累的一般规律？

(5) 马克思是如何揭示资本主义积累的历史趋势的？

(6) 如何认识资本主义社会基本矛盾与资本主义发展规律？

(7) 如何理解在生产资料共同占有基础上重建个人所有制？

课堂自测（第7章）

参考文献

B.A.巴加图里亚,1982. 马克思的社会结构学说的形成[M]//马克思恩格斯早期哲学思想研究. 北京：中国社会科学出版社.

B.Π库兹明,1988. 马克思的理论和方法论中的系统性原则[M]. 北京：社会科学文献出版社.

B.Π罗任,1982. 马克思主义社会学导论[M]. 武汉：华中工学院出版社.

阿法纳西耶夫,1980. 社会系统的功能[J]. 社会学研究,第2期.

阿法纳西耶夫,1988. 系统与社会[M]. 北京：知识出版社.

列宁,1984a. 列宁全集[M]. 第1卷. 北京：人民出版社.

列宁,1984b. 列宁全集[M]. 第18卷. 北京：人民出版社.

马克思,1983. 资本论（根据作者修订的法文版第一卷翻译）[M]. 北京：中国社会科学出版社.

马克思恩格斯,1972a. 马克思恩格斯全集[M]. 第23卷. 北京：人民出版社.

马克思恩格斯,1972b. 马克思恩格斯全集[M]. 第24卷. 北京：人民出版社.

马克思恩格斯,1972c. 马克思恩格斯选集[M]. 第三卷. 北京：人民出版社.

马克思恩格斯,1974. 马克思恩格斯全集[M]. 第25卷. 北京：人民出版社.

马寅初,1975. 新人口论[N]. 人民日报,7月5日.

张燕喜,2008. 怎样理解"重建个人所有制"的含义[N]. 北京日报,3月3日.

佐藤金三郎,1993. 《资本论》百题论争[M]. 一. 济南：山东人民出版社.

第 8 章

资本主义生产方式的自我扬弃

本章并不打算对当代资本主义进行全面的考察,而只是试图对照马克思当年对资本主义生产方式的分析,看一看当代资本主义生产方式通过自我扬弃发生了什么变化,哪些是马克思所预见到的,哪些是出乎马克思意料之外的,哪些已经接近马克思对未来社会的构想,但采取了不同的路径。

8.1 当代资本主义生产力的发展

我们首先沿着马克思当年的思路,分析当代资本主义生产力的发展。

8.1.1 当代主要资本主义国家和地区的经济增长

第二次世界大战后,主要资本主义国家都出现了相对稳定的快速经济增长,生产力水平有了极大的提高。图 8.1 显示了 1980—2020 年间美、英、日、德等国家人均 GDP 的增长情况。在这 40 年间,各主要资本主义国家的人均 GDP 均实现了年均超过 4% 的增长率,人均 GDP 增长了 3 倍左右。瑞士更是从 1980 年的 1.94 万美元增长至 2020 年的 8.71 万美元。

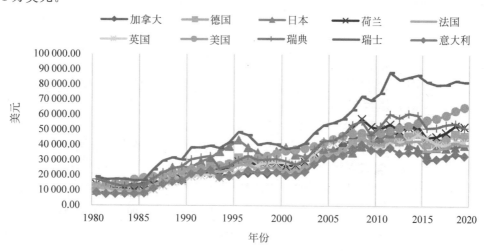

图 8.1　1980—2020 年各主要资本主义国家人均 GDP(以美元现价计)

资料来源:世界银行 The World Development Indicators

与此同时,实行资本主义制度的部分发展中国家和地区也实现了经济腾飞。图8.2显示了1980—2020年间印度、新加坡、中国香港和中国台湾等国家和地区的人均GDP增长情况。在这40年间,印度、中国香港和中国台湾都实现了年均近6%的高速增长,新加坡更是实现了年均6.44%的高速增长,到2020年时已达到人均GDP 5.98万美元,是1980年的12倍。发展中国家和地区的高速增长与其相对较低的经济总量是分不开的。

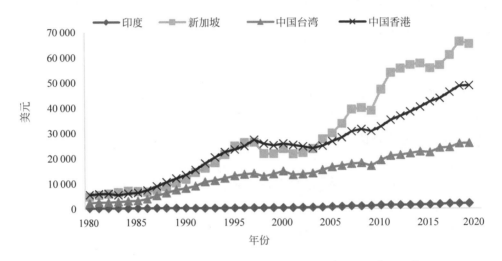

图8.2 1980—2019年部分发展中国家和地区人均GDP(美元现价)

资料来源:世界银行 The World Development Indicators 和中国台湾省"行政院"。

从GDP总量上看,截至2020年,按照购买力平价汇率计算,中国、美国、印度、日本和德国成为世界上最大的5个经济体,如图8.3所示。

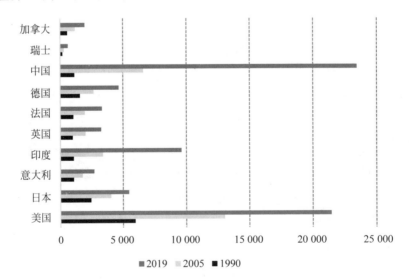

图8.3 主要国家GDP总量(PPP法计算,10亿国际元现价)

资料来源:世界银行 The World Development Indicators

这一时期主要资本主义国家经济的高速增长主要归因于科学技术的突破和全员劳动生产力的大幅度提高。从图 8.4 中可以看出,在 1980—2020 年的 40 年间,主要资本主义国家的全员劳动生产力均实现了持续的增长。截至 2020 年,美国劳动生产力达到 73.37 美元/小时,远远领先于其他各国;日本从 1980 年的 21.12 美元/小时增长至 2020 年的 47.97 美元/小时,增长了 2.27 倍,是资本主义国家中劳动生产力提高幅度最大的国家,迅速缩小了与其他资本主义国家的差距;而意大利仅从 1980 年的 37.7 美元/小时增长至 2020 年的 54.88 美元/小时,提高幅度较小,逐渐在资本主义世界的竞争中落后。

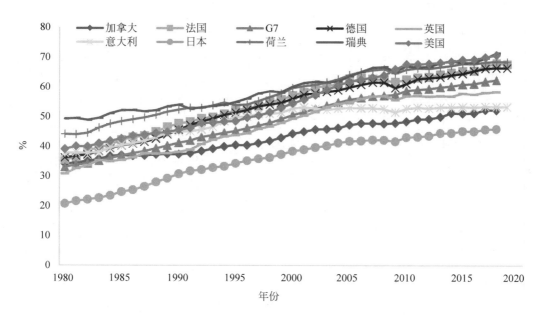

图 8.4 主要资本主义国家劳动生产力(GDP/小时,以美元现价计)

资料来源:经济合作与发展组织 OECD

8.1.2 生产的社会化程度进一步提高

伴随着当代资本主义生产力的发展,生产的社会化程度进一步提高,具体表现在如下几方面。

1) 资本规模的扩大

伴随着资本主义国家经济的高速增长,企业的资本规模也不断扩大,资本更加雄厚。以年度营业收入为评选标准,《财富》杂志"世界 500 强排行榜"对全球大型企业的资本规模进行了统计和衡量。对比 2009 年和 2021 年的榜单可以看出,全球大型企业的资本规模显著增大,2021 年排名 20 位的中国工商银行年营业收入额约为 2009 年排名榜首的安联集团的 1.3 倍(如表 8.1 所示)。从企业的营业范围来看,资本规模较大的企业仍主要集中在石油、汽车等领域,同时,三星电子、苹果、亚马逊公司等高科技企业也逐步迈入全球巨型公司之列。拥有雄厚资本的企业同时集中了大量的人力资本,掌握了先进的科学技术和经营管理水平,具有中小企业无可比拟的优势,成为影响一国乃至全球经济发展的决定性力量。

表 8.1　2009 和 2021 年《财富》杂志"世界 500 强排行榜"(前 20 名)

2021 年				2009 年			
排名	公司名称	总部所在地	营业收入(百万美元)	排名	公司名称	总部所在地	营业收入(百万美元)
1	沃尔玛	美国	519 151	1	荷兰皇家壳牌	荷兰	458 361
2	国家电网公司	中国	386 617.7	2	埃克森美孚	美国	442 851
3	亚马逊	美国	386 064	3	沃尔玛	美国	405 607
4	中国石油天然气集团公司	中国	283 957.6	4	英国石油公司	英国	367 053
5	中国石油化工集团公司	中国	283 727.6	5	雪佛龙	美国	263 159
6	苹果公司	美国	274 515	6	道达尔	法国	234 674.1
7	CVS Health 公司	美国	268 706	7	康菲石油	美国	230 764
8	联合健康集团	美国	257 141	8	荷兰国际集团	荷兰	226 577
9	丰田汽车公司	日本	256 721.7	9	中石化	中国	207 814.5
10	大众公司	德国	253 965	10	丰田汽车	日本	204 352.3
11	伯克希尔-哈撒韦公司	美国	245 510	11	日本邮政株式会社	日本	198 699.8
12	麦克森公司	美国	238 228	12	通用电气	美国	183 207
13	中国建筑集团有限公司	中国	234 425	13	中石油	中国	181 122.6
14	沙特阿美公司	沙特阿拉伯	229 766.2	14	大众汽车	德国	166 579.1
15	三星电子	韩国	200 734.4	15	国家电网	中国	164 135.9
16	中国平安保险(集团)股份有限公司	中国	191 509.4	16	德克夏银行	比利时	161 268.8
17	美源伯根公司	美国	189 893.9	17	埃尼集团	意大利	159 348.5
18	英国石油公司	英国	183 500	18	通用汽车	美国	148 979
19	荷兰皇家壳牌	荷兰	183 195	19	福特汽车	美国	146 277
20	中国工商银行股份有限公司	中国	182 794.4	20	安联集团	德国	142 394.6

资料来源:财富中文网 2009、2021 年数据。

2) 跨国公司的发展及并购的增加

20 世纪 80 年代以来,跨国公司有了空前的发展,跨国公司数量日益增多,跨国公司的海外子公司数目也迅速增加,这使得生产的社会化程度在全球范围内进一步提高。表 8.2 反映了跨国公司及其子公司数量的变化。

表 8.2　跨国公司及其子公司数

年　份	跨国公司数（家）	子公司总数（家）	跨国公司数与子公司数之比
1970	7 276	12 000	1∶1.65
1980	15 000	35 000	1∶2.33
1992	37 000	170 000	1∶4.59
1995	45 000	280 000	1∶6.22
1997	60 000	500 000	1∶8.33
1999	63 000	690 000	1∶10.95
2002	63 834	866 119	1∶13.57
2004	70 000	690 000	1∶9.85
2006	78 000	780 000	1∶10
2007	79 000	790 000	1∶10
2008	82 000	810 000	1∶9.88

资料来源：联合国贸发会议《世界投资报告》1996年、2001年、2008年（转引自李琮，2013，第271页）。

从表8.2中可以看出，跨国公司数量从1970年的7 276家增至2008年的约82 000家，增加了近11倍；跨国公司拥有的子公司数量也从1970年的12 000家增至2008年的约810 000家，增加了近68倍。这表明跨国公司的生产社会化和资本国际化程度大大提高。

跨国公司在国民经济和全球经济中的垄断性也空前加强。有资料表明，早在20世纪90年代中期，全部跨国公司的产值就已占世界生产总值的1/3；它们内部和它们之间的贸易额占世界贸易总额的2/3；它们的对外直接投资占世界对外直接投资总量的9/10。（李琮，2013，第279页）美国查尔斯·德伯在其所著《公司帝国》一书中说："全世界跨国公司的总体生产能力在世界生活中所占的比重已经从20世纪60年代中期的17%上升到了1995年的33%。……20世纪90年代中期，跨国公司对海外投资的增幅保持在10%的水平。到1996年止，它们的投资总额已经达到15 000亿美元。"（查尔斯·德伯，2004，第293页）

跨国公司的并购成为实现生产和资本集中、公司迅速成长的重要途径。施蒂格勒认为，"一个企业通过兼并其竞争对手的途径成为巨型企业是现代经济史上一个突出现象。……没有一个美国大公司不是通过某种程度、某种方式的兼并而成长起来的，几乎没有一家大公司是主要靠内部扩张成长起来的"。（施蒂格勒，1996，第3页）100多年来，曾发生过6次企业并购浪潮，对资本主义的发展产生了深刻的影响。

第一次并购浪潮发生在19世纪末20世纪初，它以企业的横向联合为主要特征，通过这次并购浪潮，生产的集中度大大提高，一大批垄断企业形成并成长起来，并最终成为资本主义经济社会的决定性因素，资本主义迅速从自由竞争阶段向垄断阶段过渡。

第二次并购浪潮发生在20世纪20年代下半期，并在1929年达到高潮。这次并购以纵向并购为特点，主要发生在汽车制造业、石油工业、冶金工业及食品加工业等领域，它加强了第一次并购浪潮的集中，也加强了企业之间的竞争程度。资本主义开始由一般垄断阶段向国家垄断阶段过渡。

第三次并购浪潮发生在20世纪50至60年代,并终结于70年代的石油危机,其特点是不同生产部门和行业之间的混业联合。通过这次跨部门和跨行业的混合并购,一些规模特别巨大、多元化经营的垄断集团形成,资本主义开始由国家垄断阶段向国际垄断阶段过渡。

第四次并购浪潮从20世纪70年代中期持续到80年代末,并在1985年达到高潮。这个时期,跨国并购显著增加,金融杠杆得到大量使用,敌意收购的比例较高。大企业开始调整其产业结构,把重点从传统产业转向新兴高科技产业。这次并购大大促进了国际垄断资本主义的发展,并推动经济最终实现全球化。

第五次并购浪潮发生在20世纪90年代,其主要特征是以大企业相互并购为主的"强强联合、同业并购",重点发生在金融业、电信业、保险业等领域,与美国互联网领域的"新经济"同时出现。

第六次并购浪潮是从2004年开始的,并在2008年经济危机爆发后逐步消退。这次并购浪潮向全球进一步蔓延,尤其是中国、印度、巴西、俄罗斯等新兴市场国家成为这次并购浪潮的重要参与者,这些国家和地区的主权财富基金成为重要的投资者,积极参与到跨国并购中来。表8.3显示了2006—2020年全球及中、美跨国并购金额。

表 8.3　2006—2020 年跨国并购金额　　　　　　单位:百万美元

年 份	卖 方			买 方		
	世界	美国	中国	世界	美国	中国
2006	619 809	125 563	9 520	619 809	115 588	12 209
2007	1 032 689	177 070	8 068	1 032 689	180 929	1 526
2008	617 649	221 864	17 475	617 649	−30 868	35 878
2009	287 617	65 830	11 017	287 617	24 108	23 402
2010	347 094	84 344	6 758	347 094	85 104	29 828
2011	553 442	146 144	11 501	553 442	137 731	36 364
2012	328 224	64 752	9 524	328 224	72 528	37 908
2013	262 517	43 424	31 066	262 517	59 633	51 526
2014	428 126	14 130	56 775	428 126	85 128	39 250
2015	735 126	303 981	12 439	735 126	127 879	51 117
2016	886 901	362 878	11 057	886 901	78 382	99 331
2017	693 962	308 912	8 255	693 962	115 333	130 876
2018	815 726	198 780	7 646	815 726	253 354	57 397
2019	507 396	157 013	9 760	507 396	102 913	17 472
2020	474 864	97 268	19 217	474 864	125 192	32 114

资料来源:联合国贸发会议《世界投资报告》2021年。

3) 经济全球化

经济全球化是指商品、服务、生产要素与信息的跨国流动的规模与形式不断增加,通过国际分工,在世界市场范围内提高资源配置的效率,从而使各国间经济相互依赖程度日益加深的趋势。具体表现为信息化、市场化、自由化、一体化、集团化。

自20世纪80年代主要资本主义国家进入国际垄断和经济全球化时代以来,主要资本主义国家贸易的增长率远远高于各国GDP的增长率,对外贸易在各国GDP中所占比例逐步提高,贸易全球化程度越来越大。图8.5~图8.7分别显示了1980—2020年间主要资本主义国家商品和服务的出、进口及进出口总额占各国GDP的比重,这些指标被称为外贸依存度,是衡量各国全球化深度的重要指标。可以看出,自20世纪80年代以来,主要资本主义国家的经济全球化程度不断提高,以三种指标衡量的外贸依存度不断加强,这种趋势一直持续到2008年全球金融危机爆发前。经过危机时期的短暂调整,随着全球经济的逐步复苏,资本主义国家的经济全球化进程又重新加快。

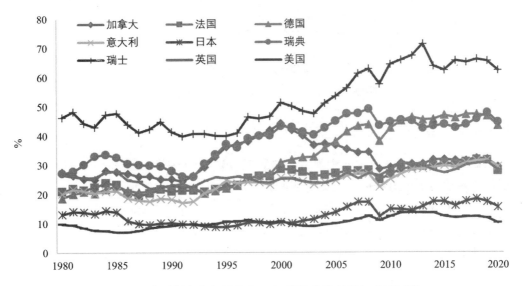

图 8.5　主要资本主义国家出口占 GDP 比重(1980—2020 年)

资料来源:世界银行 The World Development Indicators。

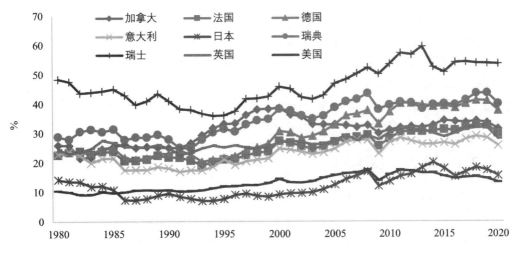

图 8.6　主要资本主义国家进口占 GDP 比重(1980—2020 年)

资料来源:世界银行 The World Development Indicators。

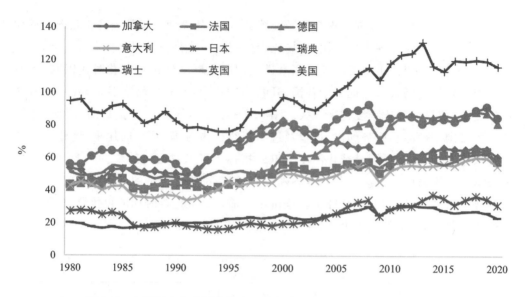

图 8.7 主要资本主义国家进出口总额占 GDP 比重(1980—2020 年)
资料来源：世界银行 The World Development Indicators。

8.1.3 结论

综上所述，如果说 170 多年前马克思曾惊叹资产阶级在其不到一个世纪的阶级统治中所创造的社会生产力超过了人类以往所有世纪的总和，那么似乎也可以说马克思逝世后的近 140 年，资本主义国家所创造的社会生产力又超过了人类以往所有世纪的总和。单纯从这一点来看，资本主义生产方式还没有寿终正寝，其生产关系还是基本适应并能够积极促进生产力发展的。

8.2 资本主义所有制关系的变化

资本主义国家社会生产力的高速发展和生产的社会化程度的迅速提高，必然引起生产关系和企业制度的变化。在资本主义现实经济生活中，企业的组织形式主要有三种：(1)单人业主制(proprietorship 或 single proprietorship)；(2)合伙制(partnership)；(3)公司制(corporation)。一般来说，业主制企业和合伙制企业规模都比较小，规模较大的企业往往采取公司形式。虽然小企业在数量上占有优势，但是，从销售额、资产、政治和经济力量、工资数额和职工人数来看，大公司则占有支配性地位。

8.2.1 单人业主制

单人业主制企业是最简单的企业组织形式。这种俗称"夫妻店"的典型小企业只有一个产权所有者，它是业主的个人财产，由业主直接经营。业主享有该企业的全部经营所得，同时对它的债务负有完全责任。如果经营失败，出现资不抵债的情况，业主要用自己的家财来抵偿。

单人业主制企业一般规模很小，结构简单，几乎没有任何内部管理机构。这些小企业可能每天只做几百或几千元的生意，仅仅为小企业主提供维持生计的基本收入。这些企业在数量上很多，但总销售额却很小。对于大多数小企业来说，需要个人付出巨大的努力。

小企业的平均寿命通常只有一年，这是因为小企业存在着如下先天不足：(1)本身财力有限，而且由于受到偿债能力的限制，取得贷款的能力也比较差，因而难以从事需要大量投资的大规模工商业活动；(2)如果企业主无意经营或者死亡，该企业的业务就要中断。因此，这种类型的企业通常在零售商业、自由职业、个体农业等领域中活动，由小作坊、小商店、家庭农场、开业律师和医师等组成。

然而，小企业也有许多长处，如：建立和歇业的程序十分简单易行；产权能够较为自由地转让；经营灵活，决策迅速；经营者与产权关系紧密、直接，因而普遍具有精打细算、勤俭持家的优点。

8.2.2　合伙制

合伙制企业是在两个或两个以上业主的个人财产的基础上经营的，合伙人分享企业所得，共同对企业债务承担责任。合伙制企业往往需要综合不同人的才智——譬如说，不同专业的律师或医生等。

合伙制的优点是：(1)由于可以由众多的合伙人共筹资金，因而资本规模较业主制企业大，也由于合伙人共负偿债责任，减少了其贷款者的风险，它的筹资能力较单个业主制企业大大提高；(2)合伙人共同对企业盈亏负有完全责任，意味着他们以自己的全部财产来为企业担保，因而有助于增强经营者的责任心，提高企业的信誉。

合伙制有两个主要缺点：第一，合伙制企业是依据合伙人之间的协议建立的，每当一位原有的合伙人退出或死亡，一位新的合伙人被接纳，都必须重新谈判建立一个全新的合伙关系。这样，建立合伙制企业和接纳新的合伙者的谈判程序和法律程序都很复杂。同时，集资者限于少数合伙人，也限制了筹集资金的能力。而且，由于所有的合伙人都有权代表企业从事经济活动，重大决策都需要得到所有合伙人的同意，因而很容易造成决策上的延误。在规模太大时，由于很难监督其他合伙人的行为，就容易产生机会主义行为。第二，所有合伙人对于合伙制企业的债务负有无限责任，而不以他投入的那部分资本为限。当企业经营失败时，如果其他合伙人无力赔偿他们应当承担的那一部分亏损，合伙人还负有连带责任，有义务用自己的财产予以补足，直到清偿全部欠款为止。例如：每一合伙人对整个合伙的份额为1%，如果企业失败了，那么，你应该赔偿1%的亏损，而其他合伙人应赔偿99%。但是，如果你的合伙人无力偿还，你可能被要求支付所有的债务，这会使你倾家荡产。这样，不能对企业的经营活动单独行使完全控制权的合伙人会面临相当大的风险。

由于合伙制企业有以上的特点，它们一般规模较小。只有那些业主的个人信誉和个人责任至关重要的企业，如律师事务所和会计师事务所等，当发展到几十个、几百个合伙人以后还会仍然采取这样的组织形式。直到20世纪70年代，美国华尔街的投资银行仍然采取合伙制的组织形式。但是到了后来,当这些企业变得过于庞大,任何一个合伙人都无法了解其他合伙人的财产状况和可能承担的债务责任时,合伙制的不利方面就大大超过了它的有利方面。这就导致了一批巨型合伙制企业在 80 年代接踵破产,而另外一些巨大的合伙企业如摩根银行(JPMorgan Chase & Co.)、美林证券(Merrill Lynch)等则改组为公司。

8.2.3　公司制——法人所有制

公司制企业是一个法人组织体,它以法人的名义行使民事权利。承担民事责任,有权举债,签订合同,能在法院起诉和应诉。公司的产权分属于股东,股东有权分享公司的盈利。与合伙企业不同,公司入股人(股东)并不对企业债务负无限责任,而只在他投入的股本的范围内对债务负责。同时,公司股东不能退股,而只能转让他们的股权。因此,公司脱离了它们的所有者而具有独立的生命。股份公司出现后,"实际执行职能的资本家转化为单纯的经理,即别人的资本的管理人",(马克思恩格斯,1972,第 493 页)他们"执行着一切应由执行职能的资本家自己担任的现实的职能",(同上书,第 436 页)"而资本的所有者则转化为单纯的所有者,即单纯的货币资本家"。(同上书,第 493 页)"而这个资本所有权这样一来现在就同现实再生产过程中的职能完全分离,正像这种职能在经理身上同资本所有权完全分离一样。"(同上书,第 494 页)

几个世纪以前,公司执照是君主或立法机关根据特别法令颁发的。英国东印度公司就是一种有特权的公司,它实际上统治印度长达一个多世纪。在 19 世纪,铁路公司往往不得不花费一大笔钱从立法机关取得公司执照,其数额和奠定路基的钱差不多。但从 20 世纪以来,各国通过了一系列的法律,几乎给了任何人为任何目的组建公司的权利。现在,在主要资本主义国家中,大多数经济活动都发生在公司里。

与合伙制企业相比较,公司最突出的优点是:股东们只对企业债务负有限责任,即只在他们缴纳的股金范围内对企业的债务负责,一旦公司由于资不抵债而破产,债权人只能对公司的资产提出要求,而无权要求股东用股金以外的财产来抵偿公司债务。这样,公司股东的风险要比合伙人小得多。这就使股份公司成为筹集大量资本的良好企业组织形式。公司的另一个优点是具有独立生命,除非由于破产歇业,它的生命是"永远延续"的。公司一旦建立,其业务不会因为股东死亡或股权转手而终止。而且在业务决策上,只需多数同意而不需要一致通过。与此同时,公司股东不能像合伙企业的合伙人那样,直接做出经营决策和代表其他股东与人签约,而是由股东大会按一股一票的原则投票选聘董事组成董事会托管公司法人财产,董事会则聘任总经理和其他高级经理人员进行日常经营活动。公司经理人员在作为股东的代理人行使职权和承担财务责任时受到有关法律的严格限制。这样就保证了公司决策的连续性和及时性,减少了差错。

公司这种组织形式的缺点是:(1)公司的设立程序复杂,不像个体业主制企业那样,随时可以建立和歇业,也不像合伙制企业那样,仅仅由合伙者的协议决定。公司法人地位的确定,需要政府的认可,歇业也要通过一定的法定程序。因而公司的组建不像其他两种企业形式那样方便灵活。(2)股东购买股票,只为取得股利和从股票升值中取利,对公司缺乏个体业主制企业和合伙制下那种所有者同企业之间的血肉相连的关系。同时,由于经营者往往不是拥有股权的股东,他们同企业的利益关系,也不像个体业主制及合伙制那样紧密,由此便产生了委托人(出资者)和代理人(经理人员)之间的复杂的授权与控制的关系。

随着现代工商业的发展,公司规模增大,股东增多,业务日益复杂化,大股东亲自担任高层经理人员经营企业的做法越来越不能适应新的形势,于是愈来愈多的大公司将经营工作委托给支薪的高层和中层经理人员承担。这些高中层经理人员往往不是企业的股东,只是由于自己的经营管理能力而被代表所有者的董事会所雇佣。美国法学家伯利和米恩斯最先深入地考察了这种现象。1933年他们在《现代公司和私有财产》一书中公布了对200家美国大公司进行的实证研究的结果。他们认为,由于股份分散化,不占有50%以上的股份的股东,甚至完全不占股份的经理人员也可能控制公司。在他们所调查的200家大公司中,绝大部分不是由股东控制的,其中占公司数量44%、占公司财产58%的公司是由并未握有公司股权的经理人员控制的。由此他们得出结论:现代公司的发展,已经使它们受"经营者控制"或实现了"所有与控制的分离"。

股权的分散化,使得公司的股东数量大大增加,普通的劳动者也可能成为企业股票的持有人,即出现工人持股的现象。股权分散化使资本所有权关系发生深刻的变化,资本所有权与资本经营权,虚拟资本与真实资本因此进一步分离。(参见张彤玉,1999,第260页)

8.2.4 结论

资本主义国家生产的社会化,就企业制度而言,并没有直接导致公有制企业完全取代私有制企业,而是更多地采取了股份制企业组织形式。关于股份制,马克思认为:"那种本身建立在社会生产方式的基础上并以生产资料和劳动力的社会集中为前提的资本,在这里直接取得了社会资本(即那些直接联合起来的个人的资本)的形式,而与私人资本相对立……这是作为私人财产的资本在资本主义生产方式本身范围内的扬弃。"(马克思恩格斯,1974,第493页)应该说,股份制企业作为私人财产的资本在资本主义生产方式本身范围内的自我扬弃,既保留了私有制的优点,消除了私有制的缺点,又吸收了公有制的优点,克服了公有制的缺陷,在更大程度上适应了资本主义社会化大生产的发展。关于股份制的性质,本书第10章将具体分析。

8.3 资本主义国家对经济生活的干预

8.3.1 公共部门和国家所有制的发展

在自由竞争的资本主义时期,国有企业的数量较少,主要集中在国防、邮政、铁路等特殊行业,资本主义国家更多地充当"守夜人"的角色,国有经济对社会总资本运行的影响很小。第二次世界大战后,发达资本主义国家掀起了企业国有化的浪潮,主要是因为"二战"给主要资本主义国家的经济带来的严重创伤,使得私人资本家无力肩负起复苏经济的重任,因此,为了加快重建的步伐,必须由国家集中力量,进行基础设施和基础产业的建设。国有资本在此期间得到了较快的发展,国家的经济职能也得到了空前的加强。从主要资本主义国家的一般情况看,国有经济在一些重点经济部门已经取得了支配地位。国有企业的净产值在国内净产值中也占有不小的比重,其中尤以奥地利、英国、法国、意大利和当时的联邦德国等西欧国家的国有经济最为发达。(参见张彤玉等,2009,第146页)

表8.4 1978年主要资本主义国家国有企业在重点行业所占比重   %

国家	邮电	通信	电力	煤气	石油	煤炭	铁路	航空	钢铁	汽车	造船
英国	100	100	100	100	100	100	100	75	75	50	100
意大利	100	100	75	100	N/A	N/A	100	100	25	75	75
法国	100	100	100	100	N/A	100	100	75	75	50	0
联邦德国	100	100	75	50	25	50	100	100	25	0	25
美国	100	0	25	0	0	0	25	0	0	0	0
日本	100	100	0	0	N/A	0	75	25	0	0	0
加拿大	100	25	100	0	0	0	75	75	0	0	0
奥地利	100	100	100	100	100	100	100	100	100	100	N/A
西班牙	100	50	0	75	N/A	50	100	100	0	50	75

N/A表示数据不详。
资料来源:《哈佛企业评论》,1979年3~4月刊,第161页。(转引自张彤玉等,2009,第166页)

20世纪70年代,为了克服经济出现的"滞涨"现象,西欧国家的国有经济得到了进一步发展,在70年代末,达到了兴盛的顶点。当时西欧国家的国有企业总体规模在经济中所占比重在10%~15%。如1979年英国的国有企业占国内生产总值的11%,法国为16.5%,意大利更高,近25%,奥地利为17.2%,联邦德国也有10.5%,日本和美国最低,分别只有3%和1.03%。(见李琮,2013,第71页)表8.4显示了1978年主要资本主义国家国有企业在重点行业中所占的比重,在邮电、通信、航空、铁路、电力、煤气等投资较大、回收期较长,但又关系国计民生的基础设施和基础产业部门,国有企业往往占据主导地位。

20世纪80年代到90年代,主要资本主义国家又重新兴起了私有化浪潮,国有企业向着混合所有制或者完全私有化转变。这主要是由于国有企业较低的生产效率以及不明确的预算规则,使得国有企业容易受到政治因素的影响,企业管理效率低下,亏损日益严重。英国亚当·斯密学会的一份报告指出:英国国有企业的生产成本比私人资本平均高33%,联邦德国甚至高50%。1974年英国国有企业的亏损额高达12亿英镑,占当年GNP的2%。法国公共所有的工业、交通企业几乎都是亏损企业,70年代平均亏损60亿~70亿法郎,1982年亏损额猛增至320亿法郎,相当于法国工商业总利润的2/3。(转引自张彤玉等,2009,第187页)在这种背景下,撒切尔夫人执政的英国率先掀起私有化浪潮并波及西欧大部分国家和地区,国有资本逐步退出航空、石油、铁路、电信、煤气、钢铁、供水、电力等行业。

进入21世纪后,随着2007—2008年全球金融危机的爆发,主要资本主义国家又再一次重启国有化进程。2008年,美国联邦住房金融局率先接管在危机中濒临破产的房地美和房利美,联邦政府通过增持股份的方式为多家濒临倒闭的银行注资。2010年,通用汽车公司破产,重组后由联邦政府控股。金融危机也冲击了英国的金融业,2007年英国五大抵押贷款银行之一的北岩银行遭遇挤兑,被英格兰银行注资而临时国有;2008年皇家苏格兰银行也被部分国有化。此外,荷兰、爱尔兰等许多西欧国家也对深陷危机的金融机构实施了国有化救援。表8.5和表8.6显示了2015年主要资本主义国家重点行业中国有企业的数量和企业价值,过去近40年国有企业基本退出了通信行业,但在交通、金融、电气等行业仍有大量国有企业的身影。

表8.5 2015年主要资本主义国家重点行业国有企业的数量

	总数	第一产业	制造业	金融	通信	电力和汽油	交通	其他公共服务	房地产	其他行业
英国	16	1	1	4	0	1	3	1	0	5
意大利	20	2	4	2	0	4	3	1	1	3
法国	51	0	2	2	0	2	30	7	2	6
德国	71	2	2	18	1	3	9	0	1	35
美国	16	1	1	4	0	1	3	1	0	5
日本	16	8	0	0	0	0	7	1	0	0
加拿大	44	4	1	7	0	0	13	5	2	12
奥地利	10	1	0	4	0	1	2	1	0	1
西班牙	51	6	3	2	1	5	4	2	2	26

资料来源:经济合作与发展组织OECD。

表8.6 2015年主要资本主义国家重点行业国有企业的企业价值 单位:百万美元

	第一产业	制造业	金融	通信	电力和汽油	交通	其他公共服务	房地产	其他行业
英国	−178 750	96	112 295	0	153	173 898	209	0	6 738
意大利	55 968	16 466	5 296	0	70 265	46 645	10 301	698	1 869
法国	0	1 091	11 009	0	31 214	12 965	11 766	218	8 644
德国	119	475	32 353	150	37	18 284	0	20 153	431
美国	0	309	−3 815	0	23 796	8 155	−50 391	0	317
日本	0	0	0	0	0	26 526	55 839	0	0
加拿大	−4 921	216	32 247	0	0	1 422	−828	376	1 805
奥地利	0.4	0	−5 795	0	2 239	5 841	2 520	0	49
西班牙	852	0	13 722	85	214	17 949	384	10	3 528

资料来源:经济合作与发展组织OECD。

8.3.2 政府对宏观经济的调控:财政政策和货币政策

1) 财政政策

财政政策是指政府通过课税以及支出行为影响社会的有效需求,促进就业水平的提高,并避免通货膨胀或通货紧缩的发生,从而实现经济稳定增长的一种政策。(施建生,1976,第 196 页)美国已故著名财政学家埃克斯坦教授认为,"政府为了实现充分就业和稳定物价水平的这些短期目标而实行的各种税收和财政支出的变化,通常叫作财政政策"。(埃克斯坦,1983,第 144 页)

财政政策实质是政府用来促进经济发展的间接控制手段。财政政策提供了一系列工具,以追求资源在高就业、稳定物价以及经济合理增长基础上的最充分的利用。财政政策就是为经济运行最大限度地接近上述目标提供方式方法。财政政策是政府干预经济运行的主要控制手段和间接工具,它通过税收手段、支出手段和公债手段等来影响经济主体的经济活动。总之,财政政策就是通过税收和公共支出等手段,来达到经济发展、稳定、实现公平与效率、抑制通货膨胀等目标的长期财政战略和短期财政策略。

20 世纪 50 年代,处于战后恢复时期的发达资本主义国家坚持了凯恩斯主义的财政政策。凯恩斯主义经济学家汉森提出了补偿性财政政策,他认为,在萧条时期,政府执行扩张的财政政策,即增加财政支出,减少财政税收,以增加财政赤字来刺激总需求,实现充分就业。在繁荣时期,政府执行紧缩的财政政策,即减少财政支出,增加财政税收,以增加财政盈余来压抑总需求,实现物价稳定。这种政策的基调是"逆经济风向行事",以使经济维持既无失业又无通货膨胀的稳定发展。(胡代光、高鸿业,1996,第 173 页)在汉森的补偿性财政政策思想影响下,美国在 1952—1960 年艾森豪威尔执政时期,实际 GDP 以年均 2.5% 的速度缓慢增长,同时期也未发生严重的财政赤字和通货膨胀。与此同时,处于战后恢复期的日本、联邦德国、法国、意大利等资本主义国家经济增长速度更快。

20 世纪 60 年代初期,美国遭遇了经济停滞和失业增加的危机,为此,肯尼迪和约翰逊政府实施了以充分就业与经济增长为目标的长期预算赤字政策,政府采用减税和扩大政府支出的政策实践,使美国从 1961 年 2 月到 1969 年 12 月经历了较长时期的稳定增长和较低的失业水平。扩张性财政政策不仅使美国走出了经济的低谷,而且在经济持续增长的基础上进一步把美国推向了"福利国家"的道路。

然而,20 世纪 70 年代的"滞胀"现象使得凯恩斯主义经济学束手无策。为此,80 年代初期的美国里根执政时期,主张自由放任的供给学派思想在政策实践上取代了凯恩斯主义的财政政策,政策重心由需求方面转向供给方面,政府通过减税刺激企业投资的增加,并鼓励技术创新,为高科技革命、产业结构的调整升级创造良好的外部环境。虽然这种自由主义的经济政策使美国摆脱了"滞胀"的困境,但 80 年代末和 90 年代初主要资本主义国家的经济衰退又使得凯恩斯主义在理论和实践上重新回归。

1993 年,美国民主党总统候选人克林顿入主白宫,积极吸收了新凯恩斯主义的政策主张,在财政政策上,一方面通过对高收入者提高税率增加税收,另一方面通过削减国防经费、取消非生产性开支、削减联邦行政开支等削减部分政府开支。这样,在短期内通过扩大政府支出实施短期财政刺激以扩大社会就业水平,在长期内削减财政赤字,减少政府债务。克林顿政府的经济调控政策使得美国在20世纪90年代进入了"高增长、低失业、低通胀"的黄金时期,也称为"新经济时期"。

2001年,共和党人小布什入主白宫,重新走回了新自由主义的道路。小布什政府在2001年和2003年两度减税,同时试图将社会保障部分私有化,减少政府支出。然而,2007—2008年金融危机爆发,资本主义国家再次向扩张的财政政策回归。图8.8和图8.9显示了1980—2020年主要资本主义国家财政收入和支出占GDP的比重。

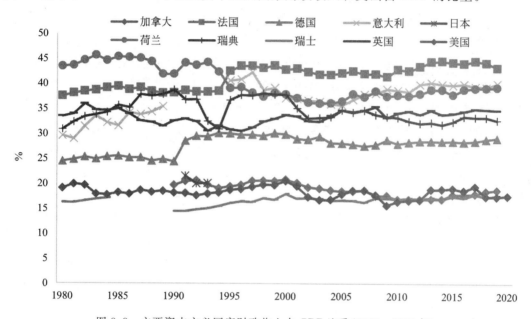

图 8.8 主要资本主义国家财政收入占 GDP 比重(1980—2020 年)

资料来源:世界银行 The World Development Indicators,该指标的定义为"Revenue, excluding grants (% of GDP)"。

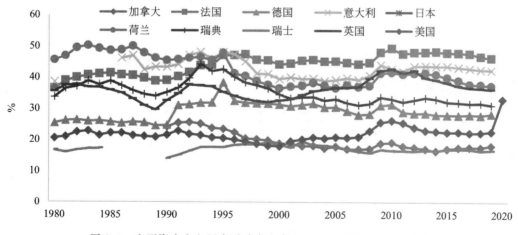

图 8.9 主要资本主义国家财政支出占 GDP 比重(1980—2020 年)

资料来源:世界银行 The World Development Indicators,该指标的定义为"Expense (% of GDP)"。

2) 货币政策

货币政策是指中央银行采取的,影响货币和其他金融条件的,由以寻求实现持久的真实产出增长、高就业和物价稳定等广泛目标的行动。(伊特韦尔等,1992,第545页)

20世纪50~60年代,在凯恩斯主义财政政策兴盛时期,货币政策主要是作为辅助手段,并未对国家宏观调控起主要作用。70年代资本主义国家出现"滞胀"现象,货币主义思想兴起,弗里德曼认为,对于稳定总需求来说,控制货币供应量的方法要优于凯恩斯主义的财政方法。在《货币稳定计划》一书中,弗里德曼指出,"独立于政府预算的不变的货币存量的增长,对稳定经济来说将更为简单,并同样有效。"(同上书,第529页)

在20世纪70年代,一些主要资本主义国家,如联邦德国、日本和瑞士都采取了以货币供应量为目标的货币政策。美联储也开始制订货币目标的幅度,但总体来说,它并没有达到这些目标幅度,而是继续以利率为中间目标。进入90年代,主要资本主义国家先后陷入经济衰退中。为了刺激经济增长,各国又开始重启扩张的货币政策,刺激经济增长。1991—1992年,美联储连续13次下调联邦基金利率,使之从7%下降到了3%,并在一段时期内维持较低的利率水平。随着美国经济的复苏,为了减轻对通胀压力的担忧,美联储又在1994年连续6次上调联邦基金利率水平。此后,在1996—1998年较长的时期内,维持了较为平稳的利率政策。

2001年,随着美国经济再次陷入衰退,美联储于当年连续11次下调联邦基金利率,并最终于2003年6月降至1%的水平。经过2004—2006年6月的17次利率上调后,联邦基金利率再次上升至5.25%的高位。然而,随着2007年9月次贷危机及其引起的全球性金融危机的爆发,西方资本主义国家再次实施扩张的货币政策,从2008年12月16日以来,美国联邦基金利率一直维持在0~0.25%的超低区间。

直到2015年3月16日,美国联邦基金利率才开始了9次加息历程。2019年,随着美国陷入可能衰退的担忧,时隔十年之后重启降息,连续3次下调联邦基金利率至1.50%~1.75%区间。2020年新冠疫情爆发,3月3日美联储下调50个基点,3月16日一次性下调100个基点至0~0.25%区间。2022年3月16日,为了控制通货膨胀,疫情后美联储首次上调25个基点至0.25%~0.50%区间。表8.7反映了1990年以来,美国联邦基金利率的变动情况。

表8.7 1990年以来美国联邦基金利率

时间	调整后	调整幅度（基点）	时间	调整后	调整幅度（基点）	时间	调整后	调整幅度（基点）
1990/1/13	8.00%	-25	1998/11/17	4.75%	-25	2005/11/1	4.00%	+25
1990/10/29	7.75%	-25	1999/6/30	5.00%	+25	2005/12/13	4.25%	+25
1990/11/13	7.50%	-25	1999/8/24	5.25%	+25	2006/1/31	4.50%	+25
1990/12/7	7.25%	-25	1999/11/16	5.50%	+25	2006/3/28	4.75%	+25

续表

时间	调整后	调整幅度（基点）	时间	调整后	调整幅度（基点）	时间	调整后	调整幅度（基点）
1990/12/18	7.00%	−25	2000/2/2	5.75%	+25	2006/5/10	5.00%	+25
1991/1/9	6.75%	−25	2000/3/21	6.00%	+25	2006/6/29	5.25%	+25
1991/2/1	6.25%	−50	2000/5/16	6.50%	+50	2007/9/18	4.75%	−50
1991/3/8	6.00%	−25	2001/1/3	6.00%	−50	2007/10/31	4.50%	−25
1991/4/30	5.75%	−25	2001/1/31	5.50%	−50	2007/12/11	4.25%	−25
1991/8/6	5.50%	−25	2001/3/20	5.00%	−50	2008/1/22	3.50%	−75
1991/9/13	5.25%	−25	2001/4/18	4.50%	−50	2008/1/30	3.00%	−50
1991/10/31	5.00%	−25	2001/5/15	4.00%	−50	2008/3/18	2.25%	−75
1991/11/6	4.75%	−25	2001/6/27	3.75%	−25	2008/4/30	2.00%	−25
1991/12/6	4.50%	−25	2001/8/21	3.50%	−25	2008/10/8	1.50%	−50
1991/12/20	4.00%	−50	2001/9/17	3.00%	−50	2008/10/29	1.00%	−50
1992/4/9	3.75%	−25	2001/10/2	2.50%	−50	2008/12/16	0~0.25%	−75
1992/7/2	3.25%	−50	2001/11/6	2.00%	−50	2015/12/16	0.25%~0.50%	+25
1992/9/4	3.00%	−25	2001/12/12	1.75%	−25	2016/12/14	0.50%~0.75%	+25
1994/2/4	3.25%	+25	2002/11/6	1.25%	−50	2017/3/15	0.75%~1.00%	+25
1994/3/22	3.50%	+25	2003/6/25	1.00%	−25	2017/6/4	1.00%~1.25%	+25
1994/4/18	3.75%	+25	2004/6/30	1.25%	+25	2017/12/13	1.25%~1.50%	+25
1994/5/17	4.25%	+50	2004/8/10	1.50%	+25	2018/3/21	1.50%~1.75%	+25
1994/8/16	4.75%	+50	2004/9/21	1.75%	+25	2018/6/3	1.75%~2.00%	+25
1994/11/15	5.50%	+75	2004/11/10	2.00%	+25	2018/9/26	2.00%~2.25%	+25
1995/2/1	6.00%	+50	2004/12/14	2.25%	+25	2018/12/19	2.25%~2.50%	+25
1995/7/6	5.75%	−25	2005/2/2	2.50%	+25	2019/7/31	2.00%~2.25%	−25
1995/12/19	5.50%	−25	2005/3/22	2.75%	+25	2019/9/18	1.75%~2.00%	−25
1996/1/31	5.25%	−25	2005/5/3	3.00%	+25	2019/10/30	1.50%~1.75%	−25
1997/3/25	5.50%	+25	2005/6/30	3.25%	+25	2020/3/3	1.00%~1.25%	−50
1998/9/29	5.25%	−25	2005/8/9	3.50%	+25	2020/3/15	0~0.25%	−100
1998/10/15	5.00%	−25	2005/9/20	3.75%	+25	2022/3/16	0.25%~0.50%	+25

资料来源：美联储数据。

8.3.3 政府对微观经济的调控

1) 加大政府的科技投入

在微观层面,主要资本主义国家拨出巨额资金投入到科技研发和新兴产业扶植上来。新科技的发展和突破是资本主义向新一阶段转变的重要动力。20 世纪中期,主要资本主义国家掀起了以现代信息技术为中心的新科技革命,推动资本主义从国家垄断向国际垄断阶段转变。以 2008 年金融危机为转折点,资本主义又开始新的科技革命,信息技术仍将扮演重要角色,但除此之外,人们所预期的新主角是能源技术、环保技术、医疗保健技术。其中能源技术将成为即将到来的新科技革命的主角或中心。(李琮,2013,第 254 页)图 8.10 显示了 1996—2019 年间主要资本主义国家在科技研发上的支出占 GDP 的比重。可以看出,各主要资本主义国家对科技研发的投入呈上升趋势,并在 2008 年危机爆发前达到一个峰值,而后继续上升逐渐创下新高。其中,尤以日本、德国对科研支持的力度最大,而意大利则一直维持在相对较低的水平,在与其他发达国家的科技竞争中逐渐落后。

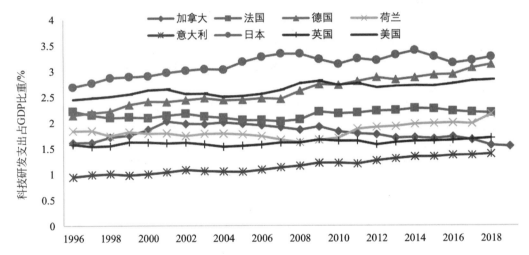

图 8.10 主要资本主义国家在科技研发上的支出占 GDP 的比重(1996—2019 年)

资料来源:世界银行 The World Development Indicators,该指标的定义为"Research and development expenditure(% of GDP)"。

2) 加强对垄断企业的管制

资本主义国家也通过行政、法律等手段,限制垄断企业的发展,减少经济效率的损失。美国自 1890 年就制定了《谢尔曼法》,限制了托拉斯、普尔等垄断形式的发展。此后,1914 年制定的《克莱顿法》和《联邦贸易委员会法》与《谢尔曼法》一起构成了美国反托拉斯法的基本框架。1957 年《罗马条约》第 85 条和第 86 条、1990 年《控制集中法案》共同构成了欧洲共同体反垄断法的基本框架。英国 1998 年通过的、2000 年起生效的《竞争法案》也为英国市场实现公平竞争、限制垄断行为提供了法律依据。日本在 1947 年受占领国美国的影响制定了《禁止垄断法》,并在 2005 年和 2009 年做了两次重大修订。目前,主要资本主义国家都已经制定了限制垄断的法律或法规。然而,资本主义国家对不同垄断企业采取的态度却并不相同,反垄断法律、法规所起到的作用也极为有限。

以下两个案例可以提供一些佐证:

微软案件。在 20 世纪 90 年代初,美国政府调查宣布微软垄断了操作系统的市场。当时,世界上 80% 的电脑都在运行微软的操作系统,如 MS-DOS 和 Windows。美国政府对微软的做法颇为不满,主要担心微软可能利用其操作系统的市场力量来进入应用软件市场。这种可能是有的,因为微软会将应用软件或网络浏览器捆绑在其操作系统上。美国还担心微软可能会对它的操作系统采取掠夺式定价,甚至对没有安装 Windows 的计算机公司也收费。微软极力为自己辩解。1994 年,美国政府和微软达成一致,微软同意改变其定价方式,但会继续开发应用软件。美国政府继续密切监督微软的一举一动,包括介入微软对另一家大公司的收购。2001 年 9 月 6 日,美国司法部宣布将在下一阶段的反垄断官司中,不再要求将微软公司一分为二,同时也不再追究微软将"探索者"浏览器与"视窗"操作系统捆绑销售的责任。至此,这场一度曾被闹得沸沸扬扬的官司便告一段落。

麦道案件。麦道公司和波音公司是美国的两个飞机制造公司,在美国国内,这两个公司形成了典型的双头垄断市场结构。在国际市场上,美国飞机制造业的最主要竞争对手是欧洲空中客车公司。波音、麦道在美国国内都有很大的垄断势力,但最终美国政府并没有实施反托拉斯法或对两公司进行垄断控制,而是将麦道并入波音公司,进一步加强了波音的国内垄断地位和国际垄断地位。美国政府之所以这样做,可能是为了进一步加强波音的垄断势力,以便更好地同空中客车公司竞争。

微软、波音、麦道都具有较强的国际垄断和国内垄断势力,但结果恰好相反,这取决于美国政府对国内垄断和国际垄断的不同态度。

8.3.4　结论

资本主义国家一方面通过财政政策和货币政策对宏观经济进行调控,在一定程度上避免了经济增长大起大落的波动,减少了经济危机对社会生产力的破坏;另一方面通过科技支持政策和反垄断政策,维护了市场竞争秩序,推动了企业创新和生产力的发展。至于国有化和私有化浪潮则是根据经济社会的发展和企业经营效率以及社会公平的价值取向而交替进行,并非千篇一律,一成不变,完全拘泥于一定的意识形态,也没有用相关的法律规定所有制的结构和形式。

8.4　资本主义收入分配关系的变化

资本主义生产力的发展,所有制关系的调整,企业财产组织形式的变化,国家对宏观经济的调控和对微观经济的介入,使资本主义收入分配关系发生了相应的变化。

8.4.1 工人实际工资水平明显提高,恩格尔系数不断降低

恩格尔系数(Engel's coefficient)是食品支出总额占个人消费支出总额的比重。19世纪德国统计学家恩格尔根据统计资料,对消费结构的变化得出一个规律:一个家庭收入越少,家庭收入中(或总支出中)用来购买食物的支出所占的比例就越大,随着家庭收入的增加,家庭收入中(或总支出中)用来购买食物的支出比例则会下降。推而广之,一个国家越穷,每个国民的平均收入中(或平均支出中)用于购买食物的支出所占比例就越大,随着国家的富裕,这个比例呈下降趋势。虽然恩格尔系数理论并不绝对严谨,但也可以从一个侧面衡量一个家庭或一个国家的富裕程度。

联合国根据恩格尔系数的大小,对世界各国的生活水平有一个划分标准,即一个国家平均家庭恩格尔系数大于60%为贫穷,50%～60%为温饱,40%～50%为小康,30%～40%属于相对富裕,20%～30%为富足,20%以下为极其富裕。按此划分标准,20世纪90年代,恩格尔系数在20%以下的只有美国,达到16%;欧洲、日本、加拿大,一般在20%～30%之

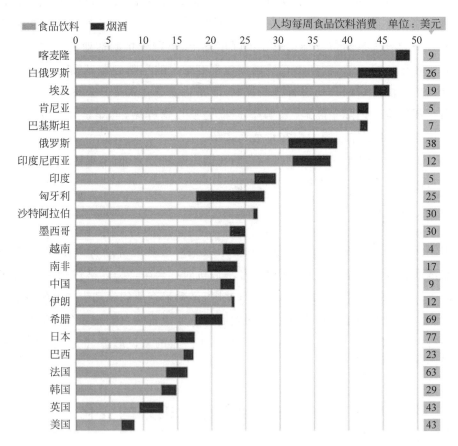

图 8.11 全球 22 国恩格尔系数一览表

数据来源:美国农业部

间,是富裕状态;东欧国家,一般在30%~40%之间,相对富裕;剩下的发展中国家,基本上处在小康状态。

美国1950年的恩格尔系数为30.3%,1960年为28.7%,1977年为21.7%。2013年《经济学人》公布了一份全球22国的恩格尔系数(图8.11),其中美国恩格尔系数最低,人均每周食品饮料消费43美元,占收入的7%。美国农业部公布数据,2020年美国家庭在家食物支出占可支配收入的5.0%,非在家食物支出占可支配收入的3.6%。

在这一时期,工人的福利水平也大大提高。1961—1970年工人每小时实际工资平均每年增长6%,1971—1976年即使资本增值困难、经济危机爆发,这个比例依旧上升到6.5%。(吴宏洛,2011,第23页)与此同时,资本主义国家普遍实行了40小时工作周(每天工作8小时,每周工作5天)以及平均长达20天的带薪休假,从而使广大劳动者享受了更多的闲暇。

8.4.2 工人持股和资产增加

员工持股计划(employee stock ownership plans,ESOP)是资本主义所有制关系扬弃的重要形式。

当前,在发达资本主义国家存在着诸多社会主义因素。职工持股制无论在经济意义、社会意义还是在意识形态意义上都具有社会主义倾向,职工持股制在国外已断断续续几百年了。

美国国家雇员所有权中心(NCEO)数据显示,截至2016年底美国共有6 600个员工持股计划(包含上市公司以及非上市公司),在上市公司中美国个人投资者通过员工持股计划持有股票的市值为0.15万亿美元,占到个人投资者直接和间接持有美股总市值的0.6%。截至2018年3月,美国拥有的企业员工持股计划达5 505个,持股员工达174万人,计划资产总额高达133 413百万美元。(王丹、姚颖蓓,2020,第88~91页)

在日本,上市公司当中有90%都已经实行了员工持股计划,并且在各个企业参与员工持股计划的员工数量已经占总数量的50%。日本上市企业中企业股份的95%以上都是由企业员工持有的。英国企业和法国企业参与员工持股计划的员工数量也已经占总数量的50%。(刘晓,2017,第229~230页)

8.4.3 中产阶级壮大

中产阶级是一个很不容易界定的概念,当前并没有一个统一的、公认的标准。考虑到家庭人口、地区差别等各种因素,目前专家大多倾向于以收入作为中产阶级划分的主要标准。

在新科技革命和"新经济"的生产力突飞猛进的发展推动下,西方资本主义各国出现的一个普遍现象就是人民收入的中等化趋势。发达国家的一般情况表明,在社会生活水平普遍得到提高的基础上,贫困线以下的穷人在总人口中所占的比重正不断地缩小,也就是出现了一个"两头小、中间大"的橄榄型社会阶层结构。

美国 1987 年把年收入 25 000~50 000 美元的家庭算作中产阶级家庭,其总数比 1960 年增加了 50%。就当前的美国而言,一般专家认为,家庭年收入在 3 万至 20 万美元的即可认为属于中产阶级,按照这个标准,据估计大约 80.17% 的美国人属于中产阶级。(参见田德文,2010)

绝大多数学者认为,英国的中产阶级形成于 18 世纪后叶和 19 世纪早期,其迅速的发展壮大却是从"二战"后的 50 年代开始的,至今方兴未艾。据英国关税总署统计,2004—2005 年,该国纳税人总数约 3 027 万,其中年收入在 15 000 英镑以上的中间收入阶层人数达到 1 672 万,为全部纳税人的 55.25%;如果以专业人员、职员和技术工人作为中产阶级,那么他们在就业人员中的人数比重从 1968 年的 61.5% 上升到 1986 年的 66.2%;如果把专业人员、职员和经理及主管等非体力劳动者都作为中产阶级,那么中产阶级的人数比重从 1968 年的 33.59% 上升到 1997 年的 65% 左右。(参见常胜泽,2012)

与此类似,处于富裕阶层和贫民间的法国中产阶层在"二战"后 30 年迅速发展壮大,成为法国社会的中坚力量。

可以说,中产阶级不但正在成为生产劳动的主要力量而且也正在成为经济和社会管理的主要力量。中产阶级的增长,正在引起西方社会结构和阶级关系的重大变化,导致了各阶级、阶层之间的流动性空前增强,同时也一定程度上缩小了贫富差距以及迫使西方国家政府实行高额税制,增加社会保障和相应的政府支出。

中产阶级的兴起,是现代科学迅速进步及由此引起的社会经济结构变革的必然结果。中产阶级的兴起在发达国家已成为事实,在新兴的工业化国家也正在成为事实。可以预见,中产阶级化的趋势将会在更多的国家和地区出现和进一步扩大。

8.4.4 社会福利提高

社会福利是指提高社会成员生活水平和生活质量的各项公共政策和社会服务。马克思并未对社会福利的具体内容做出明确规定,现有理论对社会福利及社会福利制度的界定也并不相同。本书并不关注各学派对社会福利定义的差别,而是从一个相对宽泛的角度定性地描述战后资本主义国家社会福利变化的情况。因此,本书以政府的整体经济社会支出和投入中,满足人们基本需求的公共服务费用支出占 GDP 的比例作为衡量资本主义国家社会福利支出的标准。

OECD 统计数据(表 8.8)显示,从 1980 年开始,大部分资本主义国家政府的社会福利支出占 GDP 的比例一直保持着一个相对较高的稳定状态。其中,又以北欧国家的社会福利支出水平最高,长期以来被广泛视为国际上最高的社会福利标准,拥有全面的福利服务系统,社会福利已被视为一种社会权利,以保护劳工面对不确定的劳动力市场。(参见 Gilbert,N and P Terrell,2013,第 322~323 页)

表 8.8 主要资本主义国家公共福利支出（不含教育）占 GDP 的比例　　　　%

	1980 年	1990 年	2000 年	2007 年	2010 年	2017 年
加拿大	13.7	18.1	16.5	16.9	17.5	17.3
丹麦	24.8	25.1	25.7	26.1	28.6	28.1
法国	20.8	24.9	27.7	28.4	31.0	31.8
德国	22.1	21.7	26.6	25.2	25.9	25.1
意大利	18.0	20.0	23.3	24.9	27.1	28.1
日本	10.4	11.3	16.5	18.7	21.3	
挪威	16.9	22.3	21.3	20.8	22.0	25.3
瑞典	27.2	30.2	28.4	27.3	26.3	26.1
英国	16.5	16.8	18.6	20.5	22.4	20.6
美国	13.2	13.5	14.5	16.2	19.4	18.9
OECD 平均值（34 个国家）	15.6	17.8	18.9	19.2	20.6	20.2

资料来源：OECD, Stat Extracts.（部分转引自 Gilbert，N and P Terrell, 2013，第 54 页）

8.4.5 收入差距的变化

基尼系数（Gini coefficient）是衡量一个国家居民收入差距、反映收入分配不平等程度的综合性指标，它在国际上有通行的计算方法和衡量标准。以图 8.12 为例，这是一个矩形图，横轴表示人口百分比，分成 10 等份，纵轴表示收入百分比，同样分成 10 等份，从坐标原点到正方形对应另一个顶点的对角线为均等线，即收入分配绝对平等线，这一般是不存在的。实际收入分配曲线即洛伦兹曲线都在均等线的右下方。基尼系数 $=A/(A+B)$，其取值在 0 和 1 之间，越接近于 0，收入分配越平等；越接近于 1，收入分配越不平等。国际上一般认为，基尼系数 <0.2 为收入分配绝对平均，$0.2\sim0.3$ 为比较平均，$0.3\sim0.4$ 为较为合理，$0.4\sim0.5$ 为差距较大，0.5 以上为差距悬殊。通常把 0.4 作为国际警戒线。基尼系数在国际组织和各国收入分配政策研究中被广为应用，是制定收入分配政策、调整收入分配关系的主要依据之一。

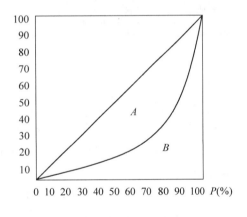

图 8.12　基尼系数

经济合作和发展组织（OECD）、欧盟统计局（Eurostats）、世界银行、联合国以及美国、英国、日本和巴西、俄罗斯、南非等国家定期测算和公布基尼系数[①]。数据显示，发达国家

[①] 由于获取的资料详简程度、统计口径、研究重点和角度不同，国际组织公布的各国基尼系数与本国公布的数据有所差别。

基尼系数普遍较低,而发展中国家总体较高。

1) 欧盟统计局公布的成员国基尼系数

10年来,欧盟多数成员国的基尼系数虽然呈上升趋势,欧元区平均基尼系数从2000年的0.29上升到2020年的0.308,英国的基尼系数从2000年的0.32上升到2018年的0.335,德国的基尼系数从2000年的0.25上升到2020年的0.344,法国的基尼系数从0.28上升到2020年的0.293,意大利的基尼系数从2000年的0.29上升到2020年的0.325,但大都没有超过0.35,详见表8.9。

表8.9 欧盟部分成员国的基尼系数

国　　家	2000年	2005年	2010年	2014年	2018年	2019年	2020年
英国	0.32	0.346	0.33	0.316	0.335	N/A	N/A
德国	0.25	0.261	0.293	0.307	0.311	0.297	0.344
法国	0.28	0.277	0.298	0.292	0.285	0.292	0.293
意大利	0.29	0.328	0.312	0.324	0.334	0.328	0.325
西班牙	0.32	0.318	0.339	0.347	0.332	0.33	0.321
葡萄牙	0.36	0.381	0.337	0.345	0.321	0.319	0.312
希腊	0.33	0.332	0.329	0.316	0.335	0.31	0.314

资料来源:欧盟统计局数据库,该指标的定义为"Gini coefficient of equivalised disposable income"

2) 发达国家与发展中国家的比较

美国普查局在每年发表的《美国收入和贫困》专题研究报告中公布了1967年到2020年基于居民货币收入测算的基尼系数和基于等值调整收入测算的基尼系数。两者不同之处在于,后者对收入按每个家庭成员数进行等值调整。表8.10的数据显示,基于货币收入测算的基尼系数从2000年的0.462提高到2020年的0.489,基于等值调整收入测算的基尼系数从0.442上升到0.469。调整后的基尼系数要低于调整前的基尼系数。近20年来,美国居民收入差距呈扩大趋势。

英国工作和养老金部在发表的《在平均收入以下家庭情况2019/20》专题研究报告中公布,英国基于房屋成本后基尼系数2000年为0.38,2020年为0.391,各年份变动不大,居民收入分配关系比较稳定。

日本国家统计局公布了1979年至2004年基于年收入和基于生活支出的基尼系数以及按地区的数据。基于年收入的基尼系数从1979年的0.271提高到2004年的0.308,基于生活支出的基尼系数从0.151提高到0.163。数据分析表明,尽管基尼系数有所上升,但数值很低,表明收入差距总体较小,居民生活消费水平比较均衡。

表 8.10 美国、英国、日本的官方基尼系数

	项目	2000 年	2005 年	2010 年	2015 年	2018 年	2019 年	2020 年
美国	基于居民货币收入	0.462	0.469	0.47	0.479	0.486	0.484	0.489
	基于等值调整收入	0.442	0.45	0.456	0.462	0.464	0.465	0.469
英国	英国	0.32	0.346	0.329	0.324	0.335	N/A	N/A
	基于房屋成本前收入	0.346	0.339	0.356	0.339	0.34	0.349	0.35
	基于房屋成本后收入	0.383	0.376	0.403	0.386	0.385	0.394	0.391

	项目	1979 年	1989 年	1994 年	1999 年	2004 年
日本	基于年收入	0.271	0.293	0.297	0.301	0.308
	基于生活支出	0.151	0.166	0.164	0.166	0.163

资料来源：美国数据来自美联储圣路易斯分行；英国数据：第一行来自欧盟统计局，第二行和第三行来自英国就业和养老金部。

世界银行在世界发展指标数据库中公布了发展中国家基尼系数。自 2005 年以来，基尼系数较低、收入差距较小的国家有：斯洛伐克、白俄罗斯、乌克兰、哈萨克斯坦、塞尔维亚等中、东欧国家，不到 0.3；基尼系数较高、收入差距较大的国家有：南非、巴西、哥伦比亚、智利、洪都拉斯等非洲和拉美国家，在 0.5 以上。以 2014/2016 年为例，在 5 个金砖国家中，南非基尼系数最高，为 0.631；巴西次高，为 0.519；中国、俄罗斯分别为 0.386 和 0.377；巴基斯坦最低，为 0.355。部分发展中国家基尼系统见表 8.11。

表 8.11 部分发展中国家基尼系数

国 家	1990/1992 年	2000/2002 年	2005/2007 年	2009/2011 年	2014/2016 年	2018/2020 年
中国	0.324	0.426	0.425	0.437	0.386	0.382
巴西	0.61	0.601	0.574	0.547	0.519	0.535
俄罗斯	0.484	0.396	0.375	0.401	0.377	
印度	0.308	0.334		0.377		
南非	0.593	0.578	0.674	0.631	0.63	
墨西哥	0.511	0.519	0.481	0.483	0.475	0.467
阿根廷	0.466	0.511	0.493	0.445	0.419	0.429
智利	0.553	0.553	0.518	0.521	0.444	
哥伦比亚	0.513	0.587	0.561	0.559	0.511	0.513
印度尼西亚	0.292	0.297	0.34	0.379	0.41	0.37
巴基斯坦	0.332	0.304	0.312	0.3	0.335	
斯里兰卡	0.325	0.412	0.403	0.364	0.398	

资料来源：世界银行 TheWorldDevelopment Indicators。

在发展中国家中，各国基尼系数变动趋势迥异，有升有降，主要取决于各国经济发展水平、社会福利制度和收入分配政策。通常，中等收入国家的基尼系数要高于低收入国家，收入分配关系的调整相对要滞后于经济的快速增长。由于税收体制、社会福利保障体系较为薄弱，发展中国家基尼系数总体上要高于发达国家。

8.4.6 贫困人口的变化

世界银行于2016年发布的《世界发展指标》报告，已将绝对贫困线根据2011年购买力平价提高到的1.9美元/天。

2018年世界银行的相关统计数据表明，四分之三的经济体中最贫困人口收入在增长；撒哈拉以南非洲地区，极端贫困人口数量持续上升。

联合国开发署发布的2021年度《全球多维贫困指数》报告显示，在109个国家的59亿人口中，共有13亿人处于"多维贫困状态"，其中一半是18岁以下的儿童，且各国之间与国家内部各地区之间的贫困程度存在巨大差异。报告共覆盖了109个国家，其中包括26个低收入国家、80个中等收入国家和3个高收入国家。"多维贫困指数"在经济收入之外，还将健康、教育和生活水平等多个方面纳入考量，以判断个人和家庭是否处于贫困状态，考察指标包括健康状况、工作质量、以及是否面临暴力威胁等。

报告表示，全球"所有的发展中区域都急需采取减少贫困的有针对性的行动"。报告覆盖的13亿贫困人口中有85%生活在撒哈拉沙漠以南的非洲和南亚地区，84%生活在农村地区，超过67%生活在中等收入国家，各国之间和各个国家内部之间的差异非常明显。

虽然同属撒哈拉以南的非洲，但南非的贫困率为6.3%，南苏丹的数字则高达91.9%。而在南亚地区，贫困人口在马尔代夫占到人口总数的0.8%，在阿富汗则占到55.9%。

报告所涉及的许多国家在贫困程度方面都表现出明显的国内差异。以乌干达为例，首都坎帕拉的多维贫困率为6%，而在东北部的卡拉莫贾则为96.3%。

8.4.7 结论

马克思逝世后的140年来，以资本主义国家公共福利支出的持续增加所带来的社会福利显著提高，以恩格尔系数降低所表明的工人实际工资水平大幅度提高，以工人持股数量增加和中产阶级壮大为标志的劳动者财产收入大幅度增加，以贫困人口减少和贫困线标准的逐步提高为表征，绝对贫困化现象基本消除。虽然以基尼系数所反映的收入不平等程度有所提高，但幅度不大，而且税后基尼系数明显缩小。这说明，从总体来看，资本主义社会的收入分配状况不是恶化的，而是不断改善的。

8.5 资本主义国家劳资关系的改善

第二次世界大战之后，随着社会生产力水平的不断提高、国家垄断资本主义阶段逐步形成，在工人运动的强大压力下，各资本主义国家为了政权的稳定，缓和阶级之间的矛盾，为战后的经济恢复创造良好的外部环境,不得不实施各项改革性政策,出台了一系列规范劳资关系的法律法规,并建立了调节劳资关系、解决劳资矛盾的有效的机制。在这种有国家干预的混合经济体制下,尽管劳资矛盾、劳资纠纷依然存在,但劳资关系的调整和处理基本上被纳入了规范化、法制化的轨道。在劳资合作原则下的劳资关系相对稳定,使科技革命推动下的西方资本主义经济保持了近30年的高速发展。面对这种情况人们似乎有理由认为,西欧资本主义工业国家中民主的工人运动已经使资本主义改变成一种受到社会节制的、开明的和温顺的资本主义经济。(中央编译局,1998,第236页)

20世纪90年代以来,随着经济全球化进程不断加快,国际垄断资本主义阶段形成,资本和劳动等生产要素在全球范围内配置,这极大地影响了资本主义国家的劳资关系。发展中国家和地区出口导向型的发展战略吸引了大量的跨国公司将生产基地从西方发达资本主义国家向发展中国家和地区转移,这使得西方资本主义国家的工人面临着巨大的失业威胁。同时,在2008年全球金融危机前,受新自由主义思想和经济政策的影响,各主要资本主义国家放松对企业的管制,削减工会势力,这使得工人阶级以集体力量维护自身利益能力的下降(如表8.12所示)。在这种背景下,主要资本主义国家工会及时调整各自的政策,力图与资方达成积极合作关系,有的还提出发展与政府、雇主合作的"社会伙伴关系",对发动经济性罢工持谨慎态度。

表 8.12 欧洲主要资本主义国家的工会密度及其年均变化率

国家	工会密度					工会密度年均变化率			
	2000年	2005年	2010年	2015年	2019年	2000—2005年	2005—2010年	2010—2015年	2015—2019年
奥地利	36.90%	33.80%	28.90%	27.40%	26.30%	−1.70%	−3.10%	−1.10%	−1.00%
比利时	56.60%	54.90%	53.00%	52.30%	49.10%	−0.60%	−0.70%	−0.30%	−1.60%
丹麦	74.50%	71.50%	68.10%	68.20%	67.00%	−0.80%	−1.00%	0	−0.40%
芬兰	74.20%	72.70%	71.40%	67.50%	58.80%	−0.40%	−0.40%	−1.10%	−3.40%
法国	10.80%	10.50%	10.80%	N/A	N/A	−0.60%	0.60%	N/A	N/A
德国	24.60%	21.50%	18.90%	17.60%	16.30%	−2.70%	−2.50%	−1.40%	−1.90%
希腊	N/A	N/A	22.20%	N/A	N/A	N/A	N/A	N/A	N/A
爱尔兰	35.90%	32.40%	31.60%	25.40%	25.10%	−2.00%	−0.50%	−4.30%	−0.30%
意大利	34.80%	33.80%	35.30%	34.20%	32.50%	−0.60%	0.90%	−0.60%	−1.30%
挪威	53.60%	51.20%	50.50%	49.80%	50.40%	−0.90%	−0.30%	−0.30%	0.30%
葡萄牙	N/A	N/A	19.60%	16.10%	N/A	N/A	N/A	−3.90%	N/A
西班牙	17.50%	15.50%	18.20%	14.40%	12.50%	−2.40%	3.30%	−4.60%	−3.50%
瑞典	81.00%	75.70%	68.20%	67.00%	65.20%	−1.30%	−2.10%	−0.40%	−0.70%
英国	29.80%	28.60%	26.60%	24.70%	23.50%	−0.80%	−1.40%	−1.50%	−1.20%

注:"工会密度"数据取自 OECD.Stat,http://stats.oecd.org;原始数据及计算结果详见文件"工会密度.xlsx"。

8.6 如何认识资本主义生产方式的自我扬弃

8.6.1 "自我扬弃"的内涵

扬弃(德语:aufheben)意指继承和发扬旧事物内部积极、合理的因素,抛弃和否定旧事物内部消极的、丧失必然性的因素,是发扬与抛弃的统一。德国哲学家康德首先在自己的哲学体系中运用该词,而后费希特更是大量使用,但多是在该词的否定意义上使用。黑格尔首先赋予这一概念以肯定和否定的双重哲学含义,并用来建构自己的全部哲学体系。他认为,概念发展的每一阶段对前一阶段而言,都是一种否定,但这又不是单纯的否定,而是包含肯定的否定,如此,概念的发展过程就体现出对旧质的既有抛弃又有保留,既有克服又有继承的性质。

自我扬弃(sichaufheben):客观事物或行为主体本身自我否定的矛盾运动。它普遍存在于自然界、人类社会以及人类思维运动过程中。黑格尔在《小逻辑》中,以把握扬弃概念说明"德国语言富有思辨的精神","它超出了单纯理智的非此即彼的抽象方式"。(黑格尔,1981,第213页)黑格尔在《精神现象学》中指出:从意识到自我意识直至绝对知识,其中各个环节的相继发展,都是否定中包含肯定从而既有抛弃又有保存的过程,即扬弃的过程。(黑格尔,1979,第75页)

对于资本主义生产方式的自我扬弃,马克思和列宁曾做过详细的研究和阐述。

马克思在写作《资本论》的时候就已经看到,西方资本主义制度正在出现"自我扬弃"的过程,表现在合作制工厂和股份制工厂的发展。

关于合作制工厂,马克思指出:"工人自己的合作工厂,是在旧形式内对旧形式打开的第一个缺口……资本和劳动之间的对立在这种工厂中已经被扬弃……这种工厂表明,在物质生产力和与之相应的社会生产形式的一定的发展阶段上,一种新的生产方式怎样会自然而然地从一种生产方式中发展并形成起来。"(马克思恩格斯,1974,第495页。)

关于股份制,马克思认为:"那种本身建立在社会生产方式的基础上并以生产资料和劳动力的社会集中为前提的资本,在这里直接取得了社会资本(即那些直接联合起来的个人的资本)的形式,而与私人资本相对立……这是作为私人财产的资本在资本主义生产方式本身范围内的扬弃"。(马克思恩格斯,1974,第493页)马克思还说:"这是资本主义生产方式在资本主义生产方式本身范围内的扬弃,因而是一个自我扬弃的矛盾。"由此可以看到,马克思把股份公司的出现所反映出来的资本主义生产关系的变化和发展称为资本主义生产关系的自我扬弃。恩格斯后来在编辑《资本论》和写作《反杜林论》的过程中,又对这个理论进行了重要的补充和发挥。这表明,早在一百多年前,马克思就运用了辩证法的发展观和中介分析方法,揭示了资本主义自我扬弃的初步形态。正如事物的发展不会只停留在一个层面上那样,自我扬弃也随着资本主义进入垄断阶段而逐步发展成为更成熟的形态。

19世纪末20世纪初,世界资本主义自由竞争阶段发展到垄断阶段,根据这一新特点,列宁创立了帝国主义理论。列宁认为:"国家垄断资本主义是社会主义的最充分的物质准备,是社会主义的前阶。"(列宁,1985,第218～219页)换句话说,列宁认为的资本自我扬弃的过程是一个从旧资本主义到新资本主义,再到最新资本主义的发展过程,也就是从自由竞争的资本主义到垄断资本主义,从一般垄断资本主义到国家垄断资本主义的发展过程。这与马克思所揭示的从个人资本到社会资本、从个人企业到社会企业的发展过程是一脉相承的。列宁不过是把马克思的理论进一步具体化,从而对新形势下资本主义生产方式的自我扬弃做出了新的概括。

8.6.2 "二战"后资本主义自我扬弃的表现

第二次世界大战之后,各个主要的资本主义国家经历了深刻而巨大的变化。这些变化绝大部分都是通过资本主义自我扬弃的方式来实现的,其具体表现主要有以下三方面:

1) 国有经济成为国民经济的有机组成部分

在所有制关系上,目前发达资本主义国家都普遍采取了"混合经济"的形式,国有经济成为了国民经济的有效补充。国有经济提供了现代化的设施和条件,保证了资本主义经济发展的需要。它推动了国际间的经济技术交流,促进了科技事业的发展,更能在一定程度上减轻经济危机的冲击和破坏作用。可以说,国有经济在部门结构、地区结构、增长速度、竞争能力以及价格政策等方面都对国民经济产生了直接和间接的影响,从而为各资本主义国家的经济发展创造了有利的环境和条件。

2) 政府对经济的干预

在经济运行的机制上,资本主义国家也不再是单纯扮演"守夜人"的角色,而是承担起广泛的社会和经济管理职能,运用"有形的手"来宏观调控国民经济,特别是广泛使用各种财政手段和金融手段,确保本国经济能够得到平稳快速的发展。由于国家对全部国民经济的干预大为增长,对国民经济的调节也由反危机的措施发展演变到了更为高级的"计划化"形式,这也使资本主义周期性经济危机的表现形式有了若干变化。同时,政府对经济的干预也呈现出全面性和持久性的特点。

3) 收入再分配政策和社会福利制度的建立

在分配关系上,资本主义国家实行了一系列抑制贫富差距的税收政策、扶贫计划以及社会福利和保障制度来对国民收入实行再分配。这就引起了西方社会结构和阶级关系的重大变化,其一大突出表现就是贫富差距的缩小,工人的生活也早已不再是"贫困的积累"。正如上文所示,衡量贫富差距程度的基尼系数在当今资本主义发达国家基本都在0.4以下。与此同时,一系列从"摇篮到坟墓"的社会福利措施都已经构成了工人收入的重要来源。

8.6.3 资本主义自我扬弃的作用和实质

上文已经提到过,扬弃是指事物发展过程中,否定、抛弃、克服旧的消极的东西,保留和发挥其积极因素的过程。那么,资本主义在扬弃的过程中,抛弃了什么呢?无非就是抛弃了过时的、旧的财产占有形式,采取了新的占有形式(即从个人资本变为社会资本),抛弃了过时的、旧的资本组织形式,采取了新的组织形式(即从个人企业变为社会企业)。可见,资本主义的自我扬弃是一个资本的占有和组织形式不断社会化的过程,也是资本关系的社会化过程。

这说明,资本主义生产关系是会发展变化的,而不是一成不变的。资本的扬弃正日益深入和发展,这在发达资本主义国家中表现得尤为突出。它一方面为资本主义的再发展注入了新的推进因素,另一方面也基本消除了资本主义原始积累时期那些令人触目惊心的恶行,较大改善了工人阶级的生产条件和生活水平,缓和了阶级之间的对立和矛盾。

8.7 资本主义必然会灭亡吗?

资本主义必然会灭亡吗?按照辩证法,回答是肯定的。马克思曾经指出,他所揭示的历史发展规律,本是一种"自然规律"。这种"自然规律"的意思是,它是不以任何人的意愿为转移的、自然而且必然要发生的过程和规律,这一过程和规律包括资本主义必然被新的社会形态所取代。不仅资本主义必然会灭亡,任何生命有机体(包括社会形态)都必然会灭亡。正因为如此,辩证法在对现存的事物有肯定的理解的同时,包含着对现存事物否定的理解。

但是,资本主义很快就会灭亡吗?同样按照辩证法,回答是否定的。马克思指出:"无论哪一个社会形态,在它们所能容纳的全部生产力发挥出来以前,是决不会灭亡的;而新的更高的生产关系,在它存在的物质条件在旧社会的胞胎里成熟以前,是决不会出现的。所以人类始终只提出自己能够解决的任务,因为只要仔细考察就可以发现,任务本身,只有在解决它的物质条件已经存在或者至少是在生成过程中的时候,才会产生。"(马克思恩格斯,1984,第32~33页)从以上所引证的数据来看,资本主义社会的生产力还在蓬勃发展,这意味着资本主义生产方式所能容纳的全部生产力还没有发挥出来,现在就预言资本主义灭亡还为时过早。

不仅如此,一种社会制度被另一种社会制度所取代,只有当被统治阶级不甘继续忍受统治,而统治阶级也不愿再继续维护旧制度的情况下才会发生。当代资本主义社会的工人阶级并没有进行暴力革命的动机和迹象,资本主义制度只能通过改良,和平长入更高形态的社会。

很长时间以来,我们在分析资本主义必然灭亡,社会主义必将最终代替资本主义时,往往只注重和强调了资本主义不可调和的基本矛盾会导致经济危机和无产阶级革命,却忽视了这一矛盾的发展还会导致资本主义进行自我扬弃,而"二战"以后资本主义国家出现的新变化更加表明西方资本主义社会正在沿着马克思所说的资本主义"自我扬弃"的道路一步步地推进,并且这个趋势仍然会继续不断地发展下去。这些新变化不仅导致了马克思所构想的社会主义和资本主义社会的特征越来越趋同,两者的界限越来越模糊,而且也深刻影响了社会主义取代资本主义的历史进程,使资本主义获得了再发展的可能,资本主义的生命力也进一步得到延续。

复习思考题

(1) 阐述当代资本主义生产力发展的主要表现。

(2) 当代资本主义生产关系发生了什么变化?哪些是马克思预见到的,哪些是没有预见到的,哪些虽然预见到了,但采取了不同的路径?

(3) 如何看待资本主义生产方式的自我扬弃?

(4) 资本主义必然会灭亡吗?

课堂自测(第8章)

参考文献

Gilbert, N and P Terrell, 2013. 社会福利政策引论[M]. 沈黎,译. 上海:华东理工大学出版社.

埃克斯坦,1983. 公共财政学[M]. 北京:中国财政经济出版社.

查尔斯·德伯,2004. 公司帝国[M]. 闫正茂,译. 北京:中信出版社.

常胜泽,2012. 论英国中产阶级的崛起对 2010 年大选的影响[J]. 天津行政学院学报,第 14 卷第 2 期.

顾欣、范西庆,2005. 全球化背景下的工会运动:以欧洲主要国家为例[J]. 当代世界社会主义问题,第 4 期.

黑格尔,1979. 精神现象学[M]. 上卷. 北京:商务印书馆.

黑格尔,1981. 小逻辑[M]. 北京:商务印书馆.

胡代光、高鸿业,1996. 现代西方经济辞典[M]. 北京:中国社会科学出版社.

李琮,2013. 当代资本主义阶段性发展与世界巨变[M]. 北京:社会科学文献出版社.

列宁,1985. 列宁全集[M]. 第 32 卷. 北京:人民出版社.

刘晓,2017. 国外员工持股计划的经验与借鉴[J]. 消费导刊,第 19 期.

马克思恩格斯,1974. 马克思恩格斯全集[M]. 第 25 卷. 北京:人民出版社.

马克思恩格斯,1984. 马克思恩格斯选集[M]. 第二卷. 北京:人民出版社.

皮凯蒂,2014. 21 世纪的资本论[M]. 北京:中信出版社.

施蒂格勒,1996. 产业组织与政府管制[M]. 潘振民,译. 上海:上海三联书店.
施建生,1976. 云五社会科学大辞典·经济学[M]. 台湾:商务印书馆.
田德文,2010. 2010年英国大选与政治走势[J]. 中国党政干部论坛,第6期.
王丹、姚颖蓓,2020. 员工持股制度的国际经验及启示[J]. 中国物价,第9期.
吴宏洛,2011. 劳资关系新论[M]. 北京:社会科学文献出版社.
伊特韦尔等,1992. 新帕尔格雷夫经济学大辞典[M]. 第三卷. 北京:经济科学出版社.
张彤玉,1999. 社会资本论——产业资本社会化发展研究[M]. 济南:山东人民出版社.
张彤玉、崔学东、李春磊,2009. 当代资本主义所有制结构研究[M]. 北京:经济科学出版社.
中央编译局世界社会主义研究所,1998. 当代国外社会主义:理论与模式[M]. 北京:中央编译出版社.

第 9 章

社会主义生产方式的建立和发展

本章着重介绍马克思关于后资本主义生产方式的预见以及一些国家根据这些预见所尝试建立的社会主义生产方式,并揭示传统社会主义经济体制存在的矛盾。

9.1 马克思设想的未来社会的基本经济特征

马克思在分析资本主义发展规律时指出,随着资本积累所导致的资本主义社会基本矛盾不断激化,资本主义生产方式将被一种更高级的经济形态所取代,这种后资本主义的生产方式有时被称作自由人联合体,有时被称作在协作和生产资料共同占有基础上重建的个人所有制,概括起来也即与资本主义生产方式相对应的社会主义生产方式。马克思所设想的未来社会具有如下三个基本特征。

9.1.1 生产资料公有制

马克思认为,资本主义社会的基本矛盾,即生产的社会化和生产资料私人占有的矛盾,只有通过用公有制代替私有制才能解决。所以,未来社会经济制度的基本特征之一就是由全社会共同占有生产资料,即实行单一的生产资料公有制。

恩格斯早在 1847 年发表的《共产主义原理》中就指出,私有制必须废除,而代之以共同使用全部生产工具和按照共同的协作来分配产品,即所谓财产共有。(马克思恩格斯,1958,第 365 页)随后,马克思和恩格斯在《共产党宣言》中则更加明确地把共产党人的全部理论概括为一句话:"消灭私有制。"(马克思恩格斯,1958,第 480 页)马克思在《资本论》第 1 卷也设想未来社会的自由人联合体将使用公共的生产资料进行劳动。(马克思恩格斯,1972,第 95 页)

9.1.2 计划配置资源(计划经济)

一旦生产资料由全社会共同占有,私人劳动和社会劳动的矛盾就不复存在,劳动者的个人劳动从一开始就具有直接的社会性,商品经济就会消亡,整个社会的生产就会在全社会范围内有组织有计划地进行。所以,在马克思主义经典作家看来,计划经济作为市场经济的替代物,无疑是社会主义经济制度的又一个基本特征。

马克思认为,在一个集体的、以共同占有生产资料为基础的社会里,生产者并不交换自己的产品;耗费在产品生产上的劳动,在这里也不表现为这些产品的价值,不表现为它们所具有的某种物的属性,因为这时和资本主义社会相反,个人的劳动不再经过迂回曲折的道路,而是直接地作为总劳动的构成部分存在着。(马克思恩格斯,1963,第20页)

9.1.3 按劳分配

根据马克思生产关系特别是所有制关系决定分配关系的原理,一旦生产资料由全社会共同占有,每个社会成员就只能凭借自己的劳动领取个人消费品,所谓按劳分配,就是在生产资料全社会共同占有的条件下,社会总产品在做了各项必要扣除后,以劳动为唯一尺度在社会全体成员之间进行分配。按劳分配是社会主义经济制度的基本特征之一。

马克思在《资本论》第1卷所设想的未来社会自由人联合体中,就是假定每个生产者在生活资料中得到的份额是由他的劳动时间决定的。在这里,劳动时间是计量生产者个人在共同劳动中所占份额的尺度,因而也是计量生产者个人在共同产品的个人消费部分中所占份额的尺度。(马克思恩格斯,1972,第96页)

在《哥达纲领批判》中,马克思进一步阐述了按劳分配思想,强调每一个生产者,在作了各项扣除之后,从社会方面正好领回他所给予社会的一切。他所给予社会的,就是他个人的劳动量。他以一种形式给予社会的劳动量,又以另一种形式全部领回来。(马克思恩格斯,1963,第21页)

马克思进一步指出,按劳分配所通行的是等量劳动领取等量产品的资产阶级权利,这在刚刚从资本主义社会脱胎而来的共产主义初级阶段是不可避免的。在共产主义社会高级阶段上,在迫使人们奴隶般地服从分工的情形已经消失,从而脑力劳动和体力劳动的对立也随之消失之后;在劳动已经不仅仅是谋生的手段,而且本身成了生活的第一需要之后;在随着个人的全面发展生产力也增长起来,而集体财富的一切源泉都充分涌流之后;只有在那个时候,才能完全超出资产阶级法权的狭隘眼界,社会才能在自己的旗帜上写上:各尽所能,按需分配!(马克思恩格斯,1963,第22~23页)

公有制、计划经济和按劳分配三者之间有着内在的必然的联系:其中公有制是计划经济和按劳分配的基础,计划经济是公有制的运行方式,按劳分配是公有制的实现形式。可以说,公有制、计划经济和按劳分配是马克思主义经典作家为未来社会经济形态即社会主义生产方式所设计的三位一体公式。

9.1.4 过渡时期

马克思认为,"在资本主义社会和共产主义社会之间,有一个从前者变为后者的革命转变时期。同这个时期相适应的也有一个政治上的过渡时期,这个时期的国家只能是无产阶级的革命专政。"(马克思恩格斯,1963,第31页)也就是说,资本主义和共产主义(社会主义是其初级阶段)作为两种对立的社会形态是不可能直接由前者转变为后者的,其间一定有一个由此及彼或亦此亦彼的中间环节,即所谓"过渡时期"或"中介"。而正如列宁所分析的,这个过渡时期不能不兼有资本主义和共产主义这两种社会经济结构的特点和特征:"这个过渡时期不能不是衰亡着的资本主义与生长着的共产主义彼此斗争的时期,换句话说,就是已被打败但还未被消灭的资本主义和已经诞生但还非常脆弱的共产主义彼此斗争的时期。"(列宁,1976,第84页)

9.2 社会主义生产方式的建立和发展

正是按照马克思的上述"三位一体"公式,苏联等一系列国家先后建立了社会主义生产方式。

9.2.1 苏联模式及其影响

在第一次世界大战后期,俄国内部社会矛盾严重激化。1917年3月8日(俄历2月23日),俄国爆发"二月革命",推翻了沙皇政府的专制统治,建立资产阶级临时政府。1917年11月7日(俄历10月25日),列宁领导的布尔什维克党发动武装起义,建立俄罗斯苏维埃联邦社会主义共和国。1922年12月30日,俄罗斯、乌克兰、白俄罗斯和外高加索联邦(包括阿塞拜疆、亚美尼亚和格鲁吉亚)一起正式组成苏维埃社会主义共和国联盟(简称"苏联")。之后,一些国家陆续加入苏联。1924年,当时属于俄罗斯联邦的中亚地区成立土库曼和乌兹别克,并加入苏联。1929年,当时属于乌兹别克斯坦的塔吉克自治共和国升格,加入苏联。1936年,根据苏联1935年《宪法》,当时属于俄罗斯联邦的哈萨克自治共和国和吉尔吉斯自治共和国升格,加入苏联;南高加索联邦解体,所属的格鲁吉亚、亚美尼亚和阿塞拜疆分别直接加入苏联。1940年,俄罗斯联邦的卡累利阿自治共和国升格为卡累利阿—芬兰,加入苏联;但在1956年又被并入俄罗斯联邦。1940年,波罗的海三国立陶宛、爱沙尼亚、拉脱维亚以及摩尔达维亚加入苏联。1990年,当时属于格鲁吉亚的阿布哈兹自治共和国升格加入苏联,但在1991年苏联解体后重新并入格鲁吉亚。总的来说,苏联在1940—1956年,一共有16个加盟共和国;而在1956—1989年,一共有15个加盟共和国。

在第二次世界大战后期及战后初期,波兰共和国、南斯拉夫联邦人民共和国、阿尔巴尼亚人民共和国、保加利亚人民共和国、罗马尼亚人民共和国、捷克斯洛伐克人民共和国、匈牙利人民共和国、德意志民主共和国等东欧八国相继成立,建立了社会主义制度。其中,南斯拉夫和阿尔巴尼亚的政权主要是该国共产党凭借自己的武装力量建立的,而其他社会主义国家的政权则主要是在苏联的帮助下建立的。

除苏联、东欧八国外,还有其他一些国家也相继建立了社会主义制度。比如,1924年11月,在原属于中国的外蒙古地区,蒙古人民共和国成立,但当时未得到中国政府承认;1948年9月,朝鲜民主主义人民共和国成立;1949年10月,在中国共产党的领导下,中华人民共和国成立,建立了社会主义制度;1959年1月,古巴共和国成立;1975年12月,老挝人民民主共和国成立;1976年7月,越南社会主义共和国成立。

苏联在全民所有制和集体所有制占统治地位并实行按劳分配的基础上建立起高度集

权的计划经济体制,否定价值规律和市场机制的作用,用行政命令甚至暴力手段管理经济,把一切经济活动置于指令性计划之下。它片面发展重工业,用剥夺农民和限制居民改善生活的手段,达到高积累多投资的目的。

上述绝大多数国家都采用了苏联高度集权的计划经济模式和单一的公有制结构以及按劳分配方式,由此形成了以苏联为首的社会主义和以美国为首的资本主义两大阵营。①

9.2.2 中国的"三大改造"和"五年计划"的实施

1949年中华人民共和国成立之初本来是要实行新民主主义经济,即多种所有制经济并存的混合所有制经济。毛泽东指出:"从中华人民共和国成立,到社会主义改造基本完成,这是一个过渡时期。党在这个过渡时期的总路线和总任务,是要在一个相当长的时期内,基本上实现国家工业化和对农业、手工业、资本主义工商业的社会主义改造。"(毛泽东,1977,第89页)然而在极左思想影响下,原定需要在相当长的时期内(至少20年)才能基本实现的"三大改造",实际上只用了7年,也就是说到1956年就基本完成了,若抛去1949—1952年3年国民经济恢复时期,实际上只用了4年。为此,党的十一届六中全会通过的《关于建国以来党的若干历史问题的决议》,就将我国的"过渡时期"确定为"从一九四九年十月中华人民共和国成立到一九五六年"。②

从1956年"三大改造"完成到1978年改革开放之前,这个时期经过一系列政治运动和"穷过渡",形成了单一的公有制结构:农村以集体所有制为主;城市以全民所有制为主。国家只允许非农业的个体劳动者,从事法律许可范围内的,不剥削他人的个体劳动。同时强调要引导他们逐步走上社会主义集体化的道路。在农村,人民公社社员只能经营少量的自留地和家庭副业,在牧区还可以有少量的自留畜。1978年,城镇全民所有制企业就业职工占78.44%,集体所有制企业就业职工占21.56%。

在经济运行体制和资源配置方面,我国基本上照搬了苏联高度集权的计划经济体制。所谓计划经济,是对生产、资源分配以及产品消费事先进行计划的经济体制。由于几乎所有计划经济体制都依赖于指令性计划,因此计划经济也被称为指令性经济。到1957年社会主义改造基本完成,也即第一个国民经济五年计划完成的时候,我国基本建立起了公有制占绝对统治地位的100%计划经济体制。

从1953年到2005年,我国政府连续编制并实施了十个"五年计划"。

"一五"计划(1953—1957年)期间,我国对个体农业、手工业和私营工商业的社会主义改造的任务基本完成,并初步奠定了工业化的基础……

"二五"计划(1958—1962年)期间,工业产值增长一倍左右,农业总产值增长35%,钢产量由1958年至1962年达到1060万吨到1200万吨,基本建设投资占全部财政收入的

---

① 1949年,美、英、法、意等西方12国签订《北大西洋公约》,成立了北大西洋公约组织,简称北约。1955年为了对抗北约,以苏联为首的社会主义阵营签订《华沙条约》,成立华沙条约组织,简称华约。从此两大军事集团对峙格局正式形成。

② 《中共中央关于建国以来党的若干历史问题的决议》,人民出版社2002年版。

比重由"一五"时期的35%增长到40%左右……

"三五"计划(1966—1970年)期间,工农业总产值超额16.2%～14.1%完成了计划,农业总产值超额2.2%,工业总产值超额21.1%,新增主要产品能力:煤炭开采6 806万吨,发电机组存量860.4万千瓦……

"四五"计划(1971—1975年)期间,工农业总产值完成计划的101.7%,其中农业完成104.5%,工业完成100.6%。主要产品产量完成的结果是:粮食103.5%,棉花96.5%,钢79.7%,原煤109.5%,原油110.1%,预算内基本建设投资完成101.6%,财政收入完成98%;

"五五"计划(1976—1980年)期间,社会总产值、工农业总产值、国民收入连续两年大幅度增长,主要工农业产品的产量恢复或者超过了历史最好水平……

"六五"计划(1981—1985年)期间,与1980年相比平均每年经济增长10%……

"七五"计划(1986—1990年)期间,五年国民生产总值增长44%,平均每年增长7.5%,进出口贸易总额五年增长35%,城乡居民实际消费水平平均每年增长5%……

"八五"计划(1991—1995年)期间,经济年均增长速度达11%左右,对外贸易总额累计达10 145亿美元,比"七五"翻了一番……

"九五"计划(1996—2000年)期间,到2000年,人口控制在13亿以内,实现人均国民生产总值比1980年翻两番;基本消除贫困现象,人民生活达到小康水平;加快现代企业制度建设,初步建立社会主义市场经济体制……

"十五"计划(2001—2005年)期间,按2000年价格计算的国内生产总值达到12.5万亿元左右,人均国内生产总值达到9 400元。五年城镇新增就业和转移农业劳动力各达到4 000万人,城镇登记失业率控制在5%左右……

伴随着计划经济体制向市场经济体制的转化,从2006年开始,五年计划改为五年规划,迄今为止也已实施了三个"五年规划",从2021年开始实施"十四五"规划。

9.3 传统社会主义生产方式的矛盾

9.3.1 单一的公有制弊端:公有财产导致权力私有

计划经济的一大特征是排斥私有制。1936年,斯大林在苏联苏维埃第八次代表大会上宣布,苏联已建成社会主义社会。据《苏联国民经济统计年鉴1978》统计,1924—1937年间,苏联社会主义经济在国民收入中的比重从35.0%增至98.1%,在工业总产值中的比重从76.3%增至98.8%,在农业总产值中的比重从1.5%增至98.5%。但是,当公有制经济普遍建立起来的时候,公共权力却成为私有。

生产资料只是在名义上由全民所有和支配,但由于国家事实上被官僚特权阶层管理,而人民无法监督,导致生产资料在实际上被官僚特权阶层支配。苏联的官僚特权阶级在缺乏民主、高度中央集权的斯大林时期开始形成,在赫鲁晓夫时期这一阶层受到一定程度

冲击,在勃列日涅夫时期稳定发展,在戈尔巴乔夫时期有所扩大。(刘克明,2003)

在列宁尚未去世但因病不能主持工作时,斯大林创立了花名册制度(НОМЕНКЛАТУРА)。1923年11月,俄共(布)中央组织局批准设立干部花名册,其中包括由中央任命的3 500个重要领导职务(第一号花名册)和由主管部门任命、须预报中央批准的1 500个职务(第二号花名册)。1925年11月,苏共中央组织局重新修订了花名册,在第一号、第二号花名册之外,还形成了主管部门和地方干部花名册(第三号花名册)。花名册干部制度形成了苏联官僚特权阶层,根据职务的不同等级享受不同的特权,比如内部特供商店、餐厅、医院、免费别墅,干部根据级别享受不同的工资补贴、住房、医疗照顾以及其他的福利补贴。这些官僚特权阶层的收入和待遇远高于普通劳动者。据一些学者估计,苏联官僚特权阶层大概有70万～75万人,加上其家属,在300万人左右,占苏联人口不到1.5%的比例。在勃列日涅夫时期,领导干部职务终身制现象非常突出。1966年4月,苏共二十三大对其党章25条关于党员干部要经常更替的规定进行了修改。在苏共二十三大上,连任的中央委员达78.4%;在苏共二十五大上,除去世的中央委员,连任的中央委员则接近90%。此外,官僚特权阶层的任人唯亲现象也十分严重。比如勃列日涅夫时期,儿子担任外贸部第一副部长,女婿担任内务部副部长,连襟领导着机器制造部。中央集权国家的官吏必然是自上而下任命的,因此结党营私贪污腐败越演越烈在所难免。权力的高度集中极易产生刚愎自用、昏庸无道、为所欲为、乱杀无辜的独裁者。这在各国社会主义实践中已屡见不鲜。

而据英国《经济学家》杂志统计,罗马尼亚齐奥塞斯库家族成员在党政军界担任要职的不下30人,其中,罗共总书记齐奥塞斯库夫人埃列娜·齐奥塞斯库任罗共中央干部委员会主席,第一副总理,实际上是罗共二号人物;其兄马林·齐奥塞斯库,任国防部副部长兼罗军最高政委;其弟伊利埃·齐奥塞斯库和安德鲁察·齐奥塞斯库,分别任内务部干部培训中心主任和罗马尼亚驻奥地利使馆商务参赞;其妻弟格奥尔基·波特列斯库任全国工会主席;其小儿子尼库·齐奥塞斯库任共青团中央第一书记。

9.3.2 计划配置资源失效

1) 粗放经济增长难以持续

20世纪20年代末至30年代中后期,苏联逐渐形成了高度集中的计划经济体制。而在此之前,苏联及其主要前身苏俄先后实施过战时共产主义政策及新经济政策。计划经济的理论渊源是马克思、恩格斯对未来社会的设想,即随着私有制的消灭,未来的社会是以生产资料公有制为基础,实行计划经济和按劳分配的社会。苏联计划经济体制是在快速推进工业化和农业集体化的过程中形成的,主要表现为:在所有制上,排斥私有制,形成了以国有经济为主体、集体经济并存的社会所有制结构;在经济运行机制上排斥市场,主要依靠行政手段管理企业,即实行指令性计划。1925年12月,苏共十四大通过了社会主义工业化方针,决定把苏联从农业国建设成为工业国,其中优先发展重工业则是这一方针的核心。1927年12月,苏共十五大通过了《关于农村工作的决议》,决定开展农业集体化,以加快积累工业资金和解决工业化用粮和其他农产品采购问题;在苏共十五大上,还通过了关于制订发展国民经济第一个五年计划(1928—1933)的指示。在第一个五年计划提前完成之后,苏联又实施了第二个五年计划(1933—1937)。经过两个五年计划的努力,苏联基本实现了工业化。苏联的工业生产总值从1913年的欧洲第四位、世界第五位,跃至1937年的欧洲第一位、世界第二位。当然,在这个时期,由于资本主义国家恰逢经济危机,苏联趁机大量引进人才和技术也是其经济建设取得巨大进步的关键原因之一。到1953年,苏联的国民收入比1913年增加了12.68倍,而美国只增加了2.03倍,英国只增加了0.71倍,法国只增加了0.54倍。(李明三、杨煌,2001)

在苏联计划经济模式取得巨大成功的影响下,东欧国家、中国等社会主义国家在成立后也纷纷建立了高度集中的计划经济体制,并且大多在初期取得了显著成绩。比如,中国在苏联的帮助下,通过第一个五年计划(1953—1957),为社会主义工业化奠定了初步基础。在此时期,中国工业总产值年均增长18%,农业总产值年均增长4.5%。

但是,在计划经济体制潜力逐渐释放的过程中,其粗放经营的弊端日益显现。根据《苏联国民经济统计年鉴》相关数据,苏联1951—1960年社会总产值年均增长率为10.0%,1961—1970年为6.9%,1971—1980年为5.3%,1981—1985年为3.3%,1986—1990年为1.8%。虽然,与美国、日本等资本主义国家相比,1985年之前苏联经济增长的速度并不低,但苏联经济增长主要是依靠扩大人力、物力和财力等物质投入拉动的,效率低下,难以为继。从1970年代开始,苏联的资源、资金和劳动力等逐渐出现不同程度的紧张状况。(陆南泉,1985)虽然苏联从1971年的苏共二十四大开始就提出经济向集约发展过渡的方针,但由于计划经济体制未能改变,所以未能取得任何进展;1986年苏共二十七大又进一步确定"生产的全面集约化"方针,但依然收效甚微。根据《苏联国民经济统计年鉴》相关数据,进入1970年代后,苏联社会劳动生产力基本呈下降趋势。僵化的计划经济体制阻碍了苏联技术创新,具体表现是:企业不愿意冒技术革新的风险;科研与生产严重脱节;价格信号失真;官僚主义严重、技术审批程序烦琐等。(陆南泉,1982)在1970年代末,苏联生产每单位国民收入用钢量比美国多90%,耗电量多20%,耗石油量多100%,水泥用量多80%,投资多50%。(陆南泉,2007)

2) 食品和消费品短缺

食品和消费品短缺是计划经济时期苏联、东欧国家和中国长期面临的一个严重问题。比如,在苏联,1963年之前还是粮食出口国,但1963年则成为粮食进口国,1970年代则成为世界上最大粮食进口国;1980年代中期及之后,食品和消费品短缺更为严重,以至于爆发食品危机,1990年戈尔巴乔夫不得不向国际社会呼吁为苏联提供食品和药品人道主义援助。而在计划经济时期的中国,粮油肉蛋、衣服鞋袜等大部分商品都长期实行凭票定量供应。

在计划经济国家,食品和消费品出现短缺情况的原因是多方面的。其一,计划经济国家过度重视重工业发展,忽视农业和轻工业发展,造成工农产业失调、重轻工业比例失调,对满足人们日常生活的食品和消费品供应不足。其二,在计划经济的农业生产关系下,农民的生产积极性降低。比如,苏联在1980年代中后期对农业生产投资逐年增加,但农业产出未有明显改善,其原因就在于当时的农业生产关系已经无法调动农民的生产积极性。其三,企业面临软预算约束。1980年,匈牙利经济学家科尔奈(1986)出版《短缺经济学》一书,在国内外学界引起轰动。在软预算约束下,社会主义国家的企业存在不断扩大再生产、追求产品数量的内在推动力,而这对生产要素产生强烈的需求,导致上游企业也形成投资饥渴症,最终产生无限扩大的需求与有限的供给能力之间的矛盾,从而导致短缺。其四,农副产品加工、运输、储藏部门发展缓慢造成巨额损失。

在20世纪80年代末90年代初,东欧剧变,苏联解体,标志着以苏联模式为代表的传统计划经济体制彻底失败。波兰是东欧第一个发生剧变的国家,1989年6月反对派团结工会在波兰大选之中击败共产党上台执政。之后,匈牙利、民主德国、捷克斯洛伐克、保加利亚、罗马尼亚、阿尔巴尼亚、南斯拉夫的共产党或工人党先后失去政权,其中除罗马尼亚发生流血冲突外,其他国家大多以和平的议会选举方式实现政权更迭。在东欧剧变中,捷克斯洛伐克一分为二,即捷克和斯洛伐克;民主德国并入联邦德国,德国重新统一;南斯拉夫一分为五,即波斯尼亚和黑塞哥维那、南斯拉夫联盟、斯洛文尼亚、克罗地亚和马其顿。而在苏联,1990年3月,以立陶宛宣布独立为开端,之后各加盟共和国纷纷仿效。1992年12月末,苏联最高苏维埃通过最后一项决议,宣布苏联停止存在,苏联解体为15个独立国家。

而中国则在结束十年"文化大革命"之后,以1978年末的党的十一届三中全会为标志,开始了改革开放的探索。

复习思考题

(1) 马克思的"三位一体公式"是如何推导出来的?

(2) 从实证的角度看,计划经济能否实现资源的有效配置?

(3) 按劳分配能否成为全社会统一的单一的分配原则?

(4) 苏联、东欧和中国社会主义经济制度的建立是生产力与生产关系矛盾运动的结果,还是有其他的原因?

(5) 如果说"十月革命"和社会主义制度是当时俄国的必然选择,那么苏联解体是否也具有客观必然性?

(6) 中国在1952年提出过渡时期的总路线,要在一个相当长的时期内实现"一化三改",但仅用了4年就完成了三大改造,是实践中犯了左倾冒险主义的错误,还是总路线的制定过于保守,犯了右倾保守主义错误?

(7) 如何理解"社会形态的发展是一种自然历史过程",社会主义制度的产生是否符合"自然历史过程"?

(8) 如何评价苏联模式的优劣,优劣相抵后是正还是负?

(9) 如何看待苏联的解体和东欧剧变,我国应从中汲取哪些教训?

（10）如何理解财产不能公有，权力不能私有？

课堂自测(第9章)

参考文献

李明三、杨煌,2001.苏联模式与苏联社会主义的兴亡[J].当代思潮,第3期.
列宁,1976.列宁选集[M].第四卷.北京:人民出版社.
刘克明,2003.论苏联共产党的官僚特权阶层[J].俄罗斯中亚东欧研究,第3期.
陆南泉,1982.苏联经济管理体制对其技术发展的影响[J].世界经济,第11期.
陆南泉,1985.苏联的科技发展与引进资金、技术问题[J].苏联东欧问题,第3期.
陆南泉,2007.关于苏联经济建设问题的评价[J].上海党史与党建,第4期.
马克思恩格斯,1958.马克思恩格斯全集[M].第4卷.北京:人民出版社.
马克思恩格斯,1963.马克思恩格斯全集[M].第19卷.北京:人民出版社.
马克思恩格斯,1971.马克思恩格斯全集[M].第20卷.北京:人民出版社.
马克思恩格斯,1972.马克思恩格斯全集[M].第23卷.北京:人民出版社.
毛泽东,1977.毛泽东选集[M].第五卷.北京:人民出版社.

第 10 章

中国的经济体制改革与制度创新

本章着重分析中国发轫于 20 世纪 80 年代的经济改革,历时 35 年,是如何从体制变革演变成制度创新的。

10.1 中国为什么要改革[①]

1949 年中华人民共和国的诞生,结束了半殖民地半封建的旧中国一百多年灾难深重的历史。在中国共产党领导下,全国人民艰苦奋斗,建立了比较完整的独立的工业体系和国民经济体系,取得了旧中国根本不可能取得的巨大成就。

中华人民共和国成立初期和第一个五年计划期间,我国面临着实现全国财政经济统一、对资本主义工商业进行社会主义改造和开展有计划的大规模经济建设的繁重任务,逐步建立起全国集中统一的计划经济体制。随着社会主义改造的基本完成和我国经济发展的规模越来越大,原来为限制和改造资本主义工商业所采取的一些措施已不再适应新的形势,经济体制方面某些统得过多过死的弊端逐渐显露出来。1956 年,在党的第八次全国代表大会上和大会前后,党中央特别是中央主持经济工作的同志已经觉察到这个问题,并提出了某些改进措施。但是,由于我们党对于如何进行社会主义建设毕竟经验不足,由于长期以来形成了若干不适合实际情况的固定观念,特别是由于 1957 年以后党在指导思想上的"左"倾错误的影响,把搞活企业和发展社会主义商品经济的种种正确措施当成"资本主义",结果就使经济体制上过度集中统一的问题不仅长期得不到解决,而且发展得越来越突出。其间尽管多次实行权力下放,但都只限于调整中央和地方、条条和块块的管理权限,没有触及赋予企业自主权这个要害问题,也就不能跳出原有的框框。

10.1.1 实践标准和生产力标准的确立

20 世纪 70 年代发生在中国理论界的有关真理标准的大讨论,批评了教条主义、本本主义的思维方式,清算了"文化大革命"和"四人帮"极"左"路线的错误,破除了个人崇拜以及"两个凡是"的禁锢,重新确立了实践是检验真理的标准这一马克思主义的基本原理,强

[①] 这是中共中央前总书记胡耀邦之子胡德平思忆父亲胡耀邦的书名(《中国为什么要改革》,人民出版社 2011 年版)。

调任何理论(当然包括马克思主义经典作家的理论)都要不断接受实践的检验,而革命导师本身就是坚持用实践检验真理的榜样。

真理标准大讨论的直接结果,就是党的十一届三中全会的召开(1978年12月18日—22日)。这次全会确立了实事求是的思想路线,标志着党和国家的工作开始由以阶级斗争为纲、坚持无产阶级专政下继续革命,转变到以经济建设为中心和改革开放的轨道上来。而实践标准的确立,无疑为实行上述伟大转折奠定了理论基础。

长期以来,人们对社会主义所有制关系的认识一直都囿于马克思主义经典作家的一些具体的论述和设想,而马克思辩证唯物主义和历史唯物主义的两个基本原理,即"实践是检验真理的标准"(以下简称实践标准)和"是否促进生产力的发展是检验生产关系是否先进的标准"(以下简称生产力标准),则被人们遗忘了。所以,20世纪"文革"后发生在中国思想理论战线的拨乱反正以及对社会主义所有制关系的再认识或反思,正是从重新确立上述两个标准开始的。

如果说1978年中国理论界有关真理标准的大讨论,确立了实践是检验真理的唯一标准的地位,破除了"两个凡是"的精神桎梏,从而引发了新中国成立以来的第一次思想解放,那么,党的十三大(1987年)所确立的生产力标准以及党的十五大(1997年)所重申的邓小平"三个有利于"的标准,则把多年"空谈"的社会主义,变成了脚踏实地的社会主义,从而可以称为第二次思想解放而与实践标准讨论相媲美。

1) 生产力标准与实践标准的一致性

生产力标准是个简称,实际上是历史唯物主义基本原理,即生产力是决定社会发展的根本动力,生产关系必须适应生产力的发展。判断一个社会制度、一种生产关系甚至一个政党的政治主张是好是坏,只能以它是否促进生产力发展为标准。所谓坚持马克思主义,最根本的就是坚持这一历史唯物主义基本原理。实践标准与生产力标准本质上是一致的,因为人类的生产活动本来就是最基本的实践活动,生产力标准是实践标准的逻辑推演和具体体现。

2) 生产力标准的普遍性和唯一性

可是多年来,我们在政治、文化、科研、教学中,从两方面对这个原理做出了限制。其一,在人类社会发展阶段问题上,强调社会主义生产关系不是从资本主义内部孕育而成的;其二,在一元论和多元论问题上,几乎在提出实践标准和生产力标准的同时,我们又提出了一些其他标准,诸如所有制标准、共同富裕标准、平等标准,等等。

3) 生产力标准的确定性和不确定性

马克思曾经讲过:"手推磨产生的是封建主为首的社会,蒸汽磨产生的是工业资本家为首的社会。"(马克思恩格斯,1972,第218页)这种观点虽有一定道理,但包含着一个难以克服的矛盾,这就是,生产力水平与所有制形式之间,并不存在一一对应的关系:在较低的生产力水平下,可以产生公有制,而现代化的科学技术也可以与私有制并存。如果说蒸汽磨产生的是工业资本家为首的社会,那么,电子计算机是否就一定会产生出社会主义社会呢?当今方兴未艾的互联网(特别是移动互联网、大数据、云计算),又该导致什么新的制度产生呢?如果说现代公有制产生于社会化大生产的要求,那么,又如何解释这种社会化大生产与现代私有制之间呈现出的一定适用性呢?

10.1.2　社会主义初级阶段理论的提出

在马克思主义经典作家所设想的未来社会中,社会主义是共产主义的初级阶段,实行单一的公有制、计划经济和按劳分配。而从资本主义到共产主义,有一个从前者转变到后者的过渡时期,这个过渡时期不可避免地要兼有资本主义和未来共产主义两种社会形态的特征。而党的十三大则认为,我们今天所实行的公有制为主体多种所有制并存、按劳分配为主体多种分配方式并存以及有计划的商品经济,本身就是社会主义,只不过是社会主义初级阶段。党的十三大所提出的社会主义初级阶段理论,突破了马克思主义经典作家关于未来社会发展阶段的划分,对社会主义基本经济制度做出了新的规定,强调了社会主义初级阶段是一个相当长的历史时期,把发展生产力确定为社会主义初级阶段的根本任务。

10.1.3　社会主义的本质

虽然邓小平没有给社会主义下过定义,但他把社会主义的本质特征概括为"解放生产力,发展生产力,消灭剥削,消除两极分化,实现共同富裕"。为此,就必须改革阻碍生产力发展的生产关系,改革不适应经济基础的上层建筑。

10.2　从计划经济体制改革到市场经济制度的建立

因为在中国的政治和经济词汇中,经济制度和经济体制是两个不同的概念:经济制度是社会制度的基础,反映着一个社会的本质特征,而经济体制是一定经济制度所采取的具体形式。在传统理论看来,社会主义经济制度具有无比的优越性,其基本规定性是不能改变的,只能在其自身的发展中自我完善;而作为其具体表现形式的经济体制,因其本身就具有多样性,所以,可以通过改革不断地进行选择和调整。

但是,经济体制改革的不断深化,不可能不触动传统的经济制度:一方面,经济制度本身一定要适合生产力的性质并根据生产力发展的客观要求而不断调整;另一方面,对于什么是资本主义基本经济制度,什么是社会主义基本经济制度,两种基本经济制度的本质特征是什么,人们的认识也是在不断变化的。随着当代资本主义的发展和社会主义的实践,马克思时代所批判的资本主义已不复存在,马克思所设想的未来社会主义的本质特征也在实践中不断发展、变化和完善:原来被看作反映某种特定制度本质特征的东西,逐渐被剥去制度的外衣,而被看作反映社会化大生产一般规律的东西,或被看作仅仅是为实现某种更高的社会发展目标而可供选择的手段,抑或被赋予资源配置方式的属性而存在于不同的经济制度中。所以,改革开放40年来,伴随着中国经济体制改革的不断深化,中国的基本经济制度的规定性也逐步发生了质的变化。

我们首先考察计划经济体制向市场经济制度的转变。

10.2.1 改革的路径

传统的社会主义经济理论认为,计划经济作为市场经济的替代物,无疑是社会主义经济制度的一个本质特征,而在许多后来的马克思主义经济学家的眼中(当然也包括诸多西方经济学家),计划经济=社会主义,市场经济=资本主义,似乎已成为一个固定的思维模式。①

正因为如此,当国内一些经济学家提出市场化取向改革的主张时,立即被认定是走资本主义道路。而中国的经济体制改革,不得不起始于对计划经济体制修修补补:试图把高度的中央集权的计划经济体制,改革为中央与地方分权的计划经济体制;把单一的指令性计划改革为指令性与指导性相结合的计划。

然而,单纯的计划经济体制改革,并不足以消除现实生产关系中阻碍社会生产力发展和扭曲资源配置的各个环节。早在20世纪50年代,陈云同志就提出过"计划经济为主、市场调节为辅"的思想。进入80年代改革开放之后,陈云同志又反复强调,"从全国工作来看,计划经济为主,市场调节为辅,这话现在没有过时。"(陈云,1995,第350页)党的十二大(1982)则明确指出,"正确贯彻计划经济为主、市场调节为辅的原则,是经济体制改革中的一个根本性的问题。"在中央的这一改革思想指导下,在众多经济学者推动下,经济生活中很快引入了计划和市场并行的"价格双轨制"。②

当现实中的"市场轨"与"计划轨"旗鼓相当时,理论界就出现了"计划经济与市场调节相结合"的提法。而当市场在配置资源中的作用逐步超过计划时,政府文件和理论界又提出了"有计划的商品经济"这一命题。1984年10月20日,中国共产党十二届三中全会通过了《中共中央关于经济体制改革的决定》,第一次明确提出:社会主义经济"是在公有制基础上的有计划的商品经济"。这是一次认识上的飞跃,商品经济成了主词,而"计划"则由主词变成了商品经济的形容词。与此同时,政府和学界还提出了"国家调节市场、市场引导企业"的有计划的商品经济的运行模式。(厉以宁,1987;薛暮桥,1988)

1992年的党的十四大强调,让市场在资源配置中发挥基础性作用,社会主义市场经

---

① "计划经济不只是管理国民经济的方式和手段,它首先是社会主义经济的本质属性和特征,是社会主义经济制度即社会主义生产关系中的重要方面。"(卫兴华,1986)"计划经济是社会主义的一个基本特征,它与市场经济是根本对立的。社会主义社会不可能实行市场经济而只能实行计划经济,这是社会主义经济的本质决定的。"(胡乃武、袁振宇,1989)《中共中央关于经济体制改革的决定》(1984)中指出:"社会主义社会在生产资料公有制的基础上实行计划经济,可以避免资本主义社会生产的无政府状态和周期性危机,使生产符合不断满足人民日益增长的物质文化生活需要的目的,这是社会主义经济优越于资本主义经济的根本标志之一。"但它同时又指出:社会主义经济是"在公有制基础上的有计划的商品经济"。

② "价格双轨制"是指同一商品在国家的计划经济指标内有一种价格,在计划经济指标外另有一种由市场供需机制调节的价格,是中国从计划经济体制向市场经济体制的过渡模式。

济体制终于取代计划经济体制,被确定为中国经济改革的目标模式。

2013年召开的党的十八届三中全会,则进一步强调,要让市场在资源配置中起决定性作用,更好发挥政府作用。

2019年召开的党的十九届四中全会则把社会主义市场经济体制列入社会主义基本经济制度。

10.2.2 我国的市场化进程和存在的问题

如前所述,经过40余年的改革,我国计划经济体制已经逐步转变为社会主义市场经济体制,但全国统一的大市场体系尚未形成,突出表现在以下两方面。

一方面,各地区市场化发展不平衡。根据王小鲁等(2021)的研究,我国东部地区市场化遥遥领先,中部改善速度高于东部,西部改善缓慢,东北有所退步;我国2019年市场化总指数为5.81(以2016年为基期),市场化进程趋缓。详见表10.1和图10.1。

表 10.1　中国四大地区市场化指数近期变化

地区	2016	2019
全国	5.69	5.81
东部	6.91	7.12
中部	5.93	6.17
西部	4.6	4.65
东北	5.48	5.33

数据来源:王小鲁等,2021

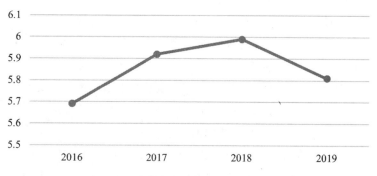

图 10.1　中国市场化总指数,2016—2019

数据来源:王小鲁等,2021

另一方面,全国统一的生产要素市场尚未形成,劳动力的流动和就业不仅在一定程度上仍然受到城乡户籍制度的限制,而且受到特大超大城市人口总量的限制,资本的市场化程度还不够高,①城乡统一的建设用地市场刚刚起步,东中西部城市新增建设用地还仍然由中

---

① 中国证监会主席肖钢认为:我国资本市场的市场化程度还不够高,所以我们未来推进改革就是要朝着市场化、法制化、国际化的方向来进行。(肖钢:《中国资本市场市场化程度还不够高》,2014,http://www.chinanews.com/gn/2014/03-11/5935651.shtmlhttp://www.chinanews.com/gn/2014/03-11/5935651.shtml

央政府计划控制,农村大量的建设用地(特别是宅基地)只有少量被政府确定为经营性建设用地入市,城乡建设用地增减挂钩结余指标还只能在少数对口扶贫的省份之间按中央规定的价格进行交易,农村集体的宅基地尚不具备与城市国有宅基地同等的用益物权和担保物权。

以上各地区市场发展的不平衡、城乡土地资源配置方式的不统一、国有与集体所有土地产权地位的不平等,极大地限制了各种生产要素在城乡之间、东中西部和南北之间以及大中小城市之间和城市内部不同部门之间的合理配置,从而不仅抑制了工业化、城镇化和农业现代化的进程,而且阻碍了区域经济均衡发展和城乡融合发展。正因为如此,自党的十八届三中全会(2013)以来,中共中央国务院反复强调,要加快完善社会主义市场经济体制,构建更加完善的要素市场化配置体制机制①,并于2015年至2019年在33个县市区进行了征地制度改革、农村集体土地入市改革和农村宅基地制度改革试点,于2021年起又在104个县市区和3个地级市进行第二轮农村宅基地制度改革试点。

也正是在上述一系列旨在完善社会主义市场经济体制的文件基础上,《中共中央国务院关于加快建设全国统一大市场的意见》进一步提出要从基础制度建设、市场设施建设等方面打造全国统一的大市场,其中特别强调要健全城乡统一的土地和劳动力市场,统筹增量建设用地与存量建设用地,实行统一规划,强化统一管理。完善城乡建设用地增减挂钩节余指标、补充耕地指标跨区域交易机制。完善全国统一的建设用地使用权转让、出租、抵押二级市场。健全统一规范的人力资源市场体系,促进劳动力、人才跨地区顺畅流动。完善财政转移支付和城镇新增建设用地规模与农业转移人口市民化挂钩政策。全面贯彻落实中共中央国务院的上述意见,不仅将有助于消除前述抑制生产要素在城乡之间、地区之间、各个产业和市场需要之间的自由流动的体制和制度障碍,而且将有助于保障不同所有制经济和各个市场行为主体平等地使用国家的资源实现公平竞争,为各种生产要素由市场评价其贡献并按贡献参与分配创造条件,从而推进社会主义基本经济制度更加完善。

10.2.3 社会主义市场经济理论准备不足

如前所述,计划经济的理论基础根深蒂固,即使我们今天承认社会主义可以搞市场经济,往往也是被看作权宜之计。因为按照以往的理论,社会主义的中国之所以要搞市场经济,因为在生产力还比较落后的社会主义初级阶段,马克思当年设想的消灭商品经济的条件还不具备,我们还必须借助于商品生产和价值规律来发展社会生产力。言外之意,将来进入社会主义中高级阶段或共产主义高级阶段,市场经济终归要让位给计划经济。这一理论不仅不能解释为什么生产力水平已经高度发达的欧美日国家,仍没有任何迹象要用计划经济取代市场经济,而且不能解释为什么在经济发展水平很低的新中国成立之初实行了计划经济,而在经过了7个五年计划的经济建设,社会生产力水平与新中国成立初期

---

① 2020年3月20日:中共中央国务院印发《关于构建更加完善的要素市场化配置体制机制的意见》2020年5月18日:中共中央国务院印发《关于新时代加快完善社会主义市场经济体制的意见》

相比有了长足发展之后,又从计划经济转入市场经济呢?看来,对于中国为什么要搞市场经济以及市场经济的历史命运,还有待于我们从理论上进一步探讨。

10.3 从公有制实现形式的改革到混合所有制结构的形成

10.3.1 改革开放初期关于公有制实现形式的探索

传统的社会主义经济理论一向认为,公有制作为社会主义经济制度的基础不能有丝毫动摇,改革只能触及公有制的具体实现形式:比如,把单一的全民所有制改造成全民所有制和集体所有制两种形式;探讨全民所有制的实现形式是国有制,还是其他形式;国有制是采取承包制,还是租赁制,抑或股份制?农村土地集体所有制是采取合作制、集体农庄和人民公社形式,还是实行家庭联产承包责任制抑或股份合作制。

在上述传统观念束缚下,人们在很长时间内是讳言所有制改革的,因为这很容易被扣上否定社会主义基本经济制度的大帽子。正是在这种意识形态的背景下,一些有胆识的经济学家提出产权改革的主张,试图通过区分产权和所有制概念,绕过所有制这个"烫手的山芋",达到优化所有制结构的目的。而这种主张理所当然地受到敏感的保守派的抨击,他们指责这种产权改革论是用产权概念偷换所有制概念,以产权改革为名,行所有制改革之实;以产权明晰为幌子,以推行私有化为目的。

10.3.2 混合所有制结构的形成

党的十三大(1987)首次把社会主义初级阶段的所有制结构描述为公有制为主体、多种所有制形式并存。但从党的十三大到党的十五大(1997)之前,非公有制经济一直被看作社会主义异己的东西,仅仅作为社会主义公有制经济的一种补充而被排除在社会主义基本经济制度的规定之外。这种认识到党的十五大召开,有了本质的变化。党的十五大报告把非公有制经济确定为社会主义市场经济的重要组成部分,从而纳入了社会主义基本经济制度的规定之中,而不再被视为公有制的对立面。

2002年召开的党的十六大在思想解放的进程中又取得了重大突破。十六大报告提出两个毫不动摇:既要毫不动摇地巩固和发展公有制经济,又要毫不动摇地鼓励、支持和引导非公有制经济的发展。十六大报告还提出,既要保护合法的劳动收入,也要保护合法的非劳动收入,并进而强调要完善保护私人财产的法律制度。

党的十六届三中全会在十六大已有成果的基础上,在强调要大力发展和积极引导非公有制经济的同时,进一步明确"允许非公有资本进入法律法规未禁入的基础设施、公用事业及其他行业和领域",并规定"非公有制企业在投融资、税收、土地使用和对外贸易等方面,与其他企业享受同等待遇"。这表明,党的十六届三中全会为非公有制经济的发展开辟了更广阔的空间。

不仅如此,党的十六届三中全会还明确指出,"建立归属清晰、权责明确、保护严格、流转顺畅的现代产权制度",这不仅"有利于维护公有财产权,巩固公有制经济的主体地位",而且"有利于保护私有财产权,促进非公有制经济发展","是完善基本经济制度的内在要求,是构建现代企业制度的重要基础"。所以,"要依法保护各类产权,健全产权交易规则和监管制度,推动产权有序流转"。这种"依法保护各类产权"(既包括公有产权,也包括私人产权)的思想,在 2004 年的宪法修正案中得到充分的体现,从而标志着以公有制为主体、多种所有制共同发展的社会主义基本经济制度在中国的宪法中得到最终确认。在 2007 年通过的物权法中,私有财产与公有财产得到了平等的保护。

而到了 2007 年 10 月召开的党的十七大,则进一步强调要创造条件让更多的群众拥有财产性收入。

总之,自改革开放以来,私有制经济从作为公有制经济的对立面被绝对禁止,[1] 逐步成为公有制经济的必要补充,[2] 最终作为社会主义市场经济的重要组成部分,与公有制经济一起成为社会主义初级阶段基本经济制度[3],公民的合法私有财产也得到了宪法的保护。[4] 由此,我们完成了从公有制形式的改革向混合所有制结构的转变。

我国非公经济现状:截至 2017 年底,我国民营企业数量超过 2 700 万家,个体工商户超过 6 500 万户,注册资本超过 165 万亿元。概括起来,民营经济具有"五六七八九"的特征,即贡献了 50% 以上的税收,60% 以上的国内生产总值,70% 以上的技术创新成果,80% 以上的城镇劳动就业,90% 以上的企业数量。在世界 500 强企业中,我国民营企业由 2010 年的 1 家增加到 2018 年的 28 家。

10.3.3 混合所有制企业的建立

混合所有制经济除了上述宏观层面的混合所有制结构,还包括微观层面的混合所有制企业,即在同一企业内部既有公有制因素又有私有制因素,其中包括不同所有制性质的投资主体共同出资组建的企业,也包括一般的股份制企业。

股份制在我国近半个世纪也经历了一个否定之否定的过程。改革开放前,股份制企业连同其他任何非公有制企业一律都被取缔。改革开放初期,股份制也一度被当作资本主义私有制企业而受到排斥。

---

[1] 《中共中央关于经济体制改革的决定》(1984)也只是把个体经济看作是和社会主义公有制相联系的,是社会主义经济必要的有益的补充,但严格限定其雇工人数(不超过 8 个),否则作为私营经济是被禁止的。

[2] 党的十三大报告指出:中国仍然处在社会主义初级阶段,社会主义初级阶段的所有制结构是公有制为主体、多种所有制形式并存。要在公有制为主体的前提下继续发展多种所有制经济。私营经济是存在雇佣劳动关系的经济成分,但却是公有制经济必要的和有益的补充。

[3] 党的十五大指出:非公有制经济是我国社会主义市场经济的重要组成部分。公有制为主体、多种所有制经济共同发展,是我国社会主义初级阶段的一项基本经济制度。

[4] 2004 年宪法修正案第六条第二款:国家在社会主义初级阶段,坚持公有制为主体、多种所有制经济共同发展的基本经济制度,坚持按劳分配为主体、多种分配方式并存的分配制度。第十一条:在法律规定范围内的个体经济、私营经济等非公有制经济,是社会主义市场经济的重要组成部分。国家保护个体经济、私营经济等非公有制经济的合法的权利和利益。国家鼓励、支持和引导非公有制经济的发展,并对非公有制经济依法实行监督和管理。第十三条:公民的合法的私有财产不受侵犯。(见《中华人民共和国宪法》,人民出版社 2004 年版)

随着改革开放步伐的加快，1984年第一家比较规范的股份制企业——上海飞乐股份有限公司成立，1990年、1991年上海证券交易所与深圳证券交易所先后正式营业。鉴于股份制企业在社会主义市场经济中所表现出的良好业绩和巨大活力，党的十五届四中全会通过的《中共中央关于国有企业改革和发展若干重大问题的决定》(1999)指出：国有大中型企业尤其是优势企业，宜于实行股份制的，要通过规范上市、中外合资和企业互相参股等形式，改为股份制企业，发展混合所有制经济，重要的企业由国家控股。党的十六大报告则进一步指出：要深化国有企业改革，进一步探索公有制特别是国有制的多种有效实现形式，大力推进企业的体制、技术和管理创新。除极少数必须由国家独资经营的企业外，积极推行股份制，发展混合所有制经济。实行投资主体多元化，重要的企业由国家控股。按照现代企业制度的要求，国有大中型企业继续实行规范的公司制改革，完善法人治理结构。(见党的十六大，2002)中共十七大报告也强调"以现代产权制度为基础，发展混合所有制经济"。(党的十七大，2007)截至2017年底，从产权层面看，国务院国有资产监督管理委员会监管的中央企业及各级子企业中，混合所有制户数占比达到69%，省级国有企业混合所有制户数占比达到56%。从所有者权益层面看，中央企业所有者权益总额为17.62万亿元，其中引入社会资本形成的少数股东权益为5.87万亿元，占比33%；省级国有企业所有者权益为17.7万亿元，其中少数股东权益超过4.7万亿元，占比26.6%。

伴随着改革的推进，国企混改在广度和深度上均取得了积极成效。一是混合所有制企业在国有企业中的占比迅速提升。根据国务院国资委的统计，截至2019年6月底，中央企业各级子企业中，混合所有制企业户数达到15 925户，占法人总户数的比例为35.4%。到2021年底，我国中央企业集团公司及各级子企业基本上完成了公司制改制，中央企业及各级子企业中混合所有制企业户数占比达到68.9%[①]。二是以"完善治理"为核心，混改的程度不断提升。以国有控股上市公司为例，股权结构的多元化和制衡化得到进一步巩固。据统计，截至2020年三季度末，A股上市的1 088家非金融类的国有控股上市公司中，第一大股东占前十大股东持股比例的平均份额为72.9%，第二大股东平均持股比例为6.4%，分别较2017年二季度末下降了1.3个百分点、上升了0.8个百分点[②]，"一股独大"的局面得到改善。三是改革探索中涌现出一批标杆案例，持续发挥示范效应。以东航物流、中国黄金、合肥江航等案例为代表，按照国企混改十六字方针的要求，通过引入契合度高的战略投资者、持续完善治理体制、推动建立市场化的经营机制，伴随着企业活力的提升、竞争力的增强，企业快速跃居行业龙头地位，改革红利不断释放，充分体现了混合所有制发挥国有和民营双方优势的制度优越性。

上述有关股份制的否定之否定的过程，始终伴随着股份制企业姓资姓社的争论。而有关股份制属性的争论，则充满了形而上学的气息，争论双方，无论是以厉以宁为代表的

---

① 《国资委：央企所属子企业中混合所有制企业户数占比超70%》，证券时报，2020-11-27。
② 根据万得数据库计算。

新公有制论,还是以项启源等学者代表的非公有制论,都只强调公有制与私有制之间的对立(水火不相容),而忽略了二者之间的统一(同一)。(蔡继明、张克听,2005)

实际上,如果以产权是否可分以及财产收益是否可以量化到个人作为区分公有产权和私有产权的标准,那么,股份制在性质上既是一种财产组织形式,也是一种特殊的产权形式(所有制形式),它既不是纯粹的私有制,也不是纯粹的公有制,而是介于二者之间的中介,是公私两种产权制度的有机融合,是对私有产权和公有产权的扬弃,它既是社会主义初级阶段公有制的主要实现形式,同时也是非公有制的主要实现形式。

首先,股份制企业不同于单纯的私有制企业,它具有一定的公有特性。这不仅表现在资产来源上可能具有的公有成分上,更主要的是股份制企业具有公有产权的一般属性,那就是即使在以私有产权为基础(或主体,或出发点)的社会,通过股份制这种产权组织形式,私人资本在保留了其资产的内部可分性(资产分割并量化到个人)的同时,取得了外部整体不可分的法人资本形式。一方面,股份制企业里的国有股和集体股,本来就是公有成分,这一点不论是在资本主义社会还是在社会主义社会都是如此。另一方面,股份制企业在产权安排上越来越具有整体性。不仅由股东出资凝聚起来的公司法人财产不可分割,而且剩余收益的分配也越来越体现整个所有者的共同利益。不仅如此,各种资本市场的发展和各种金融创新,在私产流动的同时保证了公司财产的完整性,这种流动体现了全体所有者(股东)个人意志对公产经营的约束,使得公司控制权体现了越来越多的社会性或公众性,而不仅仅是少数大私有者的意志。被人们广为引用的《资本论》第 3 卷第 27 章马克思的那段名言,[①]表明股份制的出现已经给资本主义财产所有的形式和生产方式带来新变化,股份公司这种财产组织方式已经具有与私有产权相对立的特性,因而具有一定的公有属性。

其次,股份制企业也具有一定的私有性。股份制企业并不直接等同于公有制企业。股份制企业产权作为法人财产权,是不可分割的,但内部私有产权和收益却是可分的。股份制企业关注的是效率而非公平,它的目标是实现出资人即股东利润最大化,并根据出资额的多少分配企业的利润,这些和私有产权安排都是一致的。正是由于股份制企业内出资人私有产权可以分割并借助资本市场实现产权流动,才形成了对企业经营者的外部约束,有利于强化对企业经营者的激励。

由此可以得出结论,股份制是公私产权的融合或中介。马克思辩证法的中介思想有助于我们理解股份制这种特殊的产权形态。辩证法认为,一切差异都在中间阶段融合,一切对立都经过中间环节而相互过渡,辩证法不知道什么是绝对分明和固定不变的界限,也不知道什么无条件的普遍有效的"非此即彼",它使固定的形而上学的差异互相过渡,除了"非此即彼",又在适当的地方承认了"亦此亦彼",并且使对立互为中介。彼此对立的经济

---

① "那种本身建立在社会生产方式的基础上并以生产资料和劳动力的社会集中为前提的资本,在这里直接取得了社会资本(即那些直接联合起来的个人的资本)的形式而与私人资本相对立,并且它的企业也表现为社会企业而与私人企业相对立。这是作为私人财产的资本在资本主义生产方式本身范围内的扬弃。"(马克思恩格斯,1974,第493 页)

范畴,通过亦此亦彼的中介环节而统一起来。

我们知道,在马克思主义经典作家所设想的未来社会中,社会主义是共产主义的初级阶段,实行单一的公有制、计划经济和按劳分配。而从资本主义到共产主义,有一个从前者转变到后者的过渡时期,这个过渡时期不可避免地要兼有资本主义和未来共产主义两种社会形态的特征,①也就是说,其所有制结构必然是公私混合的,其经济体制必然是计划和市场共存的,其分配关系也必然是按资分配与按劳分配并存的。但根据马克思的论述,这一过渡时期既不属于资本主义,也不属于作为共产主义初级阶段的社会主义,而是一个亦此亦彼或非此非彼的由资本主义转变为共产主义的中介环节。

对于目前正处在经济转型期的中国来说,几乎所有的经济关系和经济范畴,都明显地带有曾经一度被视为截然对立的两种经济制度的痕迹,表现为两种对立的经济关系的相互融合、相互渗透和相互过渡,呈现出彼此对立的经济范畴之间的交差、调和与折中。股份制企业兼具私有和公有产权二重特性,使得它不仅是一种财产组织形式,而且是一种相对独立的产权形式或所有制形式,只不过这种产权形式既不是纯粹的(或原始的)私有产权,也不是纯粹的(或原始的)公有产权,而是公私产权的一种融合形式或中介形式,它扬弃了私有产权和公有产权的不足,又吸取了它们的有价值成分,体现了重视个人利益基础上整体的一致性,使产权走向开放和流动,体现了各种权利之间的分工与制衡。总之,股份制既是公有产权与私有产权相互转化的一个中介,又是公私产权的一种融合,体现了公有产权和私有产权两重属性的内在统一。

10.4 从按劳分配方式改革到按生产要素贡献分配制度确立

在传统的社会主义经济理论中,按劳分配作为公有制在经济上的实现形式,一向被当作社会主义的唯一分配原则,谁否定按劳分配,谁就是否定社会主义基本经济制度。所以,在分配领域的改革,最初仅仅是着眼于按劳分配的实现形式,如到底是国家对劳动者按劳动一次性分配呢,还是国家先根据企业的整体劳动对企业实行一次分配,企业再根据劳动者的劳动实行二次分配呢?是按活劳动分配呢,还是按物化劳动或潜在的劳动(劳动力)进行分配呢?②

10.4.1 按劳分配为主体,多种分配方式并存

但是,随着我国计划经济体制向市场经济体制的转变和多元所有制结构的形成,在分配领域也出现了多种分配方式:除了传统的公有制经济中的按劳分配以外,个体劳动者通过合法经营既获得劳动收入,又得到一定的资产和经营收入;当企业发行债券筹集资金

---

① "在资本主义和共产主义中间隔着一个过渡时期,这在理论上是毫无疑义的。这个过渡时期不能不兼有这两种社会经济结构的特点或特征。"(列宁,1972,第 84 页)

② 参见中国社会科学院经济研究编辑部,1985,《建国以来社会主义经济理论问题争鸣(1949—1984)》(下),中国财政经济出版社。

时,债券所有者就会凭债权取得利息;随着股份经济的产生,还出现了股份分红;在企业经营者的收入中,包含部分风险补偿;在私营企业雇工经营中,企业主会得到部分非劳动收入。所有这些收入分配形式,概括起来,不过是劳动收入和非劳动收入,前者既包括公有制经济中的按劳分配,又包括个体劳动者和私营企业中的雇佣劳动者的收入,还包括经营管理者作为劳动者所获得的部分收入;后者表现为企业家收入(利润)、利息[含存款利息、股息(含红利和股票增殖)和债息]和地租(土地转租得到的租金),它们本质上都是各种非劳动要素所有者凭借着要素所有权所得到的非劳动收入。正是在这种情况下,党的十三大(1987)提出,社会主义初级阶段实行按劳分配为主体,多种分配方式并存,这就至少在政策层面上承认了非劳动要素参与分配的合理性与合法性。

10.4.2 按劳分配与按生产要素分配相结合

时隔 10 年之后的党的十五大(1997)又进一步指出:在社会主义初级阶段,"要坚持按劳分配为主体、多种分配方式并存的制度,把按劳分配与按生产要素分配结合起来"。这一提法与党的十三大报告相比[①],对社会主义初级阶段的分配关系做出了更加具体和清晰的描述,而经济学家在按生产要素分配这一点上,也基本取得了共识,但究竟是按生产要素的所有权分配,还是按生产要素的贡献分配,经济学界仍存在着两种对立的观点。不仅如此,如果承认按劳分配中的"劳"与按生产要素分配中的劳动要素是同一个"劳",显然后者已经包括了前者,单独列出前者是多余的;如果认为两个"劳"不同一,前者是指活劳动,后者是指劳动力(传统政治经济学通常都是这样理解的),那么,按劳分配适用于公有制经济,按生产要素分配适用于非公有制经济,二者最多也就是并存,而不可能结合。

10.4.3 按生产要素贡献分配

党的十六大(2002)明确提出:确立劳动、资本、技术、管理等生产要素按贡献参与分配的原则。如果说"按劳分配为主、多种分配方式并存",还仅仅是对社会主义初级阶段收入分配现象的一个总体描述,而按劳分配与按生产要素分配相结合,虽然试图对社会主义初级阶段收入分配关系做出理论概括,但自身又包含了许多不能自圆其说的矛盾(参见蔡继明,1998),那么,党的十六大(2002)把社会主义初级阶段的各种分配方式概括为各种生产要素按贡献参与分配,这一新的概括,则揭示了社会主义初级阶段分配关系的本质规定,克服了党的十五大提法中的矛盾,是对马克思主义的一个重大发展,具有重大的理论意义和政策意义。

党的十七大(2007)进一步提出:"要健全劳动、资本、技术、管理等生产要素按贡献参与分配的制度。"

党的十八大(2012)提出:完善劳动、资本、技术、管理等生产要素按贡献参与分配的初

---

① 党的十四大在经济体制方面有重大突破——确立了社会主义市场经济作为改革的目标模式,但在对分配关系的认识上,并没有超越党的十三大。

次分配机制。

党的十八届五中全会(2015)进一步明确：优化劳动力、资本、土地、技术、管理等要素配置，完善市场评价要素贡献并按贡献分配的机制。

党的十九大(2017)继续"坚持按劳分配原则，完善按要素分配的体制机制"。

党的十九届四中全会(2019)强调：健全劳动、资本、土地、知识、技术、管理、数据等生产要素由市场评价贡献、按贡献决定报酬的机制。

10.4.4　按生产要素贡献分配理论的提出

我国按生产要素贡献分配的理论，是由谷书堂、蔡继明于1988年首先提出的。[①] 所谓按生产要素贡献分配，是以承认各种生产要素(包括非劳动要素)都参与了社会财富的创造为前提的。我们知道，各种生产要素都参与了物质财富即使用价值的创造，这是不言而喻的，所谓"土地是财富之母，劳动是财富之父"，讲的就是这个道理。但在不同的生产方式下，物质财富总是采取相应的社会形式，而作为分配对象的财富，也只能是社会财富。根据内容和形式相统一的辩证法，参与物质财富创造的各种生产要素，同样参与社会财富的创造。在商品经济中，财富的社会形式就是价值，由此得出结论，各种生产要素都参与了价值创造。[②] 而所谓按生产要素的贡献分配，就是按生产要素在社会财富即价值的创造中所做的贡献进行分配，根据这一原则，只要各种生产要素的报酬与各自在社会财富的创造中所做的贡献相一致，就不存在剥削关系。

更确切地说，根据非劳动生产要素的贡献所获得的非劳动收入，不应被视为剥削收入。不仅如此，由于剥削从一般意义上说，不过是对他人生产要素所创造的社会财富的无偿占有，所以，严格地按生产要素的贡献进行分配，恰恰是对剥削关系的否定。这也就为保护合法的非劳动收入和私有财产，提供了科学的理论依据。反过来，只有像党的十六大报告所强调的，既要保护合法的非劳动收入，又要保护私有财产，才能真正贯彻按生产要素贡献分配。因为，合法的非劳动收入是根据非劳动要素的贡献所得到的合理收入，而作为大多数非劳动收入源泉的非劳动要素，都属于私有财产。所以，按生产要素贡献分配与保护合法的非劳动收入和保护私有财产，在逻辑上是完全一致的。

如果说"剥削有功"论仅仅为利用非公经济提供了政策依据，"社会主义初级阶段"论为发展非公经济划定了时限，只有"按生产要素贡献分配理论"才为发展非公经济提供了理论基础，并使保护私有财产不再是权宜之计，而成为天经地义。

[①] 文章最早提交给在武汉中南财经大学召开的全国高校社会主义经济理论与实践第四次研讨会，引起与会者的热烈讨论。该文经过激烈的争论，最终还是作为"纪念十一届三中全会召开10周年理论研讨会"(人民大会堂，1988年12月)入选论文，受到了中宣部、中央党校和中国社会科学院的联名嘉奖。1989年政治风波之后，该论文被当作资产阶级自由化观点受到批判。(参见谷书堂、蔡继明，1988；谷书堂、蔡继明，1989；蔡继明，2008a)

[②] 本书第2章，已经从部门内的角度论证了非劳动要素参与价值决定的原理。如何将劳动生产力与价值量成正比的原理扩展到部门之间以至于从整个社会的角度看非劳动要素同样参与价值决定的原理，参见蔡继明(2010)。

10.5 如何看待中国基本经济制度的演变

10.5.1 传统观点

传统观点认为,社会主义基本经济制度仅仅是指社会主义生产资料公有制,按劳分配和计划经济并不包括在内。而公有制为主体、多种所有制经济共同发展只是社会主义初级阶段的基本经济制度,不是社会主义基本经济制度;非公经济也只是社会主义市场经济的重要组成部分,但不是社会主义经济的重要组成部分;同样地,按生产要素贡献分配也只是社会主义初级阶段或社会主义市场经济的分配原则,但不是社会主义分配原则,社会主义分配原则只能是按劳分配。(参见刘国光,2001;卫兴华,2016a;周新城,2011,2019)

10.5.2 对传统观点的批评

1) 割裂了社会主义初级阶段与社会主义的内在联系

一个社会的初级阶段与高级阶段只有发展水平和成熟程度的不同,绝无本质的不同。社会主义初级阶段是社会主义社会的初级阶段而不是其他社会的初级阶段,社会主义高级阶段还没有到来,我们不能用150多年前经典作家对未来社会的设想来构建社会主义高级阶段的模式并以此来铸造社会主义初级阶段的现实,未来社会主义高级阶段的基本经济制度只能是现实社会主义初级阶段基本经济制度的逐步成长完善的结果。

2) 割裂了社会主义市场经济与社会主义经济的内在联系

辩证唯物主义的范畴是内容和形式的统一:没有无内容的形式,也没有无形式的内容。社会主义基本经济制度必然采取一定的运行形式:改革开放前单一公有制和按劳分配的社会主义采取的是高度集中的计划经济体制,改革开放后公有制为主体多种所有制经济共同发展的以及按劳分配为主多种分配方式并存的社会主义采取的是市场经济体制,现阶段中国特色的社会主义是与市场经济内在地联系在一起的,在社会主义市场经济之外,并不存在抽象的社会主义经济。所以,非公经济既然是社会主义市场经济的重要组成部分,自然也就是社会主义经济的重要组成部分。

3) 违反了马克思主义一般与特殊的辩证法

社会主义基本经济制度与社会主义初级阶段基本经济制度是一般和特殊的逻辑关系,社会主义初级阶段基本经济制度只能是社会主义基本经济制度的特殊表现,其所有制结构不应该含有社会主义基本经济制度一般规定中所没有的成分。如果我们把社会主义分成初级阶段和高级阶段,两个阶段的基本经济制度本质上应该是一样的,差别仅仅在发展水平和完善程度有所不同,而社会主义基本经济制度正是包括初级阶段和高级阶段在内的整个社会主义时期的基本经济制度。

进一步说,社会主义与中国特色社会主义的关系,也是一般和特殊的逻辑关系,后者只是前者的特殊表现形式,而离开了社会主义特殊(具体)的表现形式,一般社会主义也不可能存在。(见周叔莲,2000)

习近平总书记2012年11月17日主持十八届中央政治局第一次集体学习时指出的:"在当代中国,坚持和发展中国特色社会主义,就是真正坚持社会主义。"显然,习近平总书记这里所说的社会主义绝不是一个半世纪前马克思主义经典作家对未来社会预想中的社会主义,而是现实中活生生的社会主义,是中国特色社会主义。这也就告诉我们,离开了中国特色社会主义这种特殊的具体形式,不存在抽象的社会主义一般。

4) 违反了最一般的抽象产生的逻辑思维规律

马克思指出:"最一般的抽象总只是产生在最丰富的具体发展的地方,在那里,一种东西为许多种东西所共有,为一切所共有。这样一来,它就不再只是在特殊形式上才能加以思考了。"(马恩全集,第46卷上册,第42页)科学理论的首要功能是建立理论模型或提出从实证的角度说明现实是什么,并通过实践的检验不断修正、补充和完善理论假说,使之对现实的解释力不断增强。从这个意义上说,任何理论都是以现实为基础并通过实践不断完善和发展的。社会主义作为一种经济制度,其一般属性不是先验地根据150年前马克思主义经典作家对未来社会的设想确定的,而应该是根据社会主义的实践抽象出来的。既然我国现实的社会主义只能是初级阶段的社会主义,社会主义的本质规定也就只能根据其初级阶段的基本特征抽象而成。①

10.5.3 党的十九届四中全会的新概括

党的十九届四中全会(2019)关于社会主义基本经济制度做出了新的概括:一是将按劳分配为主多种分配方式并存和社会主义市场经济体制纳入社会主义基本经济制度范畴,二是强调这一基本经济制度,既体现了社会主义制度优越性,又同我国社会主义初级阶段社会生产力发展水平相适应,是党和人民的伟大创造。这和过去只把公有制为主体、多种所有制经济共同发展界定为社会主义初级阶段基本经济制度相比,是一个重大变化。

10.6 启示与思考

综上所述,从单一的计划经济,经过计划经济为主市场调节为辅、计划经济与市场调节相结合、有计划的商品经济,到社会主义市场经济;从单一的公有制,经过公有制为主多

---

① 自2005年以来我就一直把公有制为主体多种所有制经济共同发展(概括为公有制为主体的混合所有制)、按劳分配为主多种分配形式并存(概括为按生产要素贡献分配)以及社会主义市场经济确定为我国社会主义基本经济制度。(蔡继明,2005,2008a,2008b,2008c,2017,2018)

种所有制形式并存、非公有制经济是社会主义经济的必要补充,到非公有制经济是社会主义市场经济的重要组成部分;从单一的按劳分配,经过按劳分配为主多种分配方式并存、按劳分配与按生产要素分配相结合,到按生产要素贡献分配,所有这一切,都反映了我国经济转型过程中,伴随着经济体制的改革,基本经济制度所发生的变化。这也许正是中国30多年改革开放所取得的一条最为成功的经验。这一经验给我们如下启示:

首先,改革从所谓体制(包括计划经济体制、公有制和按劳分配的实现形式等)入手,暂不触动制度层面的问题,这样,可以在一定时期内保持社会的稳定,取得既得利益者的支持,至少得到其默许,从而减少改革的阻力。当改革从体制层面逐步渗入到制度层面时,由于新生的制度与旧制度相比更能够满足"三个有利于"[①]的要求,这种制度变迁也就比较自然地被社会绝大多数成员所接受。

其次,改革从所谓体制入手,逐渐深入到制度层面,这就绕开了"姓资姓社"和"姓公姓私"的争论,跨越了意识形态的藩篱。官方的这一策略堪与"瞒天过海"相媲美:它一方面在人们尚未改变几十年形成的传统思维定式的情况下,在没有从根本上触动传统的主流意识形态的前提下,使基本经济制度不知不觉地发生了变革,从而得到了"右派"的拥护,另一方面由于在宪法和中国共产党章程以及主流媒体中仍然保留着浓厚的传统意识形态的色彩,所以,常常使"左派"不得不旁敲侧击,时而借反对资产阶级自由化否定邓小平改革开放的思想,时而以批判新自由主义为名,诋毁市场化取向的改革。

再次,从体制改革到制度创新,走的是一条妥协、调和、折中的道路。比如:《中共中央关于经济体制改革的决定》(1984)指出,"我国实行的是计划经济,即有计划的商品经济"。(中共中央,1984)既然是计划经济,怎么又同时是有计划的商品经济呢——在前句中,计划经济是主词,在后句中,计划成了形容词,这两句前后矛盾的话,怎么能并列在一起呢?这显然是为了既迎合计划经济派也讨好市场经济派而做出的一种妥协!

再比如:党的十五大报告中指出,"把按劳分配与按生产要素分配结合起来"。按劳分配怎么能和按生产要素分配结合起来呢?很明显,如果认为前后两种分配方式中的劳动是同一个概念,那么,就没有必要将两种分配方式结合起来,因为生产要素本身就包括劳动要素,按生产要素分配自然也就包含了按劳分配。如果认为二者不是同一个概念:按劳分配中的"劳"是指活劳动;而按生产要素分配中的"劳"是指劳动力;前者体现等量劳动领取等量报酬的社会主义生产关系,后者反映的是资本家凭借生产资料所有权无偿占有雇佣劳动剩余价值的剥削关系。(黄泰岩,1998)那么,又如何把这体现两种不同分配关系的原则结合起来呢?它们显然分别适用于公有制和私有制经济,我们既不能在同一所有制经济中同时实行两种分配原则,也不能在全社会范围内使二者有机地结合起来!显然,这又是在"按劳分配"派与"按生产要素分配"派之间所做的一个妥协!

不过,这种折中、调和恰恰是辩证法中介分析的奥妙之所在,它体现了辩证法非此非彼或亦此亦彼的精髓。(周守正、蔡继明,2004)正是通过这些亦此亦彼的中介环节,计划

[①] 即有利于发展社会主义社会的生产力、有利于增强社会主义国家的综合国力、有利于提高人民的生活水平。

经济才转变为市场经济,单一的公有制才转变为多元所有制,按劳分配才转变为按生产要素贡献分配!(蔡继明,2005、2008a、2008b、2008c、2017、2018)

正是在全面总结我国 40 年改革开放的经验基础上,2019 年召开的党的十九届四中全会,才对我国社会主义基本经济制度做出了前述新的概括,从理论上揭示了社会主义初级阶段与社会主义的内在联系,社会主义市场经济与社会主义经济的内在联系。

上述经验也引发我们进一步思考。正是由于我们所推行的是渐进式改革,走的是一条从体制改革入手,逐渐深入到基本制度变革的道路,所以,经过 40 多年的改革开放,中国原有的生产关系与生产力之间的矛盾,经济基础和上层建筑之间的矛盾,科学社会主义与实践的矛盾,传统的意识形态与社会存在之间的矛盾,并没有从根本上得到解决,只是在一定程度上得到了改进和缓解,而由于政治体制改革和意识形态变革的滞后,除了原有的尚未从根本上解决的矛盾外,在变革后的经济制度与基本维持原样的政治制度和意识形态之间又产生了新的矛盾。全面深化改革的任务还远没有完成,改革永远在路上。

复习思考题

(1) 社会主义条件下为什么还存在商品经济或市场经济?如果说是由于生产力还比较落后,还不具备实行计划经济的条件,那为什么三十年前在生产力更为落后的情况下我们却实行了计划经济,而将来生产力高度发达了,是否意味着还要用计划经济取代市场经济?

(2) 社会主义的本质规定是什么?是套用马克思的三位一体公式,还是应该根据对现实各种社会主义进行分析概括,抽象出社会主义的本质规定?

(3) 使用一般和特殊的辩证法分析中国特色社会主义与一般社会主义的关系。

(4) 我国是如何从经济体制改革入手实现基本经济制度变革的?

(5) 如何让市场在资源配置中起决定性作用,同时更好发挥政府作用?

(6) 为什么要发展非公经济,为什么要保护私有财产,是权宜之计还是天经地义?

(7) 为什么要发展混合所有制经济?混合所有制经济的理论基础是什么?

(8) 股份制是公有制还是私有制,抑或是兼用公私两种属性的混合所有制?

(9) 按劳分配与按生产要素分配相结合,其中按劳分配中的"劳"与生产要素中的"劳"是否相同,如果相同会是什么结果,如果不同又会是什么结果?

(10) 试述按生产要素贡献分配的理论基础和政策意义。

课堂自测(第 10 章)

参考文献

蔡继明,2005. 中国的经济转型:从体制改革到制度创新[J]. 天津社会科学,第5期.

蔡继明,2008a. 从按劳分配到按生产要素贡献分配[M]. 北京:人民出版社.

蔡继明,2008b. 从体制改革到制度创新——中国改革开放30年的最大成果[J]. 中国金融,第7期.

蔡继明,2008c. 从体制改革到制度创新思与启示[J]. 经济学动态,第9期.

蔡继明,2010. 从狭义价值论到广义价值论[M]. 上海:格致出版社.

蔡继明,2017. 论我国现阶段基本经济制度属性[J]. 郑州轻工业学院学报(社会科学版),18(2):1-7.

蔡继明,2018. 我国经济体制变革历程及其理论分析[J]. 改革,第6期.

蔡继明、张克听,2005. 股份制性质辨析[J]. 经济学动态,第1期.

陈云,1995. 陈云文选[M]. 第三卷. 北京:人民出版社.

高尚全,2012. 坚持国有经济的正确定位[J]. 财新周刊,6月4日.

谷书堂、蔡继明,1988. 论社会主义初级阶段的分配原则[M]//理论纵横(上篇). 石家庄:河北人民出版社.

谷书堂、蔡继明,1989. 按贡献分配是社会主义初级阶段的分配原则[J]. 经济学家,第2期.

胡德平,2011. 中国为什么要改革[M]. 北京:人民出版社.

胡乃武、袁振宇,1989. 建立计划经济与市场调节相结合的运行机制[N]. 人民日报,11月27日.

黄泰岩,1998. 个人收入分配制度的突破与重构[J]. 经济纵横,第11期.

厉以宁,1987. 第二次调节论[J]. 财贸经济,第1期.

列宁,1972. 列宁选集[M]. 第四卷. 北京:人民出版社.

林蕴晖,1998. 刘少奇"剥削有功"说的来龙去脉[J]. 百年潮,第6期.

刘国光,2011. 关于社会主义初级阶段基本经济制度若干问题的思考[J]. 经济学动态,第7期.

马克思恩格斯,1972. 马克思恩格斯选集[M]. 第一卷. 北京:人民出版社.

马克思恩格斯,1974. 马克思恩格斯全集[M]. 第25卷. 北京:人民出版社.

王小鲁等,2021. 中国部分省份市场化指数报告[M]. 北京:社会科学文献出版社.

网易侦查局,2013. 民众分享国企收益情况调查[EB/OL]. http://money.163.com/special/nbi_soes/2013.

卫兴华,1986. 计划经济与经济计划[N]. 光明日报,6月14日.

卫兴华,2016a. 有关中国特色社会主义经济理论体系的十三个理论是非问题[J]. 经济纵横,第1期.

卫兴华,2016b. 中国政治经济学蕴含的根本原则[N]. 北京日报,2月29日.

薛暮桥,1988. 计划经济与商品经济和计划调节与市场调节[J]. 改革,第1期.

中国社会科学院经济研究编辑部,1985. 建国以来社会主义经济理论问题争鸣(1949—1984)[M]. 下. 北京:中国财政经济出版社.

周守正、蔡继明,2004. 论中介分析在马克思经济学中的地位和作用[J]. 教学与研究,第6期.

周新城,2011. 中国特色社会主义与马克思主义基本原理的关系——兼论关于我国社会主义初级阶段基本经济制度的若干认识问题[J]. 中国延安干部学院学报,第3期.

周新城,2019. 关于社会主义基本经济制度问题的若干思考[EB/OL]. 人民网强国论坛:http://bbs1.people.com.cn/post/2/1/2/173982779.html.

第 11 章

混合经济体系与混合经济思想

以上我们分别考察了当代资本主义生产方式的自我扬弃和中国的经济体制改革与制度创新,本章将进一步从混合经济体系的形成,探讨两大经济思想体系的融合。

11.1 混合经济概念的由来

混合经济是多种所有制成分、多种资源配置方式、多种分配方式混合而成的经济:一是指公有制与私有制经济的混合;二是指市场机制与政府调节的混合;三是指多种分配方式的混合。从一般意义上说,所谓混合经济,就是实行多元所有制和按各种生产要素贡献分配的有政府调控的市场经济体制。

混合经济一词的由来:根据 JSTOR 学术数据库搜索,最早使用混合经济(mixed economy)一词的是 Barker,他认为私人企业与公有制(communism)并非是对立的,而是可以共生的,问题在于各自占多大的比例,以及这种混合经济的性质如何界定。(见 Barker,1937,p.344.)

汉森较早系统地讨论了混合经济,不过他当时是用双重经济(dual economy)这一词语来指代的。他认为,从 19 世纪末期以后,大多数资本主义国家的经济就开始逐渐变为私人经济和社会化经济并存的"双重经济"。在生产领域,国有企业与私人企业并存,在收入与消费方面,公共卫生、社会安全和福利开支与私人收入和消费并存。(参见 Hansen,1941,pp.400-410.)

萨缪尔森在《经济学》第 10 版中也专门论述了混合经济,认为混合经济就是国家机构和私人机构共同对经济实行控制。(萨缪尔森,1979,第 59 页)在《经济学》第 19 版中,他把经济体制分为市场经济、指令经济和混合经济,并强调当今世界上没有任何一个经济完全属于市场经济和指令经济,相反,所有的社会都是既带有市场经济成分也带有指令经济成分的混合经济。(萨缪尔森、诺德豪斯,2017,第 15~16 页)总之,西方学者心目中的"混合经济"实质上就是国家干预的、以私人经济为基础的市场经济。

自 20 世纪 60 年代初以来,以公有制、计划经济、按劳分配作为基本经济制度的社会主义国家通过改革开放,逐渐引入非公经济成分、市场调节和非劳动收入分配关系,其中以中国为典型亦形成了以公有制为基础的混合经济。本章所要探讨是,伴随着上述混合经济的形成,分别构成传统资本主义经济制度与社会主义经济制度理论基础的两大经济思想体系,即新古典经济学与马克思的政治经济学,能否从对峙最终走向融合?

11.2 混合经济的理论基础

11.2.1 两种社会制度趋同论

1) 趋同论的提出

"趋同论"是现代西方社会的一种社会理论,认为社会主义和资本主义两种制度不断相互靠拢,最终发展为本质上同一类型的社会。① 首届诺贝尔经济学奖得主,荷兰的经济学家丁伯根(1961)认为,历史的发展进程将发生社会主义与资本主义的差异减少,差异减少的原因在于两种制度都向计划与市场相结合的体制发展,在于两种制度都走向"混合所有制",在于两种制度下的收入分配体制和差异趋向同一;差异减少到一定程度,两种制度完全融合为一种最优的社会制度。熊彼特(1999)也曾提出资本主义经济制度将会逐渐向社会主义经济体制靠拢的论断。

1965年,资本主义国家为了学习社会主义国家的长处,克服自身发展的困难,曾聚集美国费城召开过一次震撼全球的"世界资本主义大会",并发表《资本家宣言》,提出:"借鉴社会主义人民当家作主的经验,实现股份制的人民资本主义;借鉴社会主义福利制度的经验,实行从生到死包下来的福利资本主义;借鉴社会主义计划经济的经验,实行国家干预的计划资本主义。"(卞洪登,1997,第227页)

2) 民主社会主义和第三条道路的选择

马克思1883年逝世后,恩格斯继续领导国际工人运动达12年之久,并于1889年成立第二国际。恩格斯具体指导德国社会民主党进行合法斗争,强调德国社会民主党在选举中获得成功对整个国际工人运动有很大的意义:"可以设想,在人民代议机关把一切权力集中在自己手里、只要取得大多数人民的支持就能够按宪法随意办事的国家里,旧社会可能和平地长入新社会,比如在法国和美国那样的民主共和国,在英国那样的君主国。"(马克思恩格斯,1965,第273页)

1847年10月恩格斯写了《共产主义原理》一文,勾画了这位27岁的青年对未来理想社会的憧憬。1893年5月11日恩格斯73岁时对法国《费加罗报》记者发表谈话,否定了年轻时设计的未来社会模式。恩格斯说:"我们没有最终目标。我们是不断发展论者,我们不打算把什么最终规律强加给人类。关于未来社会组织方面的详细情况的预定看法吗?您在我们这里连它们的影子也找不到。"(马克思恩格斯,1965,第628～629页)

以英国工党首相布莱尔和美国前总统克林顿为代表提出的"第三条道路"是修订版的

---

① "趋同"原是生物学术语,20世纪40年代后,西方资产阶级学者将这一术语引入社会科学领域。(作者注)

民主社会主义。2000年6月3日,克林顿参加了在柏林召开的第三条道路(第三次)首脑会议,他在会上说:"我们要经济增长又要社会公正。我们不相信自由放任主义,但我们也不相信单靠政府能解决这些问题。"会议公报强调:"我们相信市场经济必须同社会责任相结合,从而创造长期的经济增长、稳定和全面就业,而国家必须在宏观经济政策方面维持稳定,支持健全的公共财务措施,坚决制止通货膨胀;国家也应促进金融市场稳定,提高透明度和提倡公平竞争。"

20世纪末,社会民主党以在大多数欧洲国家竞选执政、使欧洲和平进入民主社会主义的历史性成就,告慰马克思和恩格斯在天之灵。欧盟十五国中英国、法国、德国、瑞典、芬兰、奥地利、葡萄牙、荷兰、意大利、丹麦、希腊、比利时、卢森堡等13个国家是社会民主党或工党执政。社会党国际以红玫瑰为徽记,世人惊呼欧洲红潮涌动。2003年4月16日,欧洲各国首脑云集希腊雅典。在卫城遗址见证下,欧盟成员国以及10个新成员国的国家首脑共同签署了一项入盟条约。从此,捷克、爱沙尼亚、塞浦路斯、拉脱维亚、立陶宛、匈牙利、马耳他、波兰、斯洛文尼亚和斯洛伐克等东欧国家加入了欧盟大家庭,宣告了第二次世界大战后东西欧分裂局面的终结。

1945年"二战"胜利后,英国工党政府首相艾德礼领导了一场民主社会主义改革。主要措施是:矿山、银行、交通运输、钢铁生产及社会服务性企业实行国有化,使经济领域中的国有成分达到20%;通过级差明显的累进所得税,使社会总收入的五分之二通过税收由政府实行再分配;实行"全民福利"的社会政策,对所有人实行疾病、事故、年老、伤残、失业、生育、死亡等广泛的保险,并对所有人提供免费医疗;中小学生享受免费教育。艾德礼说:"工党政府正在英国建立一种优于资本主义和苏联式社会主义的最好的制度。这种制度叫作民主社会主义。"

11.2.2 平行四边形对角线论

尽管"趋同论"遭到很多正统的马克思主义者的尖锐批评和完全否定(参见张翼、张远鹏,1989;董文江,1990;程桂芳,1991),但其思想却和恩格斯所阐发的历史唯物主义合力论一脉相承。恩格斯在1890年9月21—22日致约·布洛赫的信中指出:"历史是这样创造的:最终的结果总是从许多单个的意志的相互冲突中产生出来的,而其中每一个意志,又是由于许多特殊的生活条件,才成为它所成为的那样。这样就有无数互相交错的力量,有无数个力的平行四边形,由此就产生出一个合力,即历史结果,而这个结果又可以看作一个作为整体的、不自觉地和不自主地起着作用的力量的产物。因为任何一个人的愿望都会受到任何另一个人的妨碍,而最后出现的结果就是谁都没有希望过的事物。"(马克思恩格斯,1972a,第697页)这就是著名的"平行四边形对角线"理论,如图11.1所示。

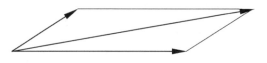

图11.1 历史发展的平行四边形

不仅如此,"趋同论"与马克思、列宁所观察到的资本主义生产方式的自我扬弃也是一致的。扬弃是指事物发展过程中,否定、抛弃、克服旧的消极的东西,保留和发挥其积极因素的过程。马克思在写作《资本论》的时候就已经看到,西方资本主义制度正在出现"自我扬弃"的过程,表现在合作制工厂和股份制工厂的发展。

关于合作制工厂,马克思指出:"工人自己的合作工厂,是在旧形式内对旧形式打开的第一个缺口……资本和劳动之间的对立在这种工厂中已经被扬弃……这种工厂表明,在物质生产力和与之相应的社会生产形式的一定的发展阶段上,一种新的生产方式怎样会自然而然地从一种生产方式中发展并形成起来。"(马克思恩格斯,1974,第497~498页)

关于股份制,马克思认为:"那种本身建立在社会生产方式的基础上并以生产资料和劳动力的社会集中为前提的资本,在这里直接取得了社会资本(即那些直接联合起来的个人的资本)的形式,而与私人资本相对立……这是作为私人财产的资本在资本主义生产方式本身范围内的扬弃。"(马克思恩格斯,1974,第493页)马克思还说:"这是资本主义生产方式在资本主义生产方式本身范围内的扬弃,因而是一个自我扬弃的矛盾。"由此可以看到,马克思把股份公司的出现所反映出来的资本主义生产关系的变化和发展称为资本主义生产关系的自我扬弃。恩格斯后来在编辑《资本论》和写作《反杜林论》的过程中,又对这个理论进行了重要的补充和发挥。这表明,早在一百多年前,马克思就运用了辩证法的发展观和中介分析方法,揭示了资本主义自我扬弃的初步形态。正如事物的发展不会只停留在一个层面上那样,自我扬弃也随着资本主义进入垄断阶段而逐步发展成为更成熟的形态。

19世纪末20世纪初,世界资本主义自由竞争阶段发展到垄断阶段,根据这一新特点,列宁创立了帝国主义理论。列宁认为:"国家垄断资本主义是社会主义的最充分的物质准备,是社会主义的前阶。"(列宁,第32卷,第218~219页)换句话说,列宁认为的资本自我扬弃的过程是一个从旧资本主义到新资本主义,再到最新资本主义的发展过程,也就是从自由竞争的资本主义到垄断资本主义,从一般垄断资本主义到国家垄断资本主义的发展过程。这与马克思所揭示的从个人资本到社会资本、从个人企业到社会企业的发展过程是一脉相承的。列宁不过是把马克思的理论进一步具体化,从而对新形势下资本主义生产方式的自我扬弃做出了新的概括。

11.2.3 唯物辩证法的中介论

马克思指出:"商品的交换过程包含着矛盾的和互相排斥的关系。商品的发展并没有扬弃这些矛盾,而是创造这些矛盾能在其中运动的形式。一般说来,这就是解决实际矛盾的方法。例如,一个物体不断落向另一个物体又不断离开这一物体,这是一个矛盾。椭圆便是这个矛盾借以实现和解决的运动形式之一。"(马克思恩格斯,1972b,第122页)

中介是标志不同事物之间联系、亦此亦彼的哲学范畴。辩证法认为,一切差异都在中间阶段融合,一切对立都经过中间环节而相互过渡,辩证法不知道什么是绝对分明和固定不变的界限,也不知道什么无条件的普遍有效的"非此即彼",它使固定的形而上学的差异互相过渡,除了"非此即彼",又在适当的地方承认了"亦此亦彼",并且使对立互为中介。彼此对立的经济范畴,通过亦此亦彼的中介环节而统一起来。恩格斯1895年3月在致康拉德·施米特的信中说:1843年我在曼彻斯特看见过鸭嘴兽的蛋,而且傲慢无知地嘲笑过哺乳动物会下蛋这种愚蠢之见,而现在这却被证实了!因此,但愿您对价值概念不要做我事后不得不请求鸭嘴兽原谅的那种事情吧。(马克思恩格斯,1975,第580页)

纵观人类社会的发展,无论是马克思所描述的从资本主义到社会主义的过渡时期,还是恩格斯与鸭嘴兽的故事,无论是春秋战国时期的合纵连横,还是新民主主义革命时期以及抗日战争时期国共两党两次结成的统一战线,也无论是邓小平提出的一国两制,还是习近平倡导的人类命运共同体,都无一不遵循了对立统一规律和中介思想。(周守正、蔡继明,2004)

11.2.4 市场失灵与政府失灵论

在现实经济中,由于市场的不完善(不完全竞争)、外部性、信息不完全和公共物品的存在,仅仅依靠价格机制来配置资源无法实现资源的有效配置,即出现了所谓市场失灵。既然市场机制的作用不像理论上所说的那样完善,按照西方经济学家的观点,导致市场失灵的每一个因素都暗含着政府在市场经济中的潜在作用。当市场失灵时,政府应主动出来治理市场的失灵。

但反过来,也并不应该得出政府的干预必然有效率的结论。正像市场失灵一样,由于某些原因,政府对社会经济行为及结果的衡量是困难的,政府也能准确知道公众偏好的机制,没有充分理由可以预期政府是有效率的,政府官员也有自己的偏好和需要,政府干预也会失灵。

无论是市场失灵还是政府失灵,都说明市场和政府本身都不是万能的,其作用都是有限的,二者应该是互补的。正如党的十八届三中全会决定(2013)所指出的,既要发挥市场在资源配置中的决定性作用,又要更好地发挥政府的作用。

11.2.5 公私产权优势互补论

公有产权和私有产权,就其一般属性而言,既是对立的,也是互补的:一个注重效率,一个强调平等;一个尊重个人主义,一个崇尚集体主义;一个要求资产和收益在整体上不可分割,一个要求资产和收益不仅分割而且量化到个人;一个要求集中决策,一个奉行分散决策。然而,任何一个现实的社会制度,都不可能只满足上述某一方面的需要而完全不顾及另一方面的需要,也就是说,不会采取上述任何一个极端的产权安排,而是要在对立的两极之间进行平衡,寻找一个社会普遍接受的公认的结合点。

张五常认为:一个社会不可能实行纯粹的私有产权制度,也不可能实行纯粹的公有产权制度,产权结构可以采用各种各样形式:从一个极端的私有产权到另一个极端的公有产权,大多数处于两者之间。(伊特韦尔等,2001,第548~549页)。

从产权制度的实际演变来看,私有产权和公有产权都在发生变化。撇开奴隶和封建时代的小私有形态不说,仅从资本主义制度产生以来的企业形态演进来看,从早期原子型企业——个人业主制企业,发展到合伙制企业,再到以股权安排为主、治理机制健全的公司制企业,产权关系的每一步变化都是对纯粹的个人私有关系的扬弃。

而公有产权从另一个极端也在朝着同一个方向演进。社会主义实践表明,无论公有化程度是高是低,纯粹的公有制形式都必然缺乏活力:它虽然关注了平等,但却抑制了效率;它排斥了人们对眼前利益和长远利益、积累和消费、工作和闲暇以及风险和收益的自由自主的选择权,否定了人们通过节俭和抑制眼前消费而进行物质资本积累和人力资本投资以便获得财产收益的可能,特别是由于公有产权缺乏人格化代表,作为终极产权所有者的委托人缺位,在层层的委托—代理关系中,必然发生远甚于私有产权中的道德风险和逆向选择,从而导致公有制效率低下,公有资产不但难以保值增值,反而大量流失。正是由于公有制经济在实践中暴露出越来越多的弊端,才有了40多年来的所有制改革和结构调整,以至于打破了公有制的一统天下,出现了今天多种所有制并存和共同发展的局面。与此同时,企业法人治理结构也在逐步完善。这表明,我国的公有产权正在通过股份制改造向混合产权转变,这同样是社会主义市场经济和公有制发展的一个不可逆转的趋势。(参见蔡继明、张克听,2005)

公有产权和私有产权,就其一般属性而言,既是对立的,也是互补的:一个注重效率,一个强调平等;一个尊重个人主义,一个崇尚集体主义;一个要求资产和收益在整体上不可分割,一个要求资产和收益不仅分割而且量化到个人;一个要求集中决策,一个奉行分散决策。然而,任何一个现实的社会制度,都不可能只满足上述某一方面的需要而完全不顾及另一方面的需要,也就是说,不会采取上述任何一个极端的产权安排,而是要在对立的两极之间进行平衡,寻找一个社会普遍接受的公认的结合点。

11.3 经济思想体系的融合

既然一度被视为相互对立、非此即彼的公私两种所有制可以相互融合,那么,分别作为私有制和公有制理论基础并在资本主义国家和社会主义国家居于主流地位的西方新古典经济学和马克思主义经济学,能否相互融合呢?

11.3.1 马克思经济学与西方主流经济学本是同宗同源

首先应该指出,马克思经济学与新古典经济学作为东西方两大对立的经济思想体系,原本是同宗同源,如图11.2所示。

从图11.2可以看出,无论是马克思经济学还是新古典经济学,都来自同一个开山鼻

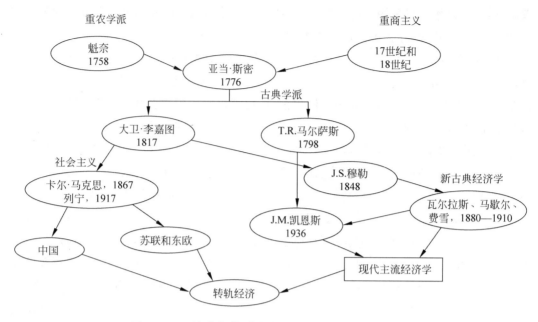

图 11.2　经济学家谱（萨缪尔森、诺德豪斯，1999，扉页）

祖——亚当·斯密所奠基的古典经济学，而从二者的最终归宿来看，又都指导或影响着现实的转轨经济也即前述混合经济的形成和发展。从两大思想体系追求的终极目标来看，前者是人类的解放和自由全面的发展，是从必然王国走向自由王国，追求的是以人为本、机会均等、公平分配、共同富裕、和谐民主的社会；后者追求的是民主、自由、平等、人权、博爱的社会。两大思想体系的分歧主要是实现最终目标的手段不同：马克思经济学主张用公有制代替私有制，用计划经济取代市场经济，用按劳分配（共产主义初级阶段）和按需分配（共产主义高级阶段）取代一切非劳动收入，以此实现共同富裕；西方主流经济学主张在维护私有制和市场经济的前提下，通过累进所得税、遗产税、赠与税和社会保障制度及福利制度，缩小收入差距，实现共同富裕。由此看来，两大思想体系可以说是殊途同归。而两大经济思想体系之所以分道扬镳，根源在于各自继承了亚当·斯密价值理论中的不同思想，或出于对亚当·斯密价值论的不同理解。

11.3.2　分歧产生于对斯密价值论的理解

斯密并没有多种价值理论，亦没有真正的劳动价值论，他只有一种价值理论，就是生产要素价值论或生产费用价值论，他始终坚持用购买的劳动作为价值尺度，只不过当生产中只使用劳动一种要素时（其实任何劳动都离不开土地，只不过这时的土地是无主的，可以自由取用的，因而不计入生产费用），购买的劳动与耗费的劳动是相等的，所以有"价值由耗费劳动决定"的单要素模型；（斯密，1972，第42页）而当土地私有和资本积累起来之后，资本和土地都成了有主的稀缺的经济资源，决定购买的劳动量多少的，当然就变成了生产中使用的多种要素了。（参见斯密，1972，第42~44页）这说明斯密的单要素价值决定模型转变为多要素价值决定模型,不仅符合抽象上升到具体的逻辑分析方法,而且与原始蒙昧的生产方式转变为以私有制为基础的现代生产方式的历史相一致。

1) 李嘉图—马克思继承了斯密的单一要素模型

李嘉图误解了斯密的价值理论,把斯密提出的只适用于有限条件(即土地没有私有、资本没有累积的原始蒙昧时期)的单要素(劳动)价值规定扩展为适用于所有情况的一般价值规定。他指出:"亚当·斯密如此精确地说明了交换价值的原始源泉,他要使自己的说法前后一致,就应该认为一切物品价值的大小与它们的生产过程所投下的劳动量成比例,但他自己却又树立了另一种价值标准尺度,并说各种物品价值的大小和它们所能交换的这种标准尺度的量成比例。"(李嘉图,1962,第9页)而李嘉图本人为了始终一贯地坚持价值决定于劳动时间这一规定,不得不将现实中大量并非由劳动决定价值的现象当作例外而强制地抽象掉。

马克思进一步"克服了"李嘉图劳动价值论的矛盾,把价值决定于劳动时间这一命题发挥到登峰造极的地步。他强调价值的唯一源泉是活劳动;物化劳动只转移自身已有的价值,而不会创造新价值。(见马克思恩格斯,1972b,第一篇)为了消除李嘉图"劳动价值论与资本和劳动相交换的矛盾",马克思区分了"劳动力"和"劳动"两个概念,认为工人出卖的是劳动力而不是劳动,劳动力创造的超过劳动力价值的价值即剩余价值被资本家无偿占有,资本与劳动力商品交换并不违反劳动价值论;(见马克思恩格斯,1972b,第三篇、第六篇)为了消除李嘉图"等量劳动创造等量价值和等量资本获得等量利润的矛盾",马克思借助于价值向生产价格的转化,利用"两个总计相等"①的命题,"论证了"等量资本获得等量利润与劳动价值论并不矛盾,(见马克思恩格斯,1974,第二篇)从而"解决了"导致李嘉图学派解体的两大难题。

如果说李嘉图还能够理智地承认其劳动价值论存在着许多例外,终生都在探索走出困境的出路,马克思则运用比李嘉图更加抽象的方法,把李嘉图遇到的矛盾强制地抽象掉了,由此创造了一个100%的劳动价值论,当然也就受到西方主流经济学家的更加激烈的批评。而马克思本人则在劳动价值论基础上创立了剩余价值理论,揭示了无产阶级与资产阶级对立的经济根源,为无产阶级革命和剥夺私有财产提供了锐利的思想武器。

2) 马尔萨斯—萨伊—马歇尔继承了斯密的多要素模型

与李嘉图同时代的英国经济学家马尔萨斯和法国经济学家萨伊,都各自继承了亚当·斯密的多要素价值论(生产费用论)的传统,他们主张价值是由劳动费用即工资、资本费用即利息、土地费用即地租决定的,同时提出了主观效用论和供求决定论。(参见马尔萨斯,1962;萨伊,1963)

---

① 即总价值与总生产价格相等,总剩余价值与总利润相等。

马歇尔作为新古典经济学派的代表,运用边际分析的方法,对生产费用论、效用论和供求论进行了综合,创立了新古典价值理论,即均衡价格论。这一理论认为,产品价值即均衡价格是由供给和需求共同决定的:供给是由产品的边际成本决定的,需求是由物品的边际效用决定的;要素价值是由要素的边际收益产品决定的,边际收益产品等于要素的边际物质产品乘以产品的边际收益,要素的边际物质产品等于投入的最后一单位生产要素所引起的总产量的增加。

新古典价值论将工资、利息、地租和利润,看作是劳动者、资本家、土地所有者和企业家,各自凭借其劳动、资本、土地和企业家才能等生产要素对价值创造所做的贡献应得的报酬,其中不存在任何剥削,由此得出资本主义分配关系是和谐的,资本主义制度是合理的和有恒的结论,这当然也遭到马克思主义经济学家的激烈反对。(参见马歇尔,1964;1965)

11.3.3 两大经济思想体系融合的基础——广义价值论

理论是灰色的,生命之树长青。理论来自实践,被实践证明是正确的理论会反过来指导实践,而被实践证明是错误的理论必然会被新的理论所取代。既然社会主义与资本主义在实践中逐步融合与趋同,源于这两种制度的两大经济思想体系是否也会相互融合,取长补短,殊途同归呢? 从以上分析来看,马克思主义经济学与西方主流经济学的根本对立是价值理论:马克思的劳动价值论与西方新古典价值论似乎水火不相容,二者不仅在意识形态上尖锐对立,而且各自都存在着自身难以克服的逻辑矛盾。

传统的劳动价值论由于只承认劳动是价值的唯一源泉,从而对非劳动要素在价值形成中的作用以及所得到的收入难以做出令人满意的数量分析。国内外经济学界对劳动价值论,或者全盘否定,或者当作教条,或者用死劳动偷换活劳动从而使之庸俗化,总之,有关劳动价值论的研究,一百多年来并未取得实质性进展。

新古典价值论虽然对各种生产要素在价值决定中的作用以及功能性分配给出了数量解,但其内在的逻辑矛盾(循环论证)和固有的辩护性(宣扬阶级调和),亦受到马克思主义经济学家和新剑桥学派的批评。

有鉴于此,我们必须另辟蹊径,在批判和继承已有价值理论的基础上,创立一个逻辑自洽、对现实解释力更强、两大经济思想体系都能接受的全新的价值理论,以此才能消除两大经济思想体系对立的基础,实现原本同宗同源的两大经济思想体系殊途同归。

正是出于这样的考虑,我的团队经过30年的潜心研究,初步完成了广义价值论体系的构建。这里仅将根据广义价值论基本原理得出的几个重要结论概述如下,有关广义价值论的基本内容,详见蔡继明(2015/2021)。

(1) 根据历史唯物主义生产力决定生产关系的原理,在分工交换的商品经济或市场经济中,生产要素的所有制关系是由生产要素的价值创造力决定的;既然劳动、资本、土地、技术、管理等各种生产要素都参与了价值创造,承认各种生产要素所有权的合法地位并对各种产权给予同等的保护,由此形成的所有制结构和生产关系才能促进生产力的发展。

（2）生产要素所有权只是要素所有者参与分配的法权基础，要素所有权本身并不能确定各要素所有者的收入份额，生产要素的报酬即要素所有者的收入份额取决于生产要素对财富创造所做的贡献，在自由公平竞争条件下，价值创造与价值分配是统一的。

（3）分配理论和所有制理论都是由价值理论决定的。正是基于广义价值论，我们论证了各种生产要素都参与了价值创造并根据其对价值创造所做的贡献参与分配的合理性，也正是因为按生产要素贡献分配保证了报酬与贡献的一致性，避免和消除了不劳而获的剥削行为，从而把非劳动收入和剥削收入区分开来，把剥削与私有制区分开来，保护合法的非劳动收入与保护私有财产才顺理成章，消灭剥削和发展非公有制经济才会并行不悖，保护私有财产才可能不再是权宜之计，而是天经地义，公有制经济为主体、多种所有制经济共同发展作为社会主义基本经济制度的重要组成部分才有了理论依据。

经济学中的价值理论是一种实证理论，我们相信，只要撇开意识形态上的偏见，秉持逻辑一致性的批判精神并以实践作为检验真理的唯一标准，有关价值理论的分歧通过自由的学术争论总是可以解决的，希望广义价值论能有助于消除两大经济思想体系对立的基础。

复习思考题

（1）如何认识东西方混合经济的形成？
（2）混合经济的理论基础是什么？
（3）两大经济思想体系对立的根源在哪里？
（4）什么样的价值理论能构成两大经济思想体系融合的基础？

参考文献

Barker E.，1937. The Conflict of Ideologies［J］. International Affairs（Royal Institute of International Affairs 1931—1939），16(3)：pp. 341-360.

Hansen A H.，1941. Fiscal Policy and Business Cycles［M］. New York：W. W. Norton & Company，Inc.

卞洪登，1997. 资本运营方略［M］. 北京：改革出版社.

蔡继明，2015. 高级政治经济学［M］. 北京：高等教育出版社.

蔡继明，2021. 高级政治经济学［M］. 第2版. 北京：清华大学出版社.

程桂芳，1991. 剖析"趋同论"论据三则［J］. 财经研究，第10期.

丁伯根，1961. 共产主义经济与自由经济是样板式趋同吗？［J］. 苏联研究（英文版），4月号.

董文江，1990. 社会主义与资本主义能殊途同归吗？——评两种经济制度趋同论［J］. 辽宁师范大学学报（社会科学版），第1期.

李嘉图，1962. 政治经济学及赋税原理［M］. 北京：商务印书馆.

列宁，1985. 列宁全集［M］. 第32卷. 北京：人民出版社.

马尔萨斯，1962. 政治经济学定原理［M］. 北京：商务印书馆.

马克思恩格斯，1965. 马克思恩格斯全集［M］. 第22卷. 北京：人民出版社.

马克思恩格斯,1972a. 马克思恩格斯选集[M]. 第 4 卷. 北京:人民出版社.
马克思恩格斯,1972b. 马克思恩格斯全集[M]. 第 23 卷. 北京:人民出版社.
马克思恩格斯,1974. 马克思恩格斯全集[M]. 第 25 卷. 北京:人民出版社.
马克思恩格斯,1975. 马克思恩格斯《资本论》书信集[M]. 北京:人民出版社.
马歇尔,1964. 经济学原理[M]. 上卷. 北京:商务印书馆.
马歇尔,1965. 经济学原理[M]. 下卷. 北京:商务印书馆.
萨缪尔森,1979. 经济学[M]. 第 10 版. 上册. 北京:商务印书馆.
萨缪尔森、诺德豪斯,2017. 经济学[M]. 第 19 版. 上册. 北京:商务印书馆.
萨伊,1963. 政治经济学概论[M]. 北京:商务印书馆.
斯密,1972. 国民财富的性质和原因的研究[M]. 上. 北京:商务印书馆.
熊彼特,1999. 资本主义、社会主义与民主[M]. 北京:商务印书馆.
伊特韦尔等,2001. 新帕尔格雷夫经济学大辞典[M]. 第 3 卷. 北京:经济科学出版社.
张翼、张远鹏,1989. 评社会主义和资本主义的"趋同论"[J]. 兰州商学院学报,第 1 期.
周守正、蔡继明,2004. 论中介分析在马克思经济学中的地位和作用[J]. 教学与研究,第 6 期.

第 12 章

全书总结：方法论回顾

在本书第 2 章,我们曾简要地介绍过马克思政治经济学的方法。但马克思的方法是隐含在他对具体问题的分析中的,他本人很少专门阐述所使用的方法。[①] 所以,只有认真研读马克思政治经济学理论本身(包括《资本论》原著),才能真正领会马克思政治经济学方法论的精妙。本书至此已经完成了对马克思政治经济学基本原理的介绍及相关理论的探讨,本章作为全书的最后一章,拟从方法论的角度,对全书的内容做一回顾和总结。

12.1 何为正统的马克思主义

细心的读者很容易发现,本书除了在正文中力求完整、准确、全面地阐明马克思政治经济学基本理论之外,在各章附录中对有关原理、概念和结论提出了许多不同于流行观点的解释。这些解释是否符合马克思的本意,本书的基本倾向是坚持了马克思主义还是偏离甚至背离了马克思主义,这无疑是在本书的总结中必须回答的问题。

12.1.1 马克思的整个世界观不是教义而是方法

首先我们要引用恩格斯的一段名言:"马克思的整个世界观不是教义,而是方法。它提供的不是现成的教条,而是进一步研究的出发点和供这种研究使用的方法。"(马克思恩格斯,1974b,第 406 页)

接着再引证西方马克思主义及布达佩斯学派创始人卢卡奇的一段话:"正统马克思主义并不意味着无批判地接受马克思研究的结果。它不是对这个或那个论点的'信仰',也不是对某本圣书的注解。恰恰相反,马克思主义中正统仅仅指方法。它是这样一种科学的信念,即辩证的马克思主义是正确的研究方法,这种方法只能按照其创始人奠定的方向发展、扩大和深化。"(卢卡奇,1999,第 47～48 页)

本书高度认同马克思主义创始人和西方马克思主义的重要代表的上述观点:当马克思政治经济学理论和其方法发生矛盾时,应该按其方法修正其理论,而不是相反,为了维护其理论而违背其方法。运用马克思政治经济学的研究方法揭示马克思政治经济学体系

[①] 马克思集中讨论政治经济学的方法,是在《政治经济学批判》序言(马克思恩格斯,1962)和《政治经济学批判》导言(马克思恩格斯,1979)中,在《资本论》第 1 卷德文版和法文版的序言和跋中(马克思恩格斯,1972a),也对其研究方法做了一些说明。

的内在矛盾,从而否定其个别结论的学者,与那些教条主义地坚持这些结论而完全置这些结论与马克思研究方法之间的矛盾于不顾的学者相比,才是真正的马克思主义者!本书附录中有关马克思政治经济学基本范畴、理论、结论的探讨,所遵循的都是马克思政治经济学方法论原则,从这一点来说,其基本倾向应该是坚持马克思主义的。

12.1.2　被边缘化的是把马克思主义当作教条的学者

有的学者一方面认为改革开放以来随着西方经济学被大量引入中国特别是高等院校,马克思主义经济学被边缘化了,另一方面又强调中国的经济改革与经济发展的成就是在马克思主义经济学指导下取得的。(刘国光,2005)乍一看,这一判断是相互矛盾的:既然马克思主义经济学被边缘化了,又怎么能指导中国的改革与发展呢?不过仔细分析一下也并不矛盾:被边缘化的一定是教条主义的、僵化的、固守其个别结论的马克思主义经济学,而指导中国改革与发展的一定是坚持其方法论、与时俱进、不断创新的马克思主义经济学。回顾中国改革开放 40 年来,正是与时俱进、不断创新的马克思主义经济学家,突破了社会主义计划经济的思维定式,提出了社会主义市场经济模式;突破了单一公有制的桎梏,提出了多元混合所有制(包括股份制)的设想;突破了单一的按劳分配束缚,提出了按生产要素分配的理论……所有这些,虽然都不同程度受到西方经济学的影响,但最终还是由中国本土的,诸如孙冶方、于光远、薛暮桥、高尚金、吴敬琏、董辅礽、卓炯、马洪、谷书堂等马克思主义经济学家,经过自我反省、自我否定、自我扬弃而把这些马克思主义创新性成果付诸实践的。

12.1.3　教条主义者眼中的反马克思主义者

记得 1999 年全国"两会"期间,作者来到清华大学人文社会科学学院应聘,当时送审的最新研究成果《中国经济学研究的八大误区》(蔡继明,1999)最初被一些评审专家认定是反马克思主义的,后经另一些专家评审,认为其基本倾向是坚持马克思主义的,经过这个"否定之否定"我才得以到清华大学任教。前后两批专家之所以做出截然相反的评价,根本原因在于前者是以是否坚持马克思的个别结论作为判断是否坚持马克思主义的标准,后者则是以是否坚持马克思的方法论作为判断是否坚持马克思主义的标准。

12.2　要坚持逻辑一致性原则

马克思在《〈黑格尔法哲学批判〉导言》中曾经指出:"批判的武器当然不能代替武器的批判,物质力量只能用物质力量来摧毁,但是理论一经掌握群众,也会变成物质力量.理论只要说服人,就能掌握群众;而理论只要彻底,就能说服人。"(马克思恩格斯,1972c,第 9 页)从科学的角度说,一个彻底的能说服人的理论,首先是必须保持逻辑一致性的理论,也就是说,至少不能存在逻辑矛盾、逻辑悖论、循环论证以及套套逻辑(诸如"五角兽就是有五只角的野兽"),等等。

根据逻辑一致性原则,我们很容易揭示以往政治经济学中很多似是而非的观点或命题所包含的内在矛盾。

12.2.1 关于价值的社会属性

流行的政治经济学教科书一方面说价值是一种社会关系,实际上是商品生产者分工生产交换彼此各自劳动产品的关系,可另一方面又断言价值是在生产领域决定的,与交换没有关系。设想一下,如果一个商品生产者在生产过程中耗费了大量劳动,或者他所生产的完全是废品,根本不为社会所需要,所耗费的就完全是无效劳动;或者虽然生产出来为社会所需要的使用价值,但从社会总体上看,按照其耗费的劳动成本来说,其产量超过了社会需求,其一部分劳动也同样浪费掉了。只有当他的劳动不仅在具体形态上生产出满足社会需要的使用价值,而且在劳动的消耗上符合两种含义社会必要劳动的要求,其全部劳动耗费才能转化为价值(表现为货币)而得到社会承认。当商品生产者没有进入交换过程和市场发生任何关系之前,其生产中耗费的劳动只能是一种投入或劳动成本,不能说他的这些劳动已经"抽象地"形成了价值。

12.2.2 关于价值决定与供求的关系

与否定交换与价值形成有关相联系,一些学者虽然正确地提出两种含义的社会必要劳动时间共同决定价值的观点,但为了与"庸俗的"供求决定论划清界限,不得不放弃逻辑一致性原则,当两种含义的社会必要劳动时间不一致时,或者倒向生产费用论,或者与需求论同流合污。(参见蔡继明,1989;1993)

价值作为一种社会关系,虽然不像使用价值满足人们的需要那样一目了然,但也并非复杂到令人难以捉摸的程度。价值所反映的不过是商品生产者分工生产并相互交换自己的劳动产品这样一种生产关系,它不是虚无缥缈的东西,而是整个商品体(当然包括商品的使用价值)的一种社会形式,具体地表现为一种使用价值与另一种使用价值相交换的均衡比例。既然价值本身就是一种使用价值与另一种使用价值的均衡交换比例,怎么能说价值关系中不包含任何使用价值原子呢?既然交换价值不过是一种使用价值与另一种使用价值相交换的量的比例,如果这种数量比例变化了,由这种数量比例折算而成或抽象而成的价值能保持不变吗?

12.2.3 关于物质财富与社会财富的关系

一种颇为流行的观点一方面说使用价值是交换价值的物质承担者,另一方面又说交换价值中不包含任何使用价值的原子。这种观点完全割裂了价值与使用价值的关系。诚如马克思所说,价值所反映的是人与人之间的关系,是商品的社会属性,使用价值所反映的是人与物之间的关系,是商品的自然属性。但商品的社会属性是以自然属性为基础的,使用价值是价值的物质承担者,抛开了使用价值这一价值的物质承担者,又何以谈价值?

英国古典政治经济学家威廉·配第说,土地是财富之母,劳动是财富之父,[①]众多学者认为,配第这句名言,对于作为物质财富的使用价值来说,无疑是千真万确的,马克思也正是在这个意义上给予其充分的肯定。但对于作为社会财富的价值来说,配第的名言不能成立,价值的唯一源泉是劳动。这里显然又割断了物质财富与社会财富的内在联系。物质财富是社会财富的内容,社会财富是物质财富的形式。假定各投入 1 单位劳动、资本和土地生产 300 斤小麦,劳动、资本、土地各自发挥了三分之一的作用,也就是说这三种要素对物质财富的创造所做的贡献分别为 100 斤小麦;再假定小麦的均衡价格是每斤 1 元,则 300 斤小麦价值为 300 元。难道你只承认其中 200 斤小麦是资本和土地创造的,但其 200 元价值则是由劳动创造的吗?

12.2.4　关于资本、剩余价值和生产劳动的定义

流行的教科书一方面说资本是带来剩余价值的货币,另一方面又说只有可变资本创造剩余价值,不变资本只是转移自身原有的价值。

一方面说只有物质生产领域的劳动才是生产劳动,另一方面又说,只要和资本相交换或只要生产剩余价值的劳动就是生产劳动。

一方面说绝对地租来源于农产品价值与生产价格的差额,它是以农业资本有机构成低于工业资本有机构成为前提的,另一方面又承认农业资本有机构成不断提高,最终会赶上或超过工业资本有机构成。

一方面认为资本、剩余价值、利润、利息、工资等都是资本主义特有的范畴,另一方面在社会主义经济学中又不加任何抽象和重新界定后随意地使用这些范畴。

此外,前述关于社会主义一般规定与中国特色社会主义特殊规定之间的差异,关于社会主义基本经济制度与社会主义初级阶段的基本经济制度的不同规定,关于社会主义的所有制结构与社会主义市场经济的所有制结构之间的区分,关于市场经济存在的原因以及发展非公经济和保护私有财产的理论依据,所有这些,实际上都违背了逻辑一致性原则。

12.3　为什么要从抽象上升到具体?

从逻辑上看,研究具体的范畴,必须从抽象的范畴开始。马克思说:"分析经济形式,既不能用显微镜,也不能用化学试剂。二者都必须用抽象力来代替。"因为任何经济形式,都是由多种因素组成的,是在多种因素的相互作用中运行的。我们既不能用显微镜去观察经济的细胞形式,也不能用化学试剂去判断各种因素的实际作用。

我们只能借助于抽象思维的能力,在分析经济形式时,首先从最简单的规定性开始,暂时撇开更复杂的规定性。当把经济形式的最简单的规定性弄清以后,再把更进一步的

[①] "土地为财富之母,而劳动则为财富之父和能动的要素。"(配第,1981,第 66 页)

规定性考虑进来,即把原来舍象掉的因素引入研究过程,这样,就能逐步达到对于具有丰富规定性和多种因素构成的经济形式的科学认识。这一过程,也就是从抽象上升到具体的过程。

12.3.1 马克思政治经济学从抽象上升到具体的逻辑结构

如本书第 6 章所述,马克思政治经济学的结构,就是按照从抽象上升到具体的逻辑方法建立起来的。如图 12.1 所示,资本的生产过程即剩余价值的生产是资本主义生产方式最抽象的本质规定,资本的流通过程是在直接生产过程的基本规定之上加入了狭义的流通过程,资本主义生产的总过程则在流通过程的基础上引入了剩余价值的分配过程。显然,撇开资本的流通形式,我们可以抽象地考察资本的直接生产过程,而如果不首先阐明剩余价值的生产,剩余价值的流通也就无从谈起。同样地,在不涉及剩余价值分配的情况下,我们可以抽象地考察包含剩余价值的商品资本的循环、周转和社会总资本的再生产,而如果不预先阐明资本周转速度、资本有机构成以及社会总产品实现的条件,我们就无法说明利润率的平均化以及平均利润率趋向下降规律、资本主义积累的一般规律,也就不能揭示资本主义积累的历史趋势。

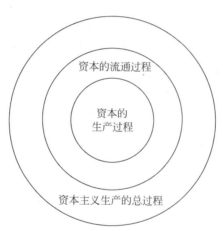

图 12.1 马克思政治经济学的逻辑结构

12.3.2 马克思政治经济学从抽象上升到具体的范畴体系

马克思政治经济学的范畴体系,也是按照从抽象上升到具体的方法建立起来的。其范畴体系如图 12.2 所示。

商品 → 货币 → 资本 → 剩余价值 → 利润 { 利息 / 企业主收入 / 地租 }

图 12.2 马克思政治经济学范畴体系

商品是资本主义社会财富的细胞,是马克思政治经济学范畴体系中最抽象的范畴。商品转化为货币,货币也是商品,不过是固定充当一般等价物的商品,是比商品规定性更复杂、更具体的范畴;货币转化为资本,资本也是货币,不过是能够带来剩余价值的货币,是比货币的规定性更复杂、更具体的范畴。剩余价值转化为利润,利润在数量上与剩余价值相等,但剩余价值是反映资本主义生产关系本质的范畴,而利润是这种本质关系扭曲的表现,是比剩余价值更复杂、更具体的范畴。利润一分为二,一部分转化为平均利润后继续分割为利息和企业主收入,另一部分作为超额利润转化为地租。利润(利息+企业主收入)和地租都是剩余价值的转化形式,但包含了比剩余价值更多的规定性,因而是呈现在资本主义表面的现象形态的范畴,是马克思政治家经济学范畴体系中最具体的范畴。商品、货币、资本这三大范畴的逻辑关系是这样:当我们分析商品时,可以不知道货币为何物,但对货币的分析必须以商品为前提;当我们不知道资本为何物时可以阐明货币的起源和功能,但要知道什么是资本,必须首先知道什么是货币。同样地,只有首先阐明剩余价值这个抽象的本质,才能依次揭示剩余价值一般形式向特殊形式的转化。

12.4 把握唯物辩证法的真谛

马克思指出:"辩证法在对现存事物的肯定的理解中同时包含对现存事物的否定的理解,即对现存事物必然灭亡的理解;辩证法对每一种既成的形式都是从不断的运动中,因而也是从它的暂时性方面去理解;辩证法不崇拜任何东西,按其本质来说,它是批判的和革命的。"(马克思恩格斯,1972a,第 24 页)

马克思本人曾身体力行,本着辩证法之批判和革命的精神,在一方面肯定资本主义生产方式所创造的超过以往所有世纪生产力之总和的同时,[①]另一方面也揭示了这种生产方式历史暂时性以及被新的生产方式所取代的必然性。同样地,本着不崇拜任何东西的、批判的和革命的辩证法,我们对取代了资本主义的共产主义(或作为其初级阶段的社会主义)的肯定的理解中,似乎也应包含对其否定的理解,即对这种现存制度必然灭亡的理解;在批判了"两个凡是"的教条主义之后,不能再创造出三、五、七或更多个令人崇拜的教条。至于人类社会的最终理想或终极目标是什么,我们在最后一节再进行讨论。

12.5 中介分析的意义

12.5.1 中介是矛盾双方相互转化的桥梁

对立统一规律是宇宙的根本规律,辩证法不仅要强调对立,也要承认统一。彼此对立

[①] 马克思恩格斯在《共产党宣言》中曾以一种甚至连资产阶级自己都没有的热情,不吝篇幅赞扬了资产阶级取得的政治、经济、文化和科技成就:"资产阶级在历史上曾经起过非常革命的作用",资产阶级"第一个证明了,人的活动能够取得什么样的成就","资产阶级在它的不到一百年的阶级统治中所创造的生产力,比过去一切世代创造的全部生产力还要多,还要大。"(马克思恩格斯,1972c,第 274、275、277 页)

的事物之间并没有不可逾越的鸿沟,矛盾双方要相互转化,其间必有非此非彼、亦此亦彼、由此及彼的桥梁,这就是中介。要实现抽象范畴向具体范畴的转化,就必须通过中介分析,揭示客观事物之间普遍联系和相互转化的桥梁。马克思主义经典作家指出:一切差异都在中间阶段融合,一切对立都通过中间环节而相互过渡,辩证法不知道什么绝对分明和固定不变的界限,不知道什么无条件的普遍有效的"非此即彼",除了"非此即彼",又在适当的地方承认"亦此亦彼",并且使对立互为中介;要真正认识事物,就必须把握研究它的一切方面、一切联系和中介。(参见马克思恩格斯,1972d,第535页;列宁,1972,第453页)

恩格斯曾经在致康拉德·施米特的信中写道:"如果不让爬行动物和哺乳动物这两个概念中的一个或两个都和现实发生冲突,您想怎么能从卵生的爬行动物转到能生育活生生的幼儿的哺乳动物呢?……1843年我在曼彻斯特看见过鸭嘴兽的蛋,而且傲慢无知地嘲笑过哺乳动物会下蛋这种愚蠢之见,而现在这却被证实了! 因此,但愿您对价值概念不要做我事后不得不请求鸭嘴兽原谅的那种事情吧!"(马克思恩格斯,1975,第580页)鸭嘴兽见图12.3。

鸭嘴兽

图12.3 卵生动物与哺乳动物的中介:卵生哺乳的鸭嘴兽

12.5.2 剩余价值一般形式通过中介转化为特殊形式

马克思正是通过中介分析,才揭示了价值规律向剩余价值规律的转化以及剩余价值一般形式向特殊形式的转化。

1) 劳动力成为商品是价值规律转化为价值增殖规律的中介

按照价值规律,剩余价值既不能在流通领域产生,又不能离开流通领域而产生。劳动力作为商品进入市场,为价值规律向剩余价值规律的转化提供了媒介。劳动力商品本身有价值,它的买卖可以完全按照价值规律进行。但劳动力在生产过程中的使用即劳动,又能创造超过它自身价值的价值,即剩余价值。正是由于劳动力商品同时具有价值和剩余价值这两重性,因而成为价值规律和剩余价值规律相互连接、彼此统一的中介环节。

2) 年剩余价值率是剩余价值率转化为利润率的中介

剩余价值率是一定时期内生产的剩余价值与该时期内实际使用的可变资本的比率(即$m' = m/v$),它反映的是资本对剩余劳动的剥削程度,所揭示的是资本主义生产过程的本质关系。而利润率是剩余价值与全部资本之比(即 $p' = m/c+v$),它表明剩余价值是全部资本带来的,掩盖了资本家剥削工人的秘密,因而是呈现在资本主义社会表面的现象形态的范畴。剩余价值率是以年剩余价值率为媒介而转化为利润率的。年剩余价值率 M' 是一年内所创造的剩余价值 M 与一年内预付的可变资本之比。如果资本的年周转速度不等于1,实际使用的可变资本与预付的可变资本就不相等,这样,M' 就会高于或低于实际的 m'。m' 总是高于利润率 p',而 M' 则不同,在特定的情况下,例如当资本有机构成为 1∶1,$m'=100\%$,资本的年周转速度等于1/2时,M' 则与 p' 相等。可见,M' 既有 m' 的性质,又有 p' 的特征,它是 m' 转化为 p' 的一个中间环节。

12.5.3 转型期彼此对立的经济范畴的融合

20世纪80年代初,我国许多学者对中介范畴进行了研究,并提出了许多有学术价值的观点。① 但是这些研究大都只限于哲学领域,从经济学的角度系统研究马克思主义经典作家的中介理论,并且具体考察中介范畴和中介分析在马克思经济学体系中的地位和作用,周守正教授恐怕是中国第一人。(周守正等,1985)而今天对于正处在经济转型期的中国来说,几乎所有的经济关系和经济范畴,都明显地带有曾经一度被视为截然对立的两种经济制度的痕迹,表现为两种对立的经济关系的相互融合、相互渗透和相互过渡,呈现出彼此对立的经济范畴之间的交差、调和与折中。如果我们不能科学地运用中介分析,就不能揭示处在转型期的这些经济关系和经济范畴的本质,就可能囿于传统思维方式,用形而上学的方法对它们进行非此即彼的判断,或作为不伦不类的东西横加指责,以至于像恩格斯当年那样不得不为鸭嘴兽平反。

比如,私有制和公有制一向被看作是资本主义和社会主义两种对立的经济制度的本质特征,而当我国现阶段公有制为主体、多种所有制并存的经济结构形成后,特别是当非公有制经济事实上已经成为社会主义市场经济的重要组成部分后,人们往往囿于传统观念而对我国现行的经济制度的属性不知如何确定,以至于有的学者坚持认为,公有制仍然是社会主义经济的本质属性,非公有制经济可以是社会主义市场经济的重要组成部分,但不是社会主义经济的重要组成部分。这表明人们在很大程度上还受着形而上学思维方式的束缚。其实,现实世界中,纯粹的一元化的公有制经济和纯粹的一元化私有制经济,都已不复存在:资本主义成了以私有制为主体的混合经济,社会主义则成了以公有制为主体的混合经济,而"混合经济"作为公有制和私有制两种对立制度的统一体,不就是一种中介吗?

又比如,计划和市场,一向是分别与公有制和私有制联系在一起的,公有制与市场经济互相排斥,计划经济与私有制也是水火不相容的,社会主义=计划经济,资本主义=市

---

① 参见王鹏令:《论中介》,《中国社会科学》1981年第2期;傅杰春:《也论中介》,《中国社会科学》1982年第2期;谢庆锦:《论中介》,《江西师院学报》1980年第4期;宋尔学:《论矛盾的中间》,《齐鲁学刊》1981年第1期;张鏊生《中介浅析》,《群众论刊》1981年第4期;鲜开林:《浅谈中介在唯物辩证法中的地位和作用》,《延边大学学报》1982年第1期,等等。

场经济,常常作为醒目的标题出现在报纸杂志上。事实上,正如邓小平同志所说,计划和市场都只是资源配置的方式:资本主义可以有计划,社会主义也可以有市场。当代资本主义由自由市场经济向有国家宏观调控的市场经济转化和社会主义经济由纯粹的计划经济向市场经济的转化,正是反映了两种资源配置方式相互融合的趋势,而公有制+市场,私有制+计划,这种似乎是不伦不类、亦此亦彼或非此非彼的东西,恰恰就是这种融合的产物。

再比如,按劳分配和按生产要素分配也一向被看作是两种截然对立的分配方式,前者以公有制为基础,是社会主义经济制度的一个本质特征,后者以私有制为基础,是资本主义经济制度的一个本质特征。从党的十三大提出按劳分配为主体多种分配方式并存,到十五大提出按劳分配与按生产要素分配相结合,再到党的十六大确立劳动、资本、技术和管理等生产要素按贡献参与分配的原则,从理论到实践,两种对立的分配方式终于有机地融合在一起,而按生产要素的贡献分配,恰恰是这种以中介形式存在的混合分配方式的本质特征。

总之,整个社会主义初级阶段,作为一个转型经济,本身就是一个兼有多种所有制经济成分、多种分配形式以及多种资源配置方式的一个中介环节,我们只有运用马克思的中介分析方法,才能对这一特定阶段的制度属性做出科学的界定。实际上,改革开放以来的每一次思想解放,对社会主义基本经济制度的每一次再认识,在一定程度上,都是人们逐步摆脱形而上学和教条主义的束缚,对表面上彼此对立的范畴进行辩证统一的中介分析而取得的。对于今后改革开放和经济发展中可能遇到的上述类似问题,仍然需要我们采取同样的科学分析方法,才能逐步逼近对客观事物的真理性认识。

12.6 一般、特殊、个别的辩证法

一般是指同类个别事物普遍具有的共同属性,特殊是指一般属性的个别体现。普遍性或共性寓于特殊性或个性之中,特殊性或个性包含着普遍性或共性。这一般和特殊、共性和个性的关系,是辩证法的精髓,不懂得它,就等于抛弃了辩证法。(参见毛泽东,1966,第295页)

12.6.1 勿把适用于一般商品经济的范畴当作资本主义的特殊范畴

本书第3章,曾经分析了一般经济规律、特殊经济规律以及个别经济规律之间的关系;第4章分析了剩余一般、特殊和个别的关系,资本一般、特殊和个别的关系,生产劳动一般、特殊和个别的关系。其中除了经济规律一般、特殊和个别的分析似乎无可置疑之外,其他几组范畴是否符合马克思的本意难免会受到质疑。因为,在马克思政治经济学著作(主要是《资本论》)中,诸如劳动力商品、资本、剩余价值、工资、利润、利息、地租等,都被界定为资本主义特有的范畴,随着资本主义过渡到共产主义(包括作为其初级阶段的社会主义),这些范畴连同商品、货币、价值规律,都将退出历史舞台。正是囿于马克思的上述

判断,马克思百年之后社会主义国家的经济学家,往往用收入价格取代生产价格①,用剩余劳动、必要价值取代剩余价值(于凤村,1961;卓炯,1981;王献立,1991),用资金、资本金、社本或公本取代了资本(马仁典,1993;韩保江,1998),并讳言劳动力商品,用劳动(或劳务)市场取代劳动力市场(如在中国)。

其实,这种做法虽然坚持了马克思的一些个别原理和个别结论,却违反了马克思的一个方法论原则。马克思认为:"最一般的抽象总只是产生在最丰富的具体发展的地方,在那里,一种东西为许多种东西所共有,为一切所共有。这样一来,它就不再只是在特殊形式上才能加以思考了。"(马克思恩格斯,1979,第42页)由于马克思生活在资本主义时代,诸如商品、货币、价值规律、劳动力商品、资本、剩余价值、工资、利润、利息、地租等经济范畴都只表现为资本主义所特有的属性,所以,他对这些经济范畴不可能做出最一般的抽象。只有当商品生产和交换关系不仅存在于私有制经济中,同时也发生在公有制经济与私有制经济之间,甚至发生在公有制(包括全民所有制与集体所有制)经济内部时,对商品、货币及价值规律产生的一般原因和存在的一般条件才能做出更全面更准确的分析;只有当具有与劳动力商品、资本、剩余价值、工资、利润、利息、地租等经济范畴相同属性的经济关系不仅存在于资本主义社会,也存在于社会主义社会时,对这些经济范畴的属性才能做出更一般的抽象。

由此看来,本书对剩余一般、特殊和个别的界定,对资本一般、特殊和个别的界定,对生产劳动一般、特殊和个别的界定,虽然并不符合马克思的相关定义,但却符合马克思关于一般、特殊和个别的辩证法以及最一般的抽象产生的规律。而在社会主义市场经济与资本主义市场经济并存的当代世界,仍然教条主义地固守马克思一百多年前做出的结论,误把商品经济的一般范畴当作资本主义的特殊范畴,实则违反了人类认识客观事物所遵循的普遍规律和科学的思维方式。关于这一点,笔者曾在1999年发表的《中国经济学研究的八大误区》中做过比较详尽的论述。(见蔡继明,1999)

12.6.2　社会主义一般规定来自对社会主义特殊规定的抽象

同样地,马克思当年基于对资本主义生产社会化与生产资料私人占有之间的矛盾分析,认为未来的社会主义社会一定要在全社会范围内实行公有制。然而,无论是苏联东欧的社会主义实践,还是中国特色社会主义的探索,都证明单一的公有制并不能有效地促进社会生产力的发展,也不能保证社会生产按比例进行。如本书第9章所述,在我国,非公有制经济由最初被视为社会主义的异己物,逐步变成公有制经济的必要补充(党的十三大,1987),10年后又成为社会主义市场经济的重要组成部分,公有制经济为主、多种所有制经济共同发展被确定为社会主义初级阶段的基本经济制度(党的十五大,1997)。在这

---

① "收入价格"是20世纪60年代南斯拉夫经济学家科拉奇等人提出的概念,他们认为,收入指商品的出售价格扣除商品生产的物质耗费后的差额,收入价格是按社会一般(平均)收入率形成的价格,商品价值的转化形式,南斯拉夫自治社会主义条件下价值规律作用特有的历史形式,是社会主义自治生产方式的均衡价格。(参见科拉奇、弗拉什卡利奇,1982)

种情况下,该如何界定社会主义的本质特征呢?

有的学者认为,社会主义初级阶段的基本经济制度不同于社会主义基本经济制度,社会主义的本质特征仍然是公有制;非公有制经济是社会主义市场经济的重要组成部分,但不能成为社会主义经济的重要组成部分。(卫兴华,1999)显然,这种观点不符合马克思一般特殊个别的辩证法。社会主义与社会主义初级阶段是一般和特殊的关系,社会主义基本经济制度与社会主义初级阶段基本经济制度也是一般和特殊的关系。根据马克思一般和特殊的辩证法,如果"公有制经济是社会主义基本经济制度"这一命题成立,那么"公有制经济为主、多种所有制经济共同发展是社会主义初级阶段的基本经济制度"这一命题就不能成立,因为社会主义初级阶段的基本经济制度是社会主义经济制度的具体表现形式,它至多是在公有制经济发展水平上处在初级阶段,但不能在公有制经济之外还生存着非公经济。反过来,如果后一个命题成立,前一个命题则不能成立,因为既然社会主义初级阶段已经是社会主义,那么,作为其基本经济制度的公有制经济为主、多种所有制经济并存的混合所有制本身,就应该是社会主义性质的,只不过相对于社会主义中级阶段或高级阶段而言,这种混合所有制经济发展水平较低而已,不能说非公经济不是社会主义。那么,前后两个命题,到底哪个能成立呢?根据前引马克思有关最一般抽象是如何产生的论述,只有后一个命题是成立的,因为社会主义的一般属性不是先验地决定的,它是根据社会主义的实践抽象出来的,抛开已经解体的苏联社会主义和已经转向的东欧社会主义不说,既然现实的社会主义只能是初级阶段的社会主义,社会主义的本质规定也就只能根据其初级阶段的基本特征抽象而成。

进一步说,社会主义经济与社会主义市场经济的关系也是一般和特殊的关系,一般不能孤立和抽象地存在,必须寓于特殊之中,或者以计划经济的形式存在,或者以市场经济的形式存在,抑或以计划与市场混合的形式存在。既然我们已经以社会主义市场经济取代了社会主义计划经济,社会主义市场经济就是社会主义经济的具体表现形式,那么,非公经济既然是社会主义市场经济的重要组成部分,当然也就是社会主义经济的重要组成部分。[①]

以上关于社会主义所有制结构所说的,同样适用于社会主义分配制度。随着我国计划经济体制向市场经济体制的转变,单一的公有制向多元混合所有制的转变,单一的按劳分配向按生产要素贡献分配的转变,原本根据马克思主义经典作家对未来社会的设想而构建的社会主义基本经济制度已经发生了本质的变化,这就为马克思所说的最一般的抽象提供了更丰富更具体的现实基础。关键的问题在于,我们应该根据社会主义初级阶段的实践抽象出社会主义的本质规定,而不应该相反地再用一百多年前马克思主义经典作

[①] 党的十八大报告指出:以毛泽东同志为核心的党的第一代中央领导集体带领全党全国各族人民完成了新民主主义革命,进行了社会主义改造,确立了社会主义基本制度,以邓小平同志为核心的党的第二代中央领导集体带领全党全国各族人民深刻总结我国社会主义建设正反两方面经验,深刻揭示社会主义本质,确立社会主义初级阶段基本路线,明确提出走自己的路、建设中国特色社会主义,科学回答了建设中国特色社会主义的一系列基本问题,成功开创了中国特色社会主义。这里的"社会主义基本制度"与"社会主义初级阶段基本路线"以及"中国特色社会主义",本质上也是社会主义一般与特殊的关系。

家有关社会主义的抽象规定来剪裁丰富具体的社会主义现实。

在这里引用两位学者的话作为本节的结束语。梁树发认为,"卢卡奇留下的最重要精神遗产'马克思主义革新'即我们今天所谈的'马克思主义创新'是以革命的马克思主义对抗正统的马克思主义";科尔施指出,"马克思的全部普遍原理都有其特殊性,这就为马克思主义具体化、民主化和中国化提供了学理依据和哲学基础"。(转引自郑能,2011)

12.7　如何看待"趋同论"

"趋同论"是现代西方社会的一种社会理论,认为社会主义和资本主义两种制度不断相互靠拢,最终发展为本质上同一类型的社会。

"趋同"原是生物学术语,20世纪40年代后,西方资产阶级学者将这一术语引入社会科学领域。美国社会学家索罗金在1949年所写的《俄国与美国》一书中首先使用这一概念。到60年代,随着经济的国际化,趋同论的观点被更多的人所接受,并进一步系统化。特别是趋同论的主要代表人物之一、首届诺贝尔经济学奖得主、荷兰的经济学家丁伯根认为,历史的发展进程将发生社会主义与资本主义的差异减少,差异减少的原因在于两种制度都向计划与市场相结合的体制发展,在于两种制度都走向"混合所有制",在于两种制度下的收入分配体制和差异趋向同一;差异减少到一定程度,两种制度完全融合为一种最优的社会制度。

本书第8章、第10章分别分析了当代资本主义生产方式的自我扬弃以及社会主义制度的"自我完善"①,结果表明,仅从经济制度方面看,资本主义似乎正在由纯粹私有制的自由竞争的市场经济向公私混合的有政府调控的市场经济转变,而社会主义似乎从相反的方向,即纯粹的单一公有制的计划经济向混合所有制的市场经济转变,两种本来被看作是对立的经济制度呈现出明显的趋同倾向。

国内流行的观点认为,"趋同论"抹杀社会主义与资本主义制度的根本区别,否认资本主义的剥削性质,否认社会主义必将代替资本主义,实质上是维护资本主义制度的论调。

下面我们从人类社会所面临的共同选择来说明"趋同论"从经济制度而言有一定的合理性。

12.7.1　资源配置方式的选择

由于资源的稀缺性和需要的无限性,人类社会必须做出选择,把稀缺的资源合理地配置到各种用途中以便最大限度地满足人们的不同需要。迄今为止,人类社会配置资源的方式不外乎"自然经济"(自给自足经济)、"市场经济"、"计划经济"或这三种方式的混合。计划与市场作为资源配置的方式,不具有社会经济形态的特殊属性,既非社会主义所特有,也非资本主义所独占,资本主义可以有计划,社会主义可以有市场,社会主义和资本主义分别从高度集中的计划经济和自由竞争的市场经济逐步向有政府调控的市场经济过

---

① 官方始终认为中国的转型不是转向,改革不是革命,是社会主义制度的自我完善。

渡,这种趋同是符合客观经济规律的必然趋势与合理选择。

12.7.2　所有制结构和企业制度的选择

如前所述,无论是以私有制经济为主体的资本主义混合经济,还是以公有制为主体的社会主义混合经济,都普遍实行了股份制企业制度,而正如第10章所述,股份制企业既不是纯粹的(或原始的)私有产权,也不是纯粹的(或原始的)公有产权,而是公私产权的一种融合形式或中介形式,它扬弃了私有产权和公有产权的不足,又保留了各自的优点,体现了公有产权和私有产权两重属性的内在统一。这种借助于股份制形式而实现的公有制与私有制的融合与趋同是完全符合辩证法和中介思想的。

12.7.3　收入分配原则以及平等和效率的抉择

无论是资本主义还是社会主义都必须在平等与效率之间做出权衡与抉择,不能只讲效率不讲平等,也不能只要平等不要效率。社会主义由单一的按劳分配过渡到按各种生产要素贡献分配,从而在原来只注重平等的基础上转向效率优先;资本主义则通过缩小由按生产要素贡献分配造成的收入差距,在强调效率优先的基础上转向兼顾平等。无论是社会主义还是资本主义,只要由市场来配置混合所有制经济资源,都必然会采取效率优先兼顾平等的原则,在初次分配领域讲效率,按生产要素贡献分配;在二次分配中兼顾平等,将收入差距控制在社会所能接受和容忍的限度内。

12.8　区分目的和手段

作为本章也是本书最后一节,我们将探讨人类社会追求的最终目的与实现最终目的之手段的关系。我们不妨先引证一些马克思和恩格斯的相关论述。

12.8.1　人类的解放与自由全面的发展是人类社会的终极目标

马克思和恩格斯在《共产党宣言》中指出:"代替那存在着阶级和阶级对立的资产阶级旧社会的,将是这样一个联合体,在那里,每个人的自由发展是一切人自由发展的条件。"(马克思恩格斯,1972c,第273页)①

马克思后来在《资本论》第一卷中进一步指出,未来的社会是"一个更高级的,以每个人的全面而自由的发展为基本原则的社会形式"。(马克思恩格斯,1972a,第649页)

马克思在《给祖国纪事杂志编辑部的信》中指出:"共产主义是在保证社会劳动生产力极高度发展的同时又保证人类最全面的发展的这样一种经济形态。"(马克思恩格斯,

---

①　据史料记载,在恩格斯逝世前一年,卡内帕请他给《新世纪》杂志题词,他考虑再三说我不题词了,就从马克思著作里面找出一句话,也是最欣赏的一句话,"每个人的自由发展是一切人自由发展的条件"。恩格斯说,"除此之外,我再也找不出合适的了"。

1972d,第 342 页)

恩格斯在《反杜林论》中也曾指出:"最能促进生产的是能使一切社会成员尽可能地全面发展、保持和运用自己能力的那种分配方式。"(马克思恩格斯,1971,第 218 页)

以上引证表明,马克思和恩格斯在谈到未来社会的目标时,既提到共产主义,又提到人的解放和自由全面的发展。那么,人类社会追求的最终理想,到底是实行生产资料全社会共同占有、按需分配的共产主义呢,还是人的解放和自由全面的发展呢?我认为是后者而不是前者。因为共产主义也仅仅是一个有限的目标,一旦实现,人类还会朝着更远大的目标迈进;而人的解放和自由全面的发展,是一个人类只能不断逼近,但永远都不可能最终达到的目标,因而才可能作为我们世世代代为之努力奋斗的最终理想。

12.8.2　人类终极目标的内涵

要实现人类的解放和自由全面的发展,人类首先要从自然的奴役下解放出来,要不断地认识自然,了解自然,掌握和尊重自然规律,自觉地适应和顺应自然,与自然和谐相处。

其次,人类要从人奴役人的制度下解放出来。封建社会以农民对土地的依附取代了奴隶对奴隶主的人身依附,是一个历史性进步。资本主义社会使农民摆脱了对土地的依附,成为自由劳动者,这无疑是一个更大的历史性进步。新的更加合理的社会制度,应该保证社会全体成员能够在更大程度上自由地选择职业、迁徙和居住地,都能平等地使用各种生产要素参与社会经济生活,根据各自的贡献参与财富的分配,同时能够公平地分享社会进步的一切成果。

最后,人类要从奴役般地服从分工中解放出来,随着社会生产力的不断发展和劳动生产力水平的不断提高,人类的必要劳动时间将不断缩短,剩余劳动时间和闲暇将相应延长,人们不得不做的事情会不断减少,自由支配的时间会相对增加,劳动不再是谋生的手段,而成为乐生的需要,人们不必再奴役般地终生从事一种职业,而是在完成了有限的必要劳动后,自由地选择自己所喜欢的任何其他活动,使自己的能力获得全面的发展,从而使整个人类不断地从必然王国走向自由王国。

这就是我们人类所追求的共同的理想,正如 2008 年北京奥运会的主题口号所表达的:同一个世界,同一个梦想!

12.8.3　实现终极目标的手段

马克思恩格斯之所以设想用共产主义取代资本主义,那是因为在他们看来,私有制使人性异化,导致两极分化、贫富悬殊,阻碍了人的解放和自由全面的发展,因此,他们主张用公有制代替私有制,用单一的按劳分配代替按生产要素分配。① 但是,公有制和按劳分

---

① 俞可平(2004)认为:马克思主义的最高命题或根本命题,就是"一切人自由而全面的发展"。我们常常说,马克思主义的理想是推翻一切剥削人和压迫人的社会制度,消灭阶级,最终实现共产主义社会。这当然是对的。但是,消灭剥削制度,实现共产主义,本身又是为了什么呢?就是为了实现"一切人自由的、全面的发展"。

配本身在马克思那里并不是人类追求的最终目的,它们不过是实现人性复归和人的自由全面发展的手段。而要达到一定的目的,有时可以有多种手段,人们应该在诸种手段之间进行比较,看哪一个手段是最优的——收益最高,成本最低,而不能把其中某一种手段当作目的,既不能为了公有而公有,也不能为了私有而私有,否则就本末倒置,把目的和手段颠倒了。邓小平"不管白猫黑猫捉到老鼠就是好猫"的论断,虽然带有一定功利主义色彩,但就目的和手段的关系而言,无疑是正确的。而"宁要社会主义的草,不要资本主义的苗",这种极左的论调显然颠倒了目的和手段的关系。

复习思考题

(1) 何为正统的马克思主义?
(2) 当马克思的理论与方法发生矛盾时,应该坚持哪一个?
(3) 如何运用辩证法分析社会经济运行规律和发展规律?
(4) 如何分析矛盾双方相互转换的中介?
(5) 如何界定经济范畴一般、特殊和个别?
(6) 以劳动为例说明最一般的抽象是如何产生的。
(7) 试析社会主义与社会主义初级阶段的关系。
(8) 试析社会主义与社会主义市场经济的关系。
(9) 如何正确理解人类社会发展的最终目的和手段之间的关系?

参考文献

蔡继明,1989. 均衡价格与劳动价值和生产价格之比较[J]. 价格理论与实践,第6期.

蔡继明,1993. 论三种价值决定说的统一[J]. 南开学报,第1期.

蔡继明,1996. 论生产劳动与价值创造[J]. 南开学报,第3期.

蔡继明,1999. 中国经济学研究的八大误区[J]. 财经科学,第1期.

蔡继明,2000. 关于中国转型期若干基本经济范畴的研究[J]. 天津社会科学,第6期.

蔡继明,2001. 论马克思的经济学研究方法及其启示[J]. 学术月刊,4月号.

韩保江,1998. 资本金的性质和作用[N]. 光明日报,2月15日.

科拉奇、弗拉什卡利奇,1982. 政治经济学——资本主义和社会主义商品生产理论分析原理[M]. 北京:人民出版社.

列宁,1972. 列宁选集[M]. 第四卷. 北京:人民出版社.

刘国光,2005. 对经济学教学和研究中一些问题的看法[J]. 高校理论战线,第9期.

卢卡奇,1999. 历史与阶级意识[M]. 中译本. 北京:商务印书馆.

马克思恩格斯,1962. 马克思恩格斯全集[M]. 第13卷. 北京:人民出版社.

马克思恩格斯,1971. 马克思恩格斯全集[M]. 第20卷. 北京:人民出版社.

马克思恩格斯,1972a. 马克思恩格斯全集[M]. 第23卷. 北京:人民出版社.

马克思恩格斯,1972b. 马克思恩格斯全集[M]. 第26卷1册. 北京:人民出版社.

马克思恩格斯,1972c. 马克思恩格斯选集[M]. 第一卷. 北京:人民出版社.

马克思恩格斯,1972d. 马克思恩格斯选集[M]. 第三卷. 北京:人民出版社.
马克思恩格斯,1974a. 马克思恩格斯全集[M]. 第25卷. 北京:人民出版社.
马克思恩格斯,1974b. 马克思恩格斯全集[M]. 第39卷. 北京:人民出版社.
马克思恩格斯,1979. 马克思恩格斯全集[M]. 第46卷上册. 北京:人民出版社.
马仁典,1993. 公本论[M]. 北京:人民出版社.
毛泽东,1966. 毛泽东选集[M]. 第一卷. 北京:人民出版社.
配第,1981. 配第经济著作选集[M]. 北京:商务印书馆.
王献立,1991. 支配价值论[M]. 郑州:河南大学出版社.
卫兴华,1999. 究竟怎样正确全面认识社会主义经济[J]. 当代经济研究,第4期.
于凤村,1961. 论社会主义基本经济规律[J]. 学术月刊,第12期.
俞可平,2004. "人的自由而全面的发展"是马克思主义的最高命题[J]. 理论动态,5月10日.
郑能,2011. 深化国外马克思主义研究——纪念卢卡奇诞辰126周年学术研讨会综述[J]. 马克思主义与现实,第3期.
周守正、蔡继明,1985. 论剩余价值的一般形式转换为特殊形式的中介[J]. 河南大学学报,第3期.
卓炯,1981. 论社会主义商品经济[M]. 广州:广东人民出版社.

第 2 版后记

清华版写作过程中,在第 4 章附录中,收录了与曹越洋、吴清扬博士生有关相对剩余价值的讨论结果,在第 6 章附录中,吸收了高宏博士有关纯粹流通费用最优解的研究。吴清扬博士生协助更新了第 8 章"当代资本主义生产方式自我扬弃"的相关数据。在此对他们对清华版所做的贡献表示衷心感谢!

清华版一方面得到了清华大学经济学研究所重点学科经费的支持,另一方面得到了清华大学出版社的支持,在此一并表示感谢!

蔡继明
2020 年 7 月 9 日于清华园明斋

第1版后记

我从1978年考入河北师范大学,就开始学习政治经济学,同时在王警吾教授指导下研读《资本论》,我的学士学位论文是《两种含义的社会必要劳动与价值决定的关系》,该文作为我的处女作发表在《贵州社会科学》1983年第5期。1982年我考入当时8个具有政治经济学专业硕士学位授予权的院校之一——河南大学经济研究所,在著名政治经济学家周守正教授指导下攻读政治经济学硕士学位,研究方向仍是《资本论》。我的硕士学位论文题目是《地租的价值基础》。

我硕士研究生毕业后到南开大学经济研究所任教,主讲的第一门研究生课程就是"《资本论》研究"。令许多同行感到不解的是,当"《资本论》研究"这门课在很多大学的经济学课程设置中已变成选修课甚至取消的背景下,我当年主讲的"《资本论》研究"却被学生评为优秀课程,受到南开大学校级嘉奖。我从1987年至1990年在南开大学谷书堂教授指导下攻读经济学博士学位,专业仍然是政治经济学,不过这期间,我学习了大量西方经济学,不仅为研究生开设了"中级微观经济学",而且和魏埙教授以及柳欣教授、刘骏民教授合作编写了《现代西方经济学教程》上下两册(南开大学出版,现已再版2次),与此同时,我还编写了《国际经济学》,翻译了《货币、银行和金融市场经济学》。虽然我的博士学位论文《垄断足够价格论》探讨的仍然是马克思的劳动价值论与地租理论,但我的思维已经进入到广义价值论的探索。在南开大学工作的15年中,我一直主讲"马克思经济学与西方经济学比较"。

2000年我正式调入清华大学人文社会科学学院(2012年与人文学院分开,改为社会科学学院)。来到清华大学这15年来,我不仅继续给理论经济学研究生主讲"马克思经济学与西方经济学比较""价值和分配理论""中国转型经济专题""政治经济学专题""理论经济学前沿专题",而且为本科生主讲"政治经济学"、"《资本论》研究",甚至主讲作为公共基础课(政治理论课)的"马克思主义政治经济学原理",并将该课程全程录制成国家级精品课,同时也为本科生讲授"微观经济学",并先后由人民出版社和清华大学出版社出版了两套《微观经济学》和《宏观经济学》教材。

从事高校经济学教学与研究30年来,我横跨政治经济学与西方经济学两大教学与科研领域,我了解学生喜欢哪门课、不喜欢哪门课,为什么喜欢,又为什么不喜欢;我也深知讲好政治经济学比讲好西方经济学更难,但只要你讲得好,学生会更喜欢政治经济学,包括《资本论》,从中会得到更多的启示和更深的教益。但要搞好政治经济学或《资本论》的教学,除了任课教师要对相关的理论进行专门的研究,力求有所创新,不断积累相关的研究成果,并在此基础上写出系统的教案之外,学生手中也必须有一本比较理想的教材或合适的参考书。这些年来每次开课前我都苦苦地寻找,但总是无果而归。无奈之下,只得让学生在课下对照我的讲义去阅读《资本论》原著,或减轻一点负担去寻找《资本论》简要本或节选本。多年来,我自己一直想编著一部政治经济学教科书,感谢高等教育出版社给了我这次机会,使我能够把我30余年来学习、研究和讲授政治经济学及《资本论》的心得、体会和成果奉献给大家。

  本书的体系结构、叙述方法、指导思想与学术风格,与目前流行的大多数同类教材都有明显的不同,希望本书的出版至少能给学生和教师提供一个有价值的课堂讨论的话题或课外参考的读物,其中也难免有很多错误,欢迎各位读者、教授和学生提出宝贵意见,以便再版时修改。

  本书第8章和第9章中有关数据的更新,是由我的博士生熊柴、高宏和硕士生刘媛、关林协助完成的,在此向他们表示感谢!

蔡继明
2014年6月20日于清华园明斋

教师服务

感谢您选用清华大学出版社的教材！为了更好地服务教学，我们为授课教师提供本书的教学辅助资源，以及本学科重点教材信息。请您扫码获取。

❯❯ 教辅获取

本书教辅资源，授课教师扫码获取

❯❯ 样书赠送

经济学类重点教材，教师扫码获取样书

 清华大学出版社

E-mail: tupfuwu@163.com
电话：010-83470332 / 83470142
地址：北京市海淀区双清路学研大厦 B 座 509

网址：http://www.tup.com.cn/
传真：8610-83470107
邮编：100084